AF151594

Johann Gottfried Carl Christian Kiesewetter

Grundriß einer reinen allgemeinen Logik nach Kantischen Grundsätzen

Johann Gottfried Carl Christian Kiesewetter

Grundriß einer reinen allgemeinen Logik nach Kantischen Grundsätzen

ISBN/EAN: 9783743300798

Hergestellt in Europa, USA, Kanada, Australien, Japan

Cover: Foto ©Thomas Meinert / pixelio.de

Manufactured and distributed by brebook publishing software
(www.brebook.com)

Johann Gottfried Carl Christian Kiesewetter

Grundriß einer reinen allgemeinen Logik nach Kantischen Grundsätzen

Grundriß

einer reinen allgemeinen

Logik

nach

Kantischen Grundsätzen

zum

Gebrauch für Vorlesungen

begleitet

mit einer

weitern Auseinandersetzung

für diejenigen

die keine Vorlesungen darüber hören können

von

J. G. C. C. Kiesewetter,

der Weltweisheit Doktor.

Frankfurt und Leipzig,
1793.

Dem Manne,

dem

meine größte Achtung und meine innigste Liebe gehört,

meinem

Lehrer und Vater

Immanuel Kant.

Ich schreibe diese Zueignungsschrift, mein Vater, an einem Tage, der mir unendlich werth ist, an dem Tage Ihrer Geburt; und ich kann Ihnen nicht sagen, wie sehr ich gerührt bin. — Wie viel bin ich Ihnen schuldig! Der Gnade des Königs danke ich es, daß ich ein Jahr in Königsberg mich aufhalten konnte, Ihnen die Freundschaft und Liebe, mit der Sie mich aufnahmen, die kostbare Zeit, die Sie auf meinen nähern Unterricht verwendeten, die Geduld, mit der Sie meine Zweifel hörten, und die Schwierigkeiten, die sich mir bei meinen Untersuchungen in den Weg stellten, lösten. — Gewiß, mein Vater, niemand, niemand kann Sie

mehr

mehr lieben als ich, niemand, bei den Gedanken an Sie, zärtlicher und inniger gerührt werden als ich, niemand feuriger wünschen, daß Sie noch lange ein ruhiges und glückliches Alter genießen mögen, als ich. — Ich möchte sogern der ganzen Welt sagen, wie sehr ich Sie liebe, wie vielen Dank ich Ihnen schuldig bin. —

Nehmen Sie diese Arbeiten, die zum Theil unter Ihren Augen entstanden, wozu Sie mir selbst so gütigst Materialien gaben, und die ich Ihnen jetzt widme, als ein Zeichen meiner Verehrung und Liebe an, und erlauben Sie mir, daß ich bis ans Ende meines Lebens mich Ihren dankbaren Schüler nennen darf.

Berlin,
den 22. April, 1791.

J. G. C. C. Kiesewetter.

Vorrede.

Vorrede.

Es ist gewiß für die Vervollkommnung der Wissenschaften von großer Wichtigkeit, wenn man die Grenzen einer jeden genau bestimmt, die Gegenstände, die sie abhandelt, genau bezeichnet, und mit Sorgfalt alles das von ihr absondert, was nicht zu ihr gehört; denn man kann erwarten, daß das Gebiet einer jeden innerhalb derselben desto mehr angebaut werden wird, je weniger unbestimmt ihre Grenzen sind. Die Mathematik, deren Natur es nicht zuläßt, daß frembartige Dinge in ihr eingemischt werden konnten, hat daher auch gewiß zum Theil dieser Ursache wegen, vor ihren Schwestern eine größere Ausbildung und Vollkommenheit erlangt. Der Logik ward ein so günstiges Schicksal nicht zu Theil. — In den ältern Zeiten, zur Zeit des Aristoteles, ward sie noch ziemlich rein vorgetragen, aber nach ihm ward ihr

X 4   so

so viel spitzfindige Dialektik beigemischt, daß die
reine allgemeine Logik beinahe völlig verlohren
gieng. Diese Vermischung mit dialektischen
Spitzfindigkeiten blieb ihr auch zu den Zeiten
der Scholastiker. In den neuesten Zeiten machte
man sie endlich gar zum Magazin von allerlei
Kenntnissen; man mischte Psychologie, Anthropologie, Metaphysik, Physik, Geometrie,
auch wohl Moral ein; auffallend ist diese Er-
scheinung offenbar, und man frägt billig nach
der Ursach dieser Vermischung. — Meines Er-
achtens liegt sie größtentheils in dem Umstande,
daß über Logik auf Universitäten gelesen wurde.
Der Lehrer sollte ein halbes Jahr mehrere Stun-
den in der Woche seinen Zuhörern Logik vortragen, dazu schien ihm diese Wissenschaft von
zu geringem Umfange, er mischte also fremd-
artiges bei, und glaubte dies um so eher thun
zu können, da seine Zuhörer, die die Logik als
den Vorhof zum Tempel der übrigen Wissenschaften ansahen, mit ihr den Anfang ihrer akademischen Laufbahn machten, auf die Art von
den übrigen Wissenschaften auch einen Vor-
schmack bekamen, und der Beifall derselben, die

ge-

gewöhnlich lieber unterhalten als unterrichtet
sein wollen, und denen also diese Sammlungen
abgerissener Stücke aus allen Wissenschaften
besser als die trockene Logik gefiel, bestärkte den
Lehrer in seinem Vorsatz. Solche Vorlesungen
mochten nun auch wohl ihren Werth haben,
nur daß man sie Vorlesungen über die Logik
nannte, darin lag der Fehler, denn das Gebiet
dieser Wissenschaft ward nach und nach so unbestimmt, daß jeder hineintragen konnte, was
er wollte, und daß man billig fragen mußte,
warum nicht noch mehr eingemischt worden
wäre? Dies Uebel blieb aber nicht blos auf dem
akademischen Vortrag eingeschränkt, sondern er-
streckte sich auch auf die schriftliche Behandlung
derselben. Die Lehrer brauchten zu ihren Vorlesungen Lehrbücher. Jeder liest an und für sich
selbst schon gern über sein eigenes Lehrbuch, und
dies mußte hier um so mehr der Fall sein, da
jeder nach eigenem Belieben in die Logik hineintragen konnte, was er wollte, und also nie mit
dem Lehrbuche eines andern vollkommen zufrieden war. — Nach diesen Lehrbüchern machte
man nun Lesebücher der Logik für jedermann,

die

die das Uebel gewiß noch mehr vergrößerten, und die Unbestimmtheit vermehrten.

Aber wenn es auch einige Lehrbücher und Lehrer gab, die die Logik von allen beigemischten metaphysischen, psychologischen, anthropologischen, moralischen u. s. w. Sätzen gesäubert vortrugen, so schieden sie doch die Theile der Logik selbst nicht gehörig voneinander. Die Logik hat ihren reinen und ihren angewandten Theil. Jener beschäftigt sich mit dem Denken überhaupt, dieser mit Rücksicht auf die Einschränkungen des menschlichen Denkens. Beide wurden nicht von einander abgesondert. Es gieng der Logik hier wie der Naturwissenschaft: in welcher auch die Säße der Metaphysik, der Naturwissenschaft (reine Naturwissenschaft) von den Säßen der Physik nicht abgesondert wurden, bis Kant die Metaphysik der Naturwissenschaft besonders herausgab: ein Werk, was unstreitig zu seinen vollkommensten und ersten Schriften gehört, und welches man, wie es mir wenigstens scheint, bei weitem noch nicht hinlänglich kennt und genußt hat. — Man wird

aber

Vorrede.

aber keine vollständige und gut angewandte Logik liefern können, wenn man nicht vorher die reine Logik besonders vorgetragen hat.

Aber ausser diesem Einfluß der reinen allgemeinen Logik in den Vortrag der angewandten, hat diese Wissenschaft noch etwas, was sie dem Kenner und dem systematischen Kopf sehr empfiehlt: ihr Gegenstand kann, da er durch das obere Erkenntnißvermögen, den Verstand selbst (a priori), gegeben ist, vollkommen erschöpft werden.

Ich habe mich schon einige Jahre damit beschäftigt, eine solche reine allgemeine Logik auszuarbeiten, und dieser Versuch ist die Frucht meiner Arbeit. Kant selbst hat einzelne Stücke dieser Ausarbeitung gesehen, gebilligt, auch zum Theil verbessert, und ihm danke ich eine große Menge Materialien.

Es ist nicht stolze Bescheidenheit, wenn ich diese Arbeit einen Versuch nenne, sondern das Gefühl der Schwierigkeiten, die ich bei Ausarbeitung dieses Werks fühlte, und die Kenner gewiß

gewiß auch finden werden, mußte mich fürchten machen, daß bei so vielen Hindernissen manches unvollkommen möchte geblieben sein. — Der Gang und die Anordnung ist gewiß neu und streng systematisch. Es wird mir herzliche Freude machen, wenn Männer, die sich mit der Spekulation beschäftigen, mir diesen Versuch berichtigen und zur größern Vollkommenheit bringen helfen, so wie gewiß niemand bereitwilliger ist, sich belehren zu lassen, als ich.

Das vorausgeschickte Kompendium zeigt, auf wie wenig sich die reine allgemeine Logik zusammen ziehen läßt, und ich habe wenigstens die äußerste Sorgfalt angewandt, alles fremdartige abzuscheiden.

An-

Anzeige des Inhalts.

Dritte

Inhalt.

Zwei=

Inhalt.

Inhalt.

Kurzer

Kurzer Abriß

der

reinen allgemeinen Logik.

Einleitung.

§. 1.

Die Logik ist die Wissenschaft von den allgemeinen und nothwendigen Regeln des Denkens.

§. 2.

Da die Logik allgemeine Regeln des Denkens vortragen soll, so kann sie nicht auf die Objekte des Denkens sehen, sondern muß von diesen (der Materie des Denkens) abstrahiren, und lediglich das, was zum Denken als Denken nothwendig erfordert wird (die Form des Denkens), betrachten.

§. 3.

Alle Wissenschaften stehen, der Form nach, unangesehen ihres Inhalts unter der Logik, weil sie die Regeln für den Gebrauch des Verstandes und der Vernunft überhaupt enthält. Sie ist also die Propädevtik zu allen Wissenschaften.

§. 4.

Die Logik ist nicht eine bloße Critik [1], wie die Aesthetik (dies Wort in dem Sinne wie Baumgarten will, genommen), sondern eine Doctrin, d. h. eine demonstrable Wissenschaft,

die

die ihre Regeln demonstriren kann. Sie ist kein Organon, weil sie von allem Inhalt des Denkens abstrahirt, und also keine Quelle von Erkenntnissen werden kann; sie ist also ein bloßer Kanon, d. i. eine Doctrin, die die Prinzipien zur Beurtheilung in sich enthält, sie beurtheilt nämlich die Form in allen unsern Erkenntnissen. Braucht man die Logik als ein Organon, so wird sie Dialektik, Logik des Scheins ².

Anmerkung.

1. Eine Critik kann auch Regeln enthalten, die aus der Erfahrung genommen sind, wie z. B. die Critik der Schauspielkunst; da hingegen die Logik ihre Regeln nicht aus der Erfahrung herleiten darf, wie dies §. 8. dargethan wird, sondern ihre Regeln demonstriren muß, so verdient sie nicht blos den Namen einer Critik, sondern sie ist eine Doctrin.

2. Das Wort Dialektik ist hier in der alten griechischen Bedeutung genommen.

§. 5.

Man kann den Verstandesgebrauch in den gemeinen und in den spekulativen eintheilen. Jener handelt den Gesetzen des Denkens gemäß, ohne sich derselben abgesondert (in abstracto) bewußt zu sein; dieser kennt die Gesetze des Denkens auch abgesondert. Da nun die Logik die Wissenschaft von den allgemeinen und nothwendigen Gesetzen des Denkens überhaupt ist, so nimmt sie auf diesen Unterschied nicht Rücksicht.

§. 6.

Man theilt die Logik in die Natur- und Schullogik (logica naturalis und artificialis). Im ersten Fall wird sie als eine natürliche Fertigkeit (habitus), im zweiten als Wissenschaft betrach=

betrachtet. Nur die letztere ist unser Zweck. —
Man könnte die Naturlogik eine subjektive, die
Schullogik eine objektive nennen.

Anmerkung.

Ob es nun gleich eine natürliche Logik geben
kann, mit andern Worten, ob es gleich möglich
ist, daß man Regeln in concreto (in einzelnen
Fällen) richtig befolgen kann, ohne sich derselben
in abstracto bewußt zu sein: so kann es doch keinen natürlichen Logiker geben, denn unter einen
Logiker versteht man denjenigen, der die Regeln
des Denkens in abstracto anzugeben weiß. —

§. 7.

Die scholastische und populäre Logik sind nicht
in Rücksicht des Inhalts, sondern nur in Rücksicht des Vortrags von einander verschieden. Jene
trägt die Regeln des Denkens systematisch und
mit den Worten der Schule vor; diese hingegen
macht ihren Vortrag den gemeinen Begriffen des
großen Haufens angemessen. — Wer eine Wissenschaft populär vortragen will, muß sie zuerst
scholastisch inne haben.

§. 8.

Die Logik ist eine reine Vernunftwissenschaft
(scientia rationalis), denn ihr Objekt ist ihr
durch die Vernunft selbst, also a priori gegeben,
und da sie sich mit den Begriffen selbst, nicht
mit der Konstruktion der Begriffe beschäftigt, so
ist sie ein Theil der Philosophie; und da sie endlich die Form aller unserer Erkenntnisse betrachtet, so kann man sie auch die reine formale
Philosophie nennen.

Anmerkungen.

1) Rein heißt eine Erkenntniß, die nicht aus

der

der Erfahrung geschöpft, sondern a priori, d. h.
durch das Erkenntnißvermögen (in diesem Fall
durch den Verstand) selbst gegeben wird.

2) Vernunftwissenschaft ist eine systematische
Erkenntniß, deren Grundsätze aus der objektiven
Vernunft geschöpft sind,

3) Philosophie ist die Vernunftwissenschaft
aus Begriffen. Mathematik die Vernunftwissenschaft aus der Konstruktion der Begriffe.

§. 9.

Man theilt die Logik in die Analytik und in
die Dialektik. Jene trägt die Regeln des Verstandes vor, indem sie die Handlungen desselben zergliedert; diese soll den Schein aufdecken,
der entsteht, wenn man die Logik als Organon
braucht. Nur die erstere wollen wir abhandeln.
Sie zerfällt in die Elementarlehre und in die
Methodenlehre. Jene ist der Kanon des Verstandesgebrauchs in Ansehung des Denkens überhaupt, diese aber, sofern der Verstand eine Wissenschaft zu Stande bringen will.

Abhandlung der Logik selbst.
Erster Theil,
welcher
die Elementarlehre enthält.

§. 10.

Die Logik soll die allgemeinen und nothwendigen Regeln des Denkens überhaupt enthalten.
Es entsteht also zuerst die Frage, was versteht
man unter Denken? Denken heißt überhaupt
diejenige Handlung des Gemüths, wodurch Einheit

heit des Bewußtseins in die Verknüpfung des
Mannigfaltigen gebracht wird. Das Vermögen
des Gemüths, wodurch diese Einheit hervorgebracht wird, heißt Verstand in weiterer Bedeutung. Man kann also auch die Logik so erklären: Sie ist die Wissenschaft von den Gesezen
des Verstandes.

Anmerkung.

Man unterscheidet Seele und Gemüth. Der
Ausdruck Seele ist mehr behauptend, als der
Ausdruck Gemüth. Dieser spricht blos von einem denkenden, empfindenden und wollenden Etwas, läßt aber unbestimmt, ob dieses Etwas eine vom Körper verschiedene Substanz oder ein
demselben adhärirendes Prädikat sey; da hingegen jener behauptet, dieß denkende, empfindende und wollende Etwas sei eine vom Körper verschiedene Substanz. Dem Gebrauch des Ausdrucks Seele muß also immer ein Beweis vor-
ausgehen. Wir haben uns daher des Ausdrucks
Gemüth bedient.

Ferner findet zwischen Vermögen und Kraft
ein eben so wichtiger Unterschied statt. Vermögen
ist der Grund der Möglichkeit einer Sache,
Kraft der Grund der Wirklichkeit derselben.
Die Logik redet von Erkenntnißvermögen, die
Anthropologie von Erkenntnißkräften.

§. II.

Man setzt die Sinnlichkeit dem Verstande entgegen. Sinnlichkeit ist das Vermögen unmittelbare Vorstellungen von Gegenständen zu erhalten, sie liefert Anschauungen; Verstand ist
das Vermögen mittelbarer Vorstellungen, die
sich erst vermittelst einer Anschauung auf einen
Gegenstand beziehen. Der Verstand verknüpft
gegebene Vorstellungen (Mannigfaltiges) in eine

Vor-

Vorstellung, die nun Einheit des Bewußtseins
liefert.

§. 12.

Alle Operationen des Verstandes in weiterer
Bedeutung zerfallen in drei Theile, in Begriffe,
Urtheile und Schlüsse. Die Vorstellung, welche
mehrere Vorstellungen unter sich begreift, oder
wodurch mehrere Vorstellung als in einer Ein=
heit verbunden gedacht werden, heißt ein Be=
grif. Durch die Verbindung mehrerer Begriffe
oder eines Begrifs mit einer Anschauung entsteht
ein Urtheil; und aus der Verbindung mehrerer
Urtheile ein Schluß.

§. 13.

Der Verstand in weiterer Bedeutung zer=
fällt in drei Theile; in den Verstand (in enge=
rer Bedeutung), in die Urtheilskraft und in die
Vernunft. Unter Verstand in engerer Bedeu=
tung versteht man das Vermögen das Besondere
im Allgemeinen darzustellen; unter Urtheilskraft
das Vermögen das Besondere unter das Allge=
meine zu subsumiren, und unter Vernunft end=
lich, das Vermögen das Besondere in dem All=
gemeinen zu erkennen oder daraus herzuleiten.

§. 14.

Man muß aber ja nicht glauben, daß der
Verstand in engerer Bedeutung sich blos beim
Bilden der Begriffe, die Urtheilskraft blos beim
Urtheilen, und die Vernunft beim Schließen
wirksam beweise. Es wird in der Folge darge=
than werden, daß zum Bilden deutlicher Be=
griffe Urtheilskraft, auch wohl Vernunft erfor=
dert wird.

§. 15.

§. 15.

Die §. 13. gemachte Eintheilung der Operationen des Verstandes giebt uns eine Eintheilung
der Elementarlehre der Logik überhaupt an die
Hand. Es wird nemlich diese in drei Abtheilun-
gen zerfallen, wovon die erste von den Begriffen,
die zweite von den Urtheilen, die dritte von den
Schlüssen handelt.

_____

Der Elementarlehre der Logik
Erstes Kapitel,
welches
die Lehre von den Begriffen enthält.

§. 16.

Begrif ist der Anschauung entgegengesetzt, da
diese nun die unmittelbare Vorstellung eines
Objekts ist, so wird jener die mittelbare Vorstellung desselben sein; d. h. wenn man einem Begriffe Realität geben, oder welches einerlei ist,
ihn auf ein Objekt beziehen will, so kann dies
nicht unmittelbar, sondern erst vermittelst einer
Anschauung geschehen.

§. 17.

Man kann daher auch sagen: ein Begrif sey
eine Vorstellung, die mehrere Vorstellungen unter sich begreift, die durch ihn als in einer Einheit verbunden sind; oder er ist die Verbindung
des Mannigfaltigen in eine Einheit des Bewußtseins — endlich auch, er ist die Vorstellung einer Vorstellung.

§. 18.

Man kann einen jeden Gegenstand des Verstandes als einen solchen vollkommen erschöpfen, wenn man ihn nach der Quantität, Qualität, Relation und Modalität betrachtet; wir werden daher die Lehre von den Begriffen auch so abhandeln, daß wir sie nach der Quantität, Qualität, Relation und Modalität betrachten.

Anmerkung.

Der Beweis für die Behauptung, daß man das, was sich über einen Gegenstand, der durch das obere Erkenntnißvermögen gegeben wird, sagen läßt, völlig erschöpft, wenn man seine Quantität, Qualität, Relation und Modalität erwägt, gehört nicht in die allgemeine, sondern in die transcendentale Logik, die ein Theil der Critik der reinen Vernunft ist. — Die Ausdrücke Quantität, Qualität und Relation sind an sich leicht verständlich, es bedarf blos der Ausdruck Modalität einer Erläuterung. Unter Modalität versteht man das Verhältniß zum Erkenntnißvermögen.

Der Lehre von den Begriffen
Erste Abtheilung.
Von der Quantität der Begriffe.

§. 19.

Die Quantität eines Gegenstandes kann von doppelter Art sein, extensive oder intensive, oder wie man auch sagen kann, die Quantität ist entweder Quantität des Umfangs oder des Inhalts. Man kann also auch bei der Lehre von den Begriffen die Quantität des Umfangs und

des

des Inhalts untersuchen, oder mit andern Worten, man kann die Begriffe betrachten 1) nach dem, was sie unter sich enthalten, und 2) was sie in sich begreifen.

§. 20.

Eine Theilvorstellung, die ein Erkenntnißgrund der ganzen Vorstellung ist, heißt ein Merkmal. Ein Begrif enthält Vorstellungen unter sich, wenn er in ihnen als Merkmal angetroffen wird; in sich, wenn sie in ihm als Merkmal angetroffen werden. Die Vorstellungen, die ein Begrif unter sich begreift, bestimmen seinen Umfang (extensio), die er in sich enthält, seinen Inhalt (intensio).

I. Quantität des Umfangs der Begriffe.

§. 21.

Da ein Begrif sich nicht unmittelbar, sondern nur erst vermittelst einer Anschauung auf ein Object bezieht, der Begrif also von der Anschauung abgezogen werden muß, diese aber unendlich viel Merkmale enthalten kann, so wird der Begrif nie so viel Merkmale enthalten, als die Anschauung, und also immer auf mehr als auf eine Anschauung bezogen werden können. Ein Begrif wird daher nie ein einzelner sein können.

Anmerkung.

Sonst theilte man die Begriffe ihrem Umfange nach in allgemeine, besondere und einzelne; aber aus §. 21. erhellet, daß es keine einzelnen Begriffe, dies Wort im strengsten Sinn genommen, geben könne. Was man gewöhnlich für einzelne Begriffe ausgiebt (z. B. die nomina propria) sind nichts anders als Zeichen für die Vorstellung einzelner Gegenstände (Anschauungen).

§. 22.

§. 22.

Allgemeine Begriffe nannte man diejenigen, die alle Vorstellungen einer Sphäre unter sich begreifen, allein auch diese Benennung ist nicht gut gewählt, da ein jeder Begrif alle die Vorstellungen der Sphäre, die er bezeichnet, unter sich begreift. — Die Eintheilung der Begriffe in einzelne, besondere und allgemeine fällt also weg.

Anmerkung.

Die Vorstellungen, welche ein Begrif unter sich begreift, werden die Sphäre desselben genannt. Die Sphäre macht das Ganze, die unter ihm enthaltenen Vorstellungen machen die Theile desselben aus.

§. 23.

Ein Begrif, der einen andern unter sich begreift, wird in Rücksicht auf diesen ein höherer, und dieser in Rücksicht auf ihn ein niederer genannt. Ein Begrif begreift den andern entweder unmittelbar oder mittelbar unter sich. Der höhere Begrif wird also in dem niedern unter ihm enthaltenen als Merkmal angetroffen werden. Der höhere Begrif hat einen größern Umfang als der niedere. Da nun, wie §. 21. gezeigt, kein Begrif ein einzelner ist, und eine jede Anschauung unendlich viel Merkmale enthält, so wird auch keiner der absolut niedrigste sein. Der höchste Begrif ist derjenige, in dem kein anderer als Merkmal angetroffen wird, d. h. der weiter keine Merkmale in sich enthält. Dies ist der Begrif eines Objekts.

§. 24.

Ein höherer Begrif heißt Gattung, ein niederer Art. Die höchste Gattung ist die, die keine

Art

Art von keiner andern Gattung ist; die Art ist
die niedrigste, die keine andere unter sich hat.

Anmerkung.

Aus §. 21. und 23. ergiebt sich, daß man
nicht sagen kann, irgend eine Art sei die nie=
drigste, in der Natur wohl, aber nicht im Denken.

§. 25.

Ein Begrif, der mehrere Vorstellungen un=
ter sich begreift, heißt ein weiterer, der weni=
ger Vorstellungen unter sich begreift, ein engerer
Begrif.

II. Quantität des Inhalts der Begriffe.

§. 26.

Die Quantität des Inhalts eines Begrifs
wird nach den Merkmalen bestimmt, die er in
sich enthält. Sein Inhalt ist desto größer, je
mehr, und desto kleiner, je weniger Merkmale
er in sich faßt.

§. 27.

Ein Begrif, der keine Merkmale weiter in
sich enthält, heißt ein absolut einfacher Begrif,
derjenige hingegen, der Merkmale in sich enthält,
heißt ein zusammengesetzter Begrif.

§. 28.

Hieraus folgt, daß der Inhalt des höhern
Begrifs immer eingeschränkter ist, als der In=
halt des niedern, und daß der Inhalt und der
Umfang immer im umgekehrten Verhältniß stehen.
Der allerhöchste Begrif enthält am meisten un=
ter sich, am wenigsten in sich.

§. 29.

Ein höherer Begrif ist in den mittelbar oder unmittelbar unter ihm begriffenen allemal ganz, d. h. mit allen seinen Merkmalen enthalten. Die höchste Gattung ist also in allen ihren Untergattungen, diese in ihren Arten, und diese endlich in den Individuen, die unter ihr stehen, ganz enthalten.

§. 30.

Wenn man von dem Unterschied der Begriffe, in Rücksicht auf die logische Quantität des Inhalts spricht, so versteht man darunter die Merkmale, woran man erkennt, daß die Begriffe nicht dieselben sind. Die Merkmale, die die Individuen einer Art unterscheiden, heißen der individuelle oder numerische Unterschied, der Unterschied der Arten unter einer Gattung, der specifische Unterschied, und der Unterschied der Gattungen unter einer höhern der generische Unterschied.

Der Lehre von den Begriffen
Zweite Abtheilung.
Von der Qualität der Begriffe.

§. 31.

Die Qualität der Begriffe besteht in dem Grade des Bewußtseins, das mit ihnen oder den Merkmalen derselben verknüpft ist.

§. 32.

Man theilt die Begriffe in dunkle und in nicht dunkle. Diese führen ein unmittelbares Bewußtsein mit sich; jene aber nicht. Die Nichtdunklen sind entweder deutliche oder undeutliche.

Deut=

Deutlich wird ein Begrif genannt, wenn man sich der Merkmale desselben bewußt ist, sie angeben kann. Undeutlich ist ein Begrif, wo dies nicht statt findet. Die undeutlichen Begriffe sind wieder entweder klare oder verworrene. Die erstern sind deshalb undeutlich, weil in ihnen keine Merkmale angetroffen werden (weil sie einfach sind); die letztern,. weil die Merkmale in ihnen nicht durch das Bewußtsein unterschieden werden.

§. 33.

Eintheilung der Begriffe nach der Qualität.

1. dunkle	nicht dunkle
	undeutliche 4. deutliche
2. klare	3. verworrene.

§. 34.

Vorstellungen, die gar kein Bewußtsein bei sich führten, weder ein mittelbares noch ein unmittelbares, wären für uns gar nicht da. Hieraus folgt, daß die Erklärung der dunklen Vorstellungen, wo man sie für solche ausgiebt, die mit keinem Bewußtsein verknüpft sind, falsch ist. — Wir erkennen das Dasein der dunklen Vorstellungen durch ihre Wirkung, und bringen durch einen Vernunftschluß heraus, daß wir sie besitzen.

§. 35.

Man theilt die Deutlichkeit überhaupt in logische und ästhetische. Jene hat ein Begrif, wenn ich Merkmale von ihr angeben kann, sie ist diskursiv — diese, wenn er in einer Anschauung dargestellt wird, sie ist intuitiv, und verdiente besser den Namen Lebhaftigkeit. Wir haben hier nur die logische Deutlichkeit zum Zweck.

§. 36.

§. 36.

Deutlich wird also ein Begrif genannt, deſſen Merkmale wir beſtimmt angeben können. Man kann die Deutlichkeit nun in Grade eintheilen. Man legt einem Begriffe Deutlichkeit vom erſten Grade bei, wenn man ſeine unmittelbaren Merkmale angeben kann; Deutlichkeit vom zweiten Grade, wenn man Merkmale von Merkmalen (mittelbare Merkmale) angeben kann u. ſ. w.

§. 37.

Wenn ich einem Begriffe Merkmale beilege, ſo betrachte ich ihn als Subjekt und ſeine Merkmale als Prädikate eines Urtheils. Hat aber ein Begrif Deutlichkeit vom zweiten Grade, ſo wird dieſe Deutlichkeit durch einen Vernunftſchluß herausgebracht. Denn ich ſage, der Begrif A enthält die Merkmale B, C, D u. ſ. w., das Merkmal B aber enthält die Merkmale α, β, γ u. ſ. w., folglich ſind die Merkmale α, β, γ in dem Begrif A enthalten. Eben das gilt von der Deutlichkeit von noch höhern Graden.

Anmerkung.

Dieſer §. kann erſt nach der Lehre von den Urtheilen und Schlüſſen vollkommen verſtändlich werden; wir haben ihn hier blos der Vollſtändigkeit wegen mitgenommen.

§. 38.

Die dunklen Begriffe gehören gar nicht in die Logik, weil man ſie nicht an die allgemeinen Regeln halten kann. Klare und verworrene Begriffe liefert der Verſtand, deutliche Begriffe vom erſten Grade werden durch die Urtheilskraft, vom zweiten und höhern Grade durch die Vernunft gebildet.

§. 39.

§. 39.

Ferner kann man die Deutlichkeit der Begriffe in die analytische und synthetische eintheilen. Ein Begrif heißt analytisch deutlich, wenn der Begrif vor den Merkmalen gegeben ist; so kann ich mir z. B. den Begrif Recht, Billigkeit ꝛc. analytisch deutlich machen. Hierauf beruht die Sokratische Methode. Synthetisch hingegen wird ein Begrif deutlich, wenn er mit den Merkmalen zugleich gegeben wird. Dies ist der Fall in der Mathematik und bei allen gemachten Begriffen. Hierauf beruht der Unterschied zwischen einen Begrif (oder auch eine Erkenntniß) deutlich machen, und einen deutlichen Begrif machen. Jenes ist Analysis, dies Synthesis.

Anmerkungen.

1) Jede Analysis setzt Synthesis als vorhergegangenen voraus, wenn man sich gleich derselben nicht unmittelbar bewußt ist.
2) Alle Erfahrungserkenntnisse sind synthetisch deutlich.

§. 40.

Ein Begrif ist ausführlich deutlich, wenn man sich aller Merkmale bewußt ist, die den Begrif ausmachen. Es ist eine Unvollkommenheit bei einem ausführlich deutlichen Begrif, wenn ein Merkmal zweimal vorkommt. Präcision ist diejenige Vollkommenheit, wodurch verhindert wird, daß nicht zu viel Merkmale in einem Bewußtsein vorkommen. Ein ausführlich deutlicher und präciser Begrif ist eine Definition. S. Methodenlehre.

Ver

Der Lehre von den Begriffen
Dritte Abtheilung.
Von der Relation der Begriffe.

§. 41.

Man kann bei der Relation der Begriffe auf drei Stücke sehen: 1) auf das Verhältniß der Begriffe zu den Gesetzen des Denkens formale (logische) Wahrheit, 2) auf das Verhältniß der Begriffe zu den Objekten, die sie unter sich begreifen, und auf die sie bezogen werden, materiale Wahrheit. Und endlich 3) auf das Verhältniß der Begriffe unter sich.

§. 42.

Was die formale Wahrheit der Begriffe betrift, so wird sie in dem Abschnitt von den Verstandesschlüssen abgehandelt werden. Die materiale Wahrheit ist gar kein Gegenstand der Logik, die von allen Objekten abstrahirt, und sich blos mit der Form des Denkens beschäftigt. Es bleibt also nur noch das Verhältniß der Begriffe unter sich hier abzuhandeln übrig.

§. 43.

Verhältniß (relatio) ist ein Prädikat, was einem Dinge nicht an und für sich betrachtet zukommt, sondern nur so fern noch etwas anders gesetzt wird. Ein Begrif steht mit dem andern in Verhältniß, wenn in ihm gewisse Bestimmungen ohne den andern nicht möglich sind.

§. 44.

Ich werde zuerst von den Verhältnissen überhaupt reden, und dies nachher auf das Verhält:

niß der Begriffe anwenden. — Man theilt die Verhältnisse in Verhältnisse der Vergleichung und in die der Verknüpfung. Man untersucht nämlich entweder, ob die Vorstellungen in Einem Bewußtsein zusammenfallen oder nicht, und dieß ist Vergleichung, oder man untersucht, wie sich Vorstellungen zur Einheit des Mannigfaltigen in Einem Bewußtsein verhalten, dies ist Verknüpfung.

§. 45.

Verhältnisse der Vergleichung. Vorstellungen werden im Bewußtsein entweder als dieselben oder nicht als dieselben (als verschieden) vorgestellt. — Einerleiheit und Verschiedenheit.

§. 46.

Begriffe sind einerlei (identisch), wenn sie in einem Bewußtsein zusammenfallen, verschieden, wenn sie nicht in einem Bewußtsein zusammenfallen. Begriffe sind entweder ganz oder zum Theil identisch. Die erstern lassen sich für einander substituiren. Sie heißen Wechselbegriffe (conceptus reciproci).

§. 47.

Begriffe, die eine gleiche Sphäre haben, heißen gleichgeltend. Alle ganz identische oder Wechselbegriffe haben eine gleiche Sphäre, und sind also gleichgeltend; und umgekehrt, gleichgeltende Begriffe sind Wechselbegriffe.

§. 48.

Begriffe, die unter der Sphäre eines andern enthalten sind, heißen subordinirt; Begriffe, die zusammengenommen entweder die Sphäre eines Begrifs oder den Begrif selbst bestimmen, heißen koordinirt.

§. 49.

Jeder Begrif ist in dem ihm subordinirten Begrif ganz enthalten, aber dieser enthält mehr Merkmale als der Begrif, dem er subordinirt ist. Folglich sind subordinirte Begriffe nicht ganz identisch.

§. 50.

Auch die koordinirten Begriffe können nicht ganz identisch sein; denn sie bestimmen entweder die Sphäre eines Begrifs, alsdann schließen sie sich einander aus (sie sind disjunkte Begriffe), und haben nur das gemein, daß in jedem von ihnen der Begrif, unter dem sie stehen, und der sie zur Einheit verbindet, ganz enthalten ist, jeder aber erhält noch besondere Merkmale, wodurch einer vom andern unterschieden ist; oder sie machen zusammengenommen den Begrif selbst aus (sie sind disparate Begriffe), alsdann ergiebt sich leicht, daß sie nicht ganz identisch sein können; sie sind an sich selbst ganz verschieden, und haben blos Zusammenstimmung dadurch, daß man sie als Merkmale Eines Begrifs zu betrachten hat.

§. 51.

Verhältnisse der Verknüpfung. Vorstellungen, die sich in Ein Bewußtsein verknüpfen lassen, sind einhellig, zusammenstimmend, verträglich; die aber nicht zu einer Einheit zusammenstimmen, entgegengesetzte (Einhelligkeit und Entgegensetzung).

§. 52.

Einhelligkeit und Entgegensetzung sind entweder logisch oder real. Begriffe sind logisch einhellig, wenn sie sich in Ein Bewußtsein verknüpfen lassen;

laffen; real einhellig, wenn fie zufammen verknüpft die Vorſtellung vermehren. — Begriffe
ſind logiſch entgegengeſezt (contradictorie oppo-
ſiti), wenn fie ſich nicht in Ein Bewußtſein verknüpfen laſſen; real entgegengeſezt (contrarie op-
poſiti), wenn fie zufammen verknüpft die Vorſtellung vermindern. Logiſche Entgegenſeßung
heißt Widerſpruch, reale Entgegenſeßung heißt
Widerſtreit. Reale Einſtimmung und Widerſtreit
beruhen auf die Vorſtellung der Kraft. — Wir
handeln nur von den logiſchen Verhaltniſſen.

§. 53.

Ein Begrif, durch welchen etwas geſezt wird,
heißt ein bejahender Begrif; durch welchen Etwas nicht geſezt wird, ein verneinender Begrif.
Das Entgegengeſezte eines Begrifs iſt ſeine Verneinung; und von einem jeden bejahenden Begriffe läßt ſich eine Verneinung denken.

§. 54.

Alle Bejahungen laſſen ſich logiſch vereinigen,
denn einer logiſchen Bejahung widerſpricht nur
eine Verneinung. Von zwei widerſprechenden
Begriffen iſt der eine die Verneinung des andern.

Anmerkung.

Man muß hierbei nicht vergeſſen, daß alles
logiſch und nicht real genommen werden muß.

§. 55.

Ein Begrif, deſſen Merkmale nichts als Ver-
neinungen ſind, iſt ein verneinender Begrif (ens
privativum). Ein Begrif, der nichts von einem
Gegenſtand ausſagt, heißt leer, und weil man
unendlich viel dergleichen Begriffe einem Gegenſtand beilegen kann, ohne daß von demſelben
etwas erkannt wird, unendlich. Real und end-

b 3   lich

lich heißt ein Begrif, durch den wirklich etwas geseßt wird.

§. 56.

Man unterscheidet innere und äußere Merk-male eines Begrifs. Ein Merkmal wird ein in-neres genannt, wenn es zur Bestimmung der Vorstellung selbst gehört, ohne die Vorstellung in Verhältniß mit andern zu betrachten. Ein Merkmal ist ein äußeres, wenn dadurch nur das Verhältniß der Vorstellung zu andern erkannt wird. Dies läßt sich auf die Merkmale der Be-griffe leicht anwenden.

§. 57.

Diejenigen Merkmale, die man nicht aufhe-ben kann, ohne den Begrif zu zerstören, heißen wesentliche Stücke (essentialia), oder auch un-veränderliche Merkmale (immutabilia). Die-jenigen Merkmale hingegen, die sich verändern können, ohne daß der Begrif selbst geändert wird, heißen veränderliche, zufällige, außer-wesentliche.

§. 58.

Unter logisches Wesen eines Begrifs versteht man den Inbigrif derjenigen innern Merkmale desselben, wodurch er sich von allen andern unter-scheidet, und worauf alle andern beruhen. — Und diese innern Merkmale heißen wesentliche Stücke in engerer Bedeutung, oder auch grund-wesentliche (essentialia constitutiua). Die innern Merkmale, die aus den grundwesentlichen folgen, heißen Attribute oder essentialia consecutiua. — Beide Arten innerer Merkmale sind dem Begriffe entweder mit andern Begriffen einer Gattung ge-mein, dann heißen sie communia, oder kommen ihm allein zu propria.

Anmer-

Anmerkung.

Man muß Wesen und Natur unterscheiden. Jenes betrift blos die Vorstellung eines Dinges, diese die Existenz des Dinges selbst.

§. 59.

Man nennt also nach §. 57. diejenigen Merkmale, die dem Begriffe nicht nothwendig beigelegt werden müssen, die man aber doch als möglich in ihnen vorstellen kann, zufällige Beschaffenheiten. Sie sind nun auch wieder entweder innere oder äußere. Jene heißen relationes, diese modi.

Anmerkung.

Begriffe, die in den wesentlichen Stücken übereinkommen, sind gleichgeltend, und Wechselbegriffe.

Der Lehre von den Begriffen
Vierte Abtheilung.
Von der Modalität der Begriffe.

§. 60.

Wenn man von der Modalität einer Vorstellung redet, so versteht man darunter das Verhältniß, welches eine Vorstellung zum Erkenntnißvermögen hat; folglich, wenn man die Modalität eines Begrifs untersucht, so frägt man in welchem Verhältniß er mit dem Verstande, als dem Vermögen der Begriffe, stehe.

§. 61.

In Ansehung der Modalität zerfallen die Begriffe in drei Theile, in mögliche, wirkliche

und

und nothwendige. Begriffe werden durch einen
Aktus des Verstandes hervorgebracht. Der Verstand kann einen solchen Aktus vornehmen, oder
hat ihn vorgenommen, oder muß ihn vornehmen.

Ein Begrif ist möglich, wenn die Merkmale,
aus denen es bestehen soll, sich wirklich in eine
Einheit des Bewußtseins vereinigen lassen, unmöglich, wenn dies nicht statt findet. — Ein Begrif ist wirklich, wenn die Vereinigung dieser
Merkmale in eine Einheit des Bewußtsein schon
vor sich gegangen ist. — Ein Begrif ist nothwendig, wenn es für uns nothwendig ist, daß
wir unsere Vorstellungen unter diesem und keinen
andern vereinigen; wenn die Vereinigung gewisser Vorstellungen in eine Einheit des Bewußtseins
nothwendig ist. Ein Begrif, der in unserm Erkenntnißvermögen selbst gegründet ist, und dessen Existenz also nicht von der Erfahrung, sondern von der Natur des Erkenntnißvermögens
abhängt, wird nothwendig sein. Den nothwendigen Begriffen stehen die zufälligen entgegen.

Anmerkung.

1) Man muß die Nothwendigkeit eines Begrifs und die Nothwendigkeit der daraus gezoge-
nen Sätze unterscheiden.

2) Theilt man die Begriffe in gegebene und
gemachte (conceptus datos und facticios), und
die erstern wieder in a priori und a posteriori
gegebene (eine Eintheilung, die deshalb nicht
in das System einer reinen Logik gehört, weil
bei ihr auf den Ursprung der Begriffe gesehen
wird, wovon die reine Logik ganz abstrahiren
muß), so erhellet, daß nur die a priori gegebenen
Begriffe Nothwendigkeit bei sich führen können.

Der

Der Elementarlehre der Logik
Zweites Kapitel,
welches
die Lehre von den Urtheilen enthält.

§. 62.

Die Vorstellung des Verhältnisses mehrerer Vorstellungen unter einander, welche zur Deutlichkeit einer Erkenntniß erfordert wird, heißt ein Urtheil. Zur Deutlichkeit einer Erkenntniß wird erfordert, daß man das Verhältniß eines Merkmals als Merkmal (d. h. als Erkenntnißgrund) zu einem Begriffe, zu welchem es gehört, angiebt. Dieses Verhältniß ist nichts wie die synthetische Einheit in dem Begriffe, durch die Verbindung der Merkmale untereinander. Deutlichkeit ist die mögliche Einheit des Mannigfaltigen in einer Vorstellung.

Anmerkung.

Man muß die im §. gegebene Definition eines Urtheils nicht mißverstehen, als behaupte sie, daß durch ein jedes Urtheil wirklich eine Erkenntniß deutlich gemacht werde; dies ist z. B. in den identischen Urtheilen (Cajus ist Cajus, $a = a$), und bei den negativen Urtheilen der Fall nicht.

§. 63.

Es ist also ein Urtheil nichts anders, als die Bestimmung des Verhältnisses mehrerer Vorstellungen zur Einheit des Bewußtseins. Um nun dies Verhältniß zu finden, muß man die Vorstellungen selbst untereinander vergleichen, ob und in wiefern die eine Vorstellung von der
b 5 an=

andern ein Merkmal sein, oder ein anderes möglich machen könne.

§. 64.

Hieraus folgt ganz leicht, daß in einem jeden
Urtheile drei Stücke sich finden müssen, 1) die
Vorstellung, die verglichen werden soll, das
Subjekt des Urtheils; 2) die Vorstellung, mit
der sie verglichen werden soll, das Prädikat des
Urtheils. 3) Die Vorstellung, die da anzeigt,
in welchem Verhältniß Subjekt und Prädikat
zur Einheit des Bewußtseins stehen, die Kopula.

Anmerkung.

Obgleich alle diese Vorstellungen zum Wesen
eines Urtheils gehören, und sich schlechterdings
von der Vorstellung eines Urtheils nicht trennen
lassen, so ist doch nicht nöthig, daß man jede
diese Vorstellungen immer durch ein Merkmal
ausdrückt. — Subjekt und Prädikat eines Urtheils brauchen nicht immer Begriffe, es können
auch Anschauungen oder auch selbst wieder Urtheile sein.

§. 65.

Die Logik abstrahirt, wie überhaupt so auch
hier in der Lehre von den Urtheilen, von allem
Inhalt, und beschäftigt sich blos mit der Form.
Es frägt sich also, was in Rücksicht der Dinge,
die in einem jeden Urtheil als Urtheil sich finden
müssen, es für verschiedene Arten von Urtheile
geben könne, und diese wird die Logik sodann
abzuhandeln haben.

Anmerkung.

Die Alten hatten die Frage, quae, qualis,
quanta (scilicet est propositio)? die nachher zum
Sprichwort geworden ist, um anzuzeigen, daß
der

der andere etwas ungereimtes gesagt habe. Quae
est propositio? bezieht sich auf die Relation, die
daher auch Quälität (oder Quiddität) genannt
wurde.   Die Fragen, qualis und quanta sind
leicht verständlich. — Hieraus erhellet, daß die
Alten die Modalität der Urtheile noch nicht
kannten.

<h2 style="text-align:center">§. 66.</h2>

Zuerst fällt in die Augen, daß in einem jeden
Urtheile sich Vorstellungen finden müssen, von denen das Urtheil festsetzt, ob und in wie fern sie
sich in eine Einheit des Bewußtseins verbinden
lassen.   Bei diesen Vorstellungen, die man als
das zu vereinigende Mannigfaltige zu betrachten
hat, kann man formaliter nach nichts als nach
ihrem Umfang fragen.   Dies giebt Quantität
des Urtheils. — Sodann wird durch jedes Urtheil festgestellt, ob und in wie fern die Vorstellungen sich in eine Einheit des Bewußtseins vereinigen lassen, Qualität des Urtheils.   Ferner
kann man nach dem Verhältniß der zu verknüpfenden Vorstellungen (Subjekts und Prädikats)
fragen. Relation des Urtheils; und endlich ist
noch zu untersuchen, in welchem Verhältnß das
ganze Urtheil zu unserm Erkenntnißvermögen steht,
Modalität des Urtheils.   Mehr als diese vier
Arten der Eintheilung kann es nicht geben, und
es wird also die Lehre von den Urtheilen, wie
die Lehre von den Begriffen, in vier Abtheilun-
gen zerfallen, die gleiche Titel führen.

Der Lehre von den Urtheilen
Erste Abtheilung.
Von der Quantität der Urtheile.

§. 67.

Man versteht unter Quantität eines Urtheils den Umfang, den die in eine Einheit zu verbindenden Vorstellungen eines Urtheils haben. In einem jeden Urtheil findet sich Subjekt und Prädikat. Man betrachtet aber das Prädikat gleichsam als eine Einheit, unter die man das Subjekt bringen will, um darnach zu bestimmen, ob sich beide in eine Einheit des Bewußtseins vereinigen lassen. Läßt sich nämlich die Vorstellung des Subjekts unter die Vorstellung des Prädikats bringen, so wird sie durch die Auffassung dieser Einheit mit ins Bewußtsein aufgefaßt werden, und also beide sich in eine Einheit des Bewußtseins vereinigen lassen. Läßt sich hingegen das Subjekt nicht unter das Prädikat bringen, so werden die Vorstellungen des Urtheils sich nicht in eine Einheit des Bewußtseins vereinigen lassen. Da man also das Prädikat eines Urtheils stets als eine Einheit zu betrachten hat, so wird es keinen Umfang haben, und man wird also bei Bestimmung der Quantität eines Urtheils nur aufs Subjekt zu sehen haben.

§. 68.

Wenn man also die Urtheile nach dem Subjekte eintheilen will, so kann man nur darauf sehen, wie viel Vorstellungen es sind, die unter der Vorstellung des Prädikats subsumirt werden sollen, d. h. man sieht auf den Umfang des Subjekts, oder man betrachtet die Quantität des Urtheils.   §. 69.

§. 69.

Nun ist das Subjekt eines Urtheils entweder eine einzelne Vorstellung, oder es sind mehrere Vorstellungen, oder es sind alle Vorstellungen einer Sphäre. Dadurch zerfallen die Urtheile der Quantität nach in einzelne, besondere (partikuläre) und in allgemeine.

§. 70.

In der Logik, wo man von allem Inhalt abstrahirt, kann man die einzelnen Urtheile wie allgemeine behandeln, denn unter beiden ist ein Ganzes enthalten, und beide leiden keine Ausnahme. Man darf aber bei der Eintheilung der Urtheile die einzelnen Urtheile nicht übergehen, weil man einer jeden Eintheilung auf die Vollständigkeit und nicht auf den Nutzen der Glieder Rücksicht zu nehmen hat.

§. 71.

Wenn in einem Urtheil die Quantität bestimmt ist, heißt es ein bezeichnetes Urtheil (judicium definitum); ist sie nicht bestimmt, ein unbezeichnetes Urtheil (judicium indefinitum). Man nimmt aber ein solches unbezeichnetes Urtheil für ein allgemeines.

––––––––––

Der Lehre von den Urtheilen
Zweite Abtheilung.
Von der Qualität der Urtheile.

§. 72.

Bei Feststellung der Qualität eines Urtheils fragt man ob und in wiefern Subjekt und Prädikat

dikat deſſelben ſich in eine Einheit des Bewußtſeins vereinigen laſſen. Dies zeigt nun die Kopula eines jeden Urtheils an.

§. 73.

Man ſieht leicht ein, daß ein jedes Urtheil
entweder ausſagt, daß das Subjekt und Prädikat ſich in eine Einheit des Bewußtſeins verbinden
laſſen, oder behauptet, daß dies nicht ſo ſei.
Im erſten Fall heißt das Urtheil bejahend, im
andern verneinend.

§. 74.

Die Bejahung oder Verneinung eines Urtheils
muß alſo nach §. 72. jederzeit, nach der reinen
Form eines Urtheils, durch die Kopula ausgedrückt werden; es ſollte alſo der Regel nach die
Negation, die in verneinenden Urtheilen ſich
finden muß, ſtets bei der Kopula ſtehen; und
z. B. das Urtheil, kein Thier iſt ewig, ordentlich
ſo ausgedrückt werden, alle Thiere ſind nicht
ewig.

§. 75.

Den bejahenden und verneinenden Urtheilen
geſellt man noch in den gewöhnlichen Logiken die
unendlichen oder limitirenden bei. Unter einem
unendlichen oder limitirenden Urtheil verſteht
man ein ſolches, wo zwar die Kopula keine Verneinung enthält, das Prädikat aber ein verneinender Begrif iſt. Sie heißen darum unendlich,
weil ſie zwar das Anſehen haben, als beſtimmten
ſie das Merkmal eines Gegenſtandes, da ſie doch
eigentlich den Gegenſtand blos von einer Klaſſe
von Dingen, denen ein gewiſſes Merkmal zukommt, ausſchließen, und völlig unbeſtimmt laſſen, zu welchen von der unendlichen Anzahl der
übrigen Dinge der Gegenſtand gehört. Limitirend
oder

oder einschränkend hingegen heißt ein solches
Urtheil, weil es unter den unendlichen Merkmalen, die einen Gegenstand beigelegt werden können, eins ausschließt. Diese unendlichen Urtheile aber gehören eigentlich nicht in die reine
Logik, weil man dabei auf den Inhalt des Prädikats sieht. Sie haben blos in der transcen-
dentalen Logik ihren Nutzen, und sind hier blos
historisch erwähnt worden.

Der Lehre von den Urtheilen
Dritte Abtheilung.
Von der Relation der Urtheile.

§. 76.

In welchem Verhältnisse können nun die Vorstellungen, deren Verhältniß zur Einheit des Bewußtseins in einem Urtheile angegeben wird,
untereinander stehen? — Die Vorstellungen stehen entweder in einem innern oder äußern Verhältniß. Zwei Vorstellungen stehen in einem innern Verhältniß, wenn die eine ein Merkmal der
andern ist. Dann heißt das Urtheil kategorisch.
Das äußere Verhältniß zweier Vorstellungen
kann nun wieder von doppelter Art sein, entweder bestimmt das Setzen der einen Vorstellung
zwar das Setzen der andern, ohne doch wiederum
durch das Setzen der letztern selbst bestimmt zu
sein, hypothetische Urtheile, oder die Vorstellungen bestimmen einander wechselseitig, disjunktive Urtheile.

§. 77.

Ein Urtheil wird also ein kathegorisches genannt, wenn die in ihm enthaltenen Vorstellungen

gen sich wie Subjekt und Prädikat (Vorstellung und Merkmal) zu einander verhalten; das Urtheil mag übrigens bejahend oder verneinend sein. Z. B. Alle Menschen sind sterblich; Einige Menschen sind nicht aufgeklärt.

§. 78.

Woraus man erkennt, daß eine Sache so und nicht anders ist, heißt der Grund der Sache, was man daraus erkennt, die Folge. Wenn man also den Grund setzt, muß man auch die Folge setzen; aber nicht umgekehrt, wenn man die Folge setzt, muß man auch den Grund setzen, denn es kann eine Sache aus mehrern Gründen erkannt werden. Hieraus fließt, daß die Vorstellungen in einem hypothetischen Urtheile das Verhältniß des Grundes zur Folge haben. Das Subjekt eines hypothetischen Urtheils heißt der Vordersatz, das Prädikat der Nachsatz. Der Vordersatz enthält den Grund, die Bedingung; der Nachsatz die Folge. Uebrigens ist es gleichgültig, ob das Urtheil bejahend oder verneinend ist.

§. 79.

In einem disjunktiven Urtheile bestimmen sich die Vorstellungen einander wechselseitig, d. h. die Vorstellungen machen zusammen eine Sphäre aus, und müssen also dieselbe erfüllen. Z. B. die Seele ist entweder sterblich oder nicht sterblich, wo die beiden Vorstellungen sterblich oder nicht sterblich die ganze Sphäre der Merkmale bestimmen, die der Seele in dieser Rücksicht beigelegt werden können. Die Prädikate, die disjunkte (durch entweder, oder) verbunden sind, heißen Trennungsstücke (membra disjuncta). Soll ein disjunktives Urtheil richtig sein, so müssen die Prädikate wirklich in Gemeinschaft stehen,

stehen, d. h. eine Sphäre erfüllen, koordinirt und nicht subordinirt sein.

§. 80.

Hieraus ergiebt sich, daß in einem hypotheti=schen Urtheile die Vorstellungen in der Abfolge, in einem disjunktiven hingegen in Gemeinschaft stehen.

§. 81.

Ein kategorisches Urtheil wird nur aus zwei Begriffen oder zwei Anschauungen (bei identischen Urtheilen), oder aus einer Anschauung und ei=nem Begriffe bestehen, denn die in demselben enthältenen Vorstellungen stehen nur im Verhält=niß des Subjekts zum Prädikat, so daß die eine in der andern enthalten sein soll.

§. 82.

Ein hypothetisches Urtheil wird aus zwei ka=tegorischen Urtheilen bestehen müssen; denn im Vordersatz wird der Grund, im Nachsatz die Folge gesetzt, d. h. in beiden wird das Prädikat des Seins oder Nichtseins von einem Subjekt ausgesagt. Doch finden sich in einem hypotheti=schen Urtheil als einem solchen nur Ein Subjekt und Ein Prädikat, der Vordersatz ist das Subjekt, der Nachsatz das Prädikat.

§. 83.

Zu den disjunktiven Urtheilen werden, wie aus ihren Wesen sich leichtlich ergiebt, mehr als zwei Begriffe oder Sätze erfordert. Allein auch bei ihnen findet sich nur Ein Subjekt und Ein Prädikat.

§. 94.

Ob nun gleich die kategorischen Urtheile den hypothetischen und disjunktiven zum Grunde lie=

gen, so erfordern sie doch einen ganz eigenen Aktus des Verstandes, der in allen dreien verschieden ist, und deshalb machen sie jedes eine besondere Art aus. —

Der Lehre von den Urtheilen

Vierte Abtheilung.

Von der Modalität der Urtheile.

§. 85.

Unter Modalität eines Urtheils versteht man das Verhältniß des ganzen Urtheils zu unserm Erkenntnißvermögen. Die Verbindung oder Nichtverbindung mehrerer Vorstellungen in eine Einheit des Selbstbewußtseins ist entweder blos möglich (problematisches Urtheil) oder wirklich (assertorisches Urtheil) oder nothwendig (apodiktisches Urtheil).

§. 86.

Der Unterschied der Modalität der Urtheile, wenn sie kategorisch sind, wird durch besondere Wörter ausgedrückt, im problematischen Urtheil durch kann, im assertorischen durch ist, im apodiktischen durch muß. — Nur die assertorischen und apodiktischen Urtheile nennt man Sätze.

Anhang zu der Lehre von den Urtheilen.

§. 87.

Man kann bei einem jeden Urtheile die Frage aufwerfen, was für eine Quantität, was für eine Qualität, was für eine Relation, und was für eine Modalität es habe? und es muß sich in jeder dieser vier Rücksichten bestimmen lassen.

§. 88.

§. 88.

Man hat die Quantität und Qualität eines Urtheils aber zusammen betrachtet, und da entstehen dann die Ausdrücke allgemein bejahend und allgemein verneinend, besonders bejahend und besonders verneinend. Wobei blos zu merken ist, daß man die einzelnen Urtheile zu den besondern zählt. Man wählte für die allgemein bejahenden Urtheile die Bezeichnung a, für die allgemein verneinenden die Bezeichnung e, für die besonders bejahenden die Bezeichnung i, für die besonders verneinenden die Bezeichnung o; Bezeichnungen, die in der Lehre von den Schlüssen den Vortrag erleichtern.

§. 89.

Solcher Zusammensetzungen könnte man nun mehrere machen, die aber nicht von sonderlichem Nutzen sein würden. Uns war es blos darum zu thun, die einfachen Arten der Urtheile vollständig aufzuzählen.

Es scheint aber dennoch, als wenn in unserer Eintheilung der Urtheile, die blos die einfachen Urtheile betreffen soll, sich in der Lehre von der Relation ein Fehler eingeschlichen habe, denn da die kategorischen Urtheile den beiden übrigen zum Grunde liegen, so scheint als wenn diese als die einzigen einfachen genannt werden könnten. Allein es kömmt, um ein Urtheil einfach zu nennen, nicht auf die Materie des Urtheils an, nicht auf die Vorstellungen, die in ihm sich finden, sondern einzig und allein auf den Aktus des Verstandes, der erfordert wird, um zu bestimmen, in welchem Verhältniß diese Vorstellungen zur Einheit des Bewußtseins stehen, und da findet sich denn, daß die Handlung der Verknüpfung bei den hypothetischen und

dis=

disjunktiven Urtheilen, sobald die zu verknüpfenden Vorstellungen gegeben sind, eben so einfach ist (sich nicht in andere auflösen läßt) wie bei den kategorischen Urtheilen.

§. 90.

Die zusammengesetzten Urtheile lassen sich bei geringer Aufmerksamkeit leicht in ihre einfachen Urtheile zerlegen. Wir haben in der weitern Auseinandersetzung dieses Abrisses bei den vorhergehenden §§. mehrere dergleichen nahmhaft gemacht; und wollen hier bloß noch der exponiblen und der hypothetisch disjunktiven Urtheile erwähnen.

Ein Urtheil heißt exponibel, wenn in demselben dem Subjekt entweder mit Ausschließung anderer ein Prädikat beigelegt wird, oder wenn dem gegebenen Subjekte nur ein gewisses Prädikat mit Ausschließung anderer Prädikate beigelegt wird. Diese Urtheile enthalten also eine Bejahung und Verneinung zugleich. — Die hypothetisch-disjunktiven Urtheile sind eigentlich nur problematisch disjunktive Urtheile, sie sagen aus, wenn man ein Subjekt setze, so müsse ihm eins der genannten Prädikate beigelegt werden.

Der Elementarlehre der Logik
Drittes Kapitel,
welches
die Lehre von den Schlüssen enthält.

§. 91.

Schließen heißt die Wahrheit oder Falschheit eines Urtheils aus einem andern erkennen. Ein
Schluß

Schluß ist die Handlung, wodurch man die Wahrheit oder Falschheit eines Urtheils aus einem andern herleitet.

§. 92.

Hierbei steigt nun zuerst die Frage auf, was ist Wahrheit? und in wiefern ist sie ein Gegenstand der Logik. Wahrheit überhaupt ist Uebereinstimmung einer Erkenntniß mit dem Gegenstande. Sie ist aber von doppelter Art, formal und material. Eine Erkenntniß hat formale Wahrheit, wenn sie unter sich und mit den Gesetzen des Denkens übereinstimmt; materiale, wenn sie mit den Gegenständen selbst übereinstimmt.

§. 93.

Da eine jede Erkenntniß, wenn sie die unsrige sein soll, schlechterdings mit den Gesetzen unsers Denkens zusammenstimmen muß, so ist die formale Wahrheit die nothwendige Bedingung (conditio sine qua non) der materialen, ob sie gleich die materiale Wahrheit selbst nicht ist.

§. 94.

Da die Logik von allem Inhalt der Erkenntniß (Materie derselben) abstrahirt, und sich einzig und allein mit der Form beschäftiget, so ist nicht die materiale Wahrheit (von der, wie sich zeigen läßt, es überhaupt keine allgemeinen Kennzeichen giebt), sondern nur die formale der Gegenstand der Logik.

§. 95.

Bei der formalen Wahrheit wird also blos untersucht, in welchem Verhältniß die Erkenntniß mit unserm Erkenntnißvermögen steht. Alle Erkenntniß gründet sich auf Urtheile. Die Urtheile sind der Modalität, d. h. dem Verhältniß zu

unserm

unserm Erkenntnißvermögen, nach, problemati=
sche, assertorische und apodiktische. Bei Bildung
einer jeden dieser Arten befolgt der Verstand seine
eigenen Gesetze, und ein Urtheil also, was die=
sen Gesetzen gemäß ist, ist formal wahr.

§. 96.

Ein Satz, aus dem die Möglichkeit anderer
Erkenntnisse erkannt wird, heißt in Rücksicht auf
diese ein Grundsatz (principium). Ist dieser
Satz selbst nicht wieder von andern abgeleitet, so
heißt er der oberste Grundsatz. Da nun die drei
Sätze für die formale Wahrheit im Verstande
selbst liegen, so können sie nicht von andern abge=
leitet werden, sondern sind oberste Grundsätze.
Man kann sie also blos erläutern, und einen
Beweis davon geben wollen, wäre vergebliche
Mühe. Aber alle diese Grundsätze werden auch,
da sie durch den Verstand selbst gegeben werden,
absolute Allgemeinheit und Nothwendigkeit bei
sich führen müssen.

§. 97.

Der Grundsatz für die bejahenden problema=
tischen Urtheile ist: Jedem Subjekt kommt ein
Prädikat zu, das mit ihm übereinstimmt.
Für die verneinenden problematischen Urtheile:
Keinem Subjekt kommt ein Prädikat zu, das
ihm widerspricht. Der erste dieser Sätze heißt
der Satz der Einstimmung (principium identitatis) der zweite der Satz des Widerspruchs
(principium contradictionis).

§. 98.

Welchen von beiden Sätzen man auch als den
ersten ansehen mag, so läßt sich der andere aus
ihm mit Leichtigkeit herleiten. Man braucht hin=
gegen gewöhnlich den Satz des Widerspruchs,
                                            weil

weil er zu gleicher Zeit die Nothwendigkeit ausdrückt.

Anmerkung.

Nothwendig ist das, dessen Gegentheil unmöglich ist.

§. 99.

Die problematischen Urtheile sagen blos aus,
daß einem Subjekt ein Prädikat beigelegt werden kann, und man sieht wirklich bald ein, daß
der Satz der Einstimmung und des Widerspruchs
auch nur die Möglichkeit einer solchen Erkenntniß
bestimmt, weil er blos bestimmt, von welcher
Beschaffenheit ein Prädikat sein müsse, das man
einem Subjekte beilegen oder absprechen will.

§. 100.

In einem assertorischen Urtheile wird ein Prädikat wirklich einem Subjekte beigelegt oder ihm
abgesprochen. Sie beruhen auf den Grundsatz:
Wenn man einem Subjekte ein Prädikat beilegt oder abspricht, so muß dies seinen zureichenden Grund haben. Dieser Satz heißt der
Satz des zureichenden Grundes (principium
rationis sufficientis), und ist blos formal; er
muß von dem Satze der Kausalität: Alles was
geschieht, hat seine Ursache, dessen Beweis in
die Metaphysik gehört, wohl unterschieden werden.
In den apodiktischen Urtheilen wird einem
Subjekt ein Prädikat als nothwendig beigelegt.
Nothwendig ist dasjenige, dessen Gegentheil unmöglich ist. Will ich also zeigen, daß einem Subjekt ein Prädikat nothwendig zukommen müsse,
muß ich zeigen, daß ich das Gegentheil dieses
Prädikats ihm absprechen muß. Dies setzt aber
voraus, daß von zwei widersprechenden Prädikaten eins dem Subjekte nothwendig zukom-

men

men müsse. Der Grundsatz, der dieß behauptet, heißt der Satz des ausschließenden dritten
(principium exclusi tertii inter duo contradictoria).

Anmerkung.

Diejenigen meiner Leser, die mit dem Kantischen System vertrauter sind, will ich blos auf
die Uebereinstimmung dieser Sätze mit den Kategorien der Relation machen. Der Grund dieser
Relation liegt offenbar in dem Umstande, daß
man das Verhältniß der Erkenntniß zum Erkenntnißvermögen betrachtet.

§. 101.

Wir kehren jetzt zu §. 91. zurück. Schließen
heißt die Wahrheit oder Falschheit eines Urtheils
aus andern erkennen. Schließen ist ein Aktus
der Selbstthätigkeit, als eine Operation des Verstandes. Der Verstand aber zerfällt nach §. 12.
in drei Theile, in Verstand, Urtheilskraft und
Vernunft, und jedes von diesen Vermögen bringt
Schlüsse hervor.

§. 102.

Man theilt die Schlüsse in unmittelbare und
in mittelbare. Im ersten wird die Wahrheit
oder Falschheit eines Urtheils unmittelbar aus
einem andern gefolgert, im zweiten muß noch
ein drittes zu Hülfe genommen werden.

Der Lehre von den Schlüssen
Erste Abtheilung.
Von den Verstandesschlüssen.

§. 103.

Wenn in einem gegebenen Urtheil ein anderes
unmittelbar schon enthalten ist, so daß es blos
                                          darauf

darauf ankömmt, die drei Sätze der formalen
Wahrheit anzuwenden, um das andere Urtheil
zu entwickeln, so heißt ein solcher Schluß ein
unmittelbarer (consequentia immediata) (dies
Wort in engerer Bedeutung genommen, wo man
die Schlüsse der Urtheilskraft ausnimmt,) oder
ein Verstandesschluß.

§. 104.

Man kann freilich, wenn man will, auch bei
den Verstandesschlüssen ein vermittelndes Urtheil
annehmen, das aber tavtologisch ist, und wodurch die unmittelbaren Schlüsse sich immer noch
unterscheiden.

§. 105.

Man hat bisher immer ganz irrig behauptet,
daß nur kategorische Urtheile unmittelbare Schlüsse
zuließen, allein es lassen auch hypothetische und
disjunktive Urtheile dergleichen zu.

§. 106.

Man kann, so wie die andern Gegenstände
der Logik, auch die Verstandesschlüsse der Quantität, Qualität, Relation und Modalität nach
abhandeln.

Der Lehre von den Verstandesschlüssen
Erster Abschnitt.
Von der Quantität der Verstandesschlüsse.

§. 107.

Verstandesschlüsse werden der Quantität nach
aus andern abgeleitet, wenn das abgeleitete
Urtheil von dem gegebenen nur der Quantität
nach verschieden ist.

c 5   §. 108.

§. 108.

Ist ein allgemeines Urtheil wahr, so ist auch das unter ihm enthaltene besondere und einzelne Urtheil wahr. Hier gilt der Schluß vom Allgemeinen aufs Besondere; aber nicht umgekehrt vom Besondern aufs Allgemeine. Der Schlußsatz behält die Qualität des gegebenen Urtheils. Man nennt dies per judicia subalternata schließen. Alle A sind B, also sind auch einige A B.

§. 109.

Der Beweis dieses Satzes ist äußerst leicht. In einem allgemeinen Urtheil wird etwas von der ganzen Sphäre des Subjekts behauptet, folglich von allen Vorstellungen, die in der Sphäre des Subjekts enthalten sind, worunter denn auch die einige gehören. Der Beweis beruht auf den Satz der Uebereinstimmung. — Umgekehrt hingegen ist leicht einzusehen, daß, wenn etwas von einigen Vorstellungen der Sphäre eines Begrifs behauptet wird, dies nicht sogleich auf die ganze Sphäre ausgedehnt werden könne.

§. 110.

Ist ein besonderes oder einzelnes Urtheil falsch, so ist auch das allgemeine Urtheil falsch, worunter das besondere subsumirt werden kann. Wenn es falsch ist, daß einige A B sind, so ist es auch falsch, daß alle A B sind.

§. 111.

Beweis. Wenn es falsch ist, daß einigen Gliedern einer Sphäre ein Prädikat beigelegt oder abgesprochen wird, so ist es um so mehr falsch, wenn man allen Gliedern dieser Sphäre dies Prädikat beilegt oder abspricht. Der Beweis beruht auf den Satz des Widerspruchs.

§. 112.

§. 112.

Umgekehrt aber läßt sich nicht von der Falschheit eines allgemeinen Urtheils auf die Falschheit der subalternen schließen; denn wenn es gleich auch falsch ist, daß allen Vorstellungen der Sphäre eines Begrifs ein Prädikat beigelegt oder abgesprochen werden kann, so kann doch bei einigen dies statt finden.

Der Lehre von den Verstandesschlüssen
Zweiter Abschnitt.
Von der Qualität der Verstandesschlüsse.

§. 113.

Der Qualität nach bildet man Verstandesschlüsse, wenn der Schlußsatz von dem gegebenen Urtheil nur der Qualität nach verschieden ist. Man nennt dies per judicia opposita schließen.

§. 114.

Die entgegengesetzten Urtheile sind von dreifacher Art. 1) Kontradiktorisch entgegengesetzt (widersprechend, contradictorie opposita), wenn von zwei Urtheilen das eine das andere völlig aufhebt. So sind a und o, e und i kontradiktorisch entgegengesetzt. — Von zwei kontradiktorisch entgegengesetzten Urtheilen muß das eine wahr das andre falsch sein, nach dem Prinzip des ausschließenden Dritten (principium exclusi tertii inter duo contradictoria). §. 100.

§. 115.

2) Kontráre (widerstreitende, judicia contrarie opposita) sind diejenigen, wo nicht bloß

das

das gegebene Urtheil aufgehoben, sondern noch
etwas neues behauptet wird. Dies findet nur
bei den allgemeinen Urtheilen statt, die einerlei
Subjekt aber entgegengesetzte Prädikate haben
(a und e), denn das letztere hebt alsdann das
erstere nicht bloß auf, welches ein besonderes
Urtheil mit gleichem Subjekt und verschiedenen
Prädikaten schon gethan hätte (a und o, e und i,
§. 114), sondern behauptet sogar noch, daß die=
sem Subjekte das entgegengesetzte Prädikat zu=
käme. — Partikuläre Urtheile können, nicht kon=
träre sein, weil diese nicht immer einander auf=
heben, s. §. 117.

§. 116.

Man kann von der Wahrheit eines allgemei=
nen Urtheils auf die Falschheit des konträren
schließen, weil durch das Setzen des einen das
andere völlig aufgehoben wird. Ist a wahr, so
ist auch i wahr (§. 108.), ist i wahr, so ist e
falsch (§. 114.); oder ist e wahr, so ist auch o
wahr (§. 108.), und ist o wahr, so ist a falsch
(§. 114.). Aber umgekehrt kann man nicht von
der Falschheit des einen auf die Wahrheit des
andern schließen, weil das eine Urtheil das an=
dere nicht bloß aufhebt, sondern von neuem et=
was behauptet, welche Behauptung auch falsch
sein kann. Ist a falsch, so ist freilich nach §. 114.
o wahr, aber daraus folgt noch nicht, daß e
wahr ist; oder ist e falsch, so ist i wahr, aber
daraus folgt noch nicht, daß auch a wahr ist.

§. 117.

3) Subkonträre Urtheile (judicia subcontrarie opposita) sind endlich diejenigen, wo das
eine Urtheil das andere nicht völlig aufhebt, und
dies ist der Fall, wenn in zwei partikulären Ur=
theilen das Subjekt unverändert gelassen, die
Qua=

Qualität aber geändert wird, e und o. Denn was von einigen Gliedern einer Sphäre behauptet wird, kann sehr gut von andern eben dieser Sphäre verneint werden.

§. 118.

Man kann nun von der Falschheit eines partikulären Urtheils auf die Wahrheit des subkonträren schließen, denn gesetzt i ist falsch, so ist e wahr nach §. 114., ist e wahr, so ist auch o wahr nach §. 108.; oder ist o falsch, so ist a wahr §. 114., ist a wahr, so ist i wahr §. 108. — Umgekehrt aber läßt sich nicht von der Wahrheit eines partikulären Urtheils auf die Falschheit des subkonträren schließen, weil beide wahr sein können, nach §. 117.

Der Lehre von den Verstandesschlüssen
Dritter Abschnitt.
Von der Relation der Verstandesschlüsse.

§. 119.

Man schließt unmittelbar der Relation nach, wenn man das Subjekt des ersten Urtheils zum Prädikat des zweiten, und umgekehrt das Prädikat des ersten Urtheils zum Subjekt des zweiten macht. Die Logiker nennen dies consequentia immediata per conversionem.

§. 120.

Diese Konversion kann doppelt sein, entweder das Urtheil behält seine Quantität, oder sie wird verändert. Im ersten Fall heißt sie conversio simplex, im zweiten Fall conversio per accidens (reine Umkehrung und veränderte Umkehrung).   §. 121.

§. 121.

Ein identisches Urtheil, wo Subjekt und Prä=
dikat gleichbedeutend sind, läßt sich simpliciter
umkehren. Man kann also von der Wahrheit
oder Falschheit eines identischen Urtheils auf
die Wahrheit oder Falschheit des simpliciter um=
gekehrten schließen.

§. 122.

In allen allgemein bejahenden nicht identischen
Urtheilen hat das Prädikat eine größere Sphäre
als das Subjekt, weil die ganze Sphäre des
Subjekts dem Prädikat subordinirt wird. Es
wird also die Sphäre des Subjekts nur ein Theil
der Sphäre des Prädikats sein, folglich wird
man nicht der ganzen Sphäre des Prädikats das
Subjekt des ersten Urtheils als Prädikat beilegen
können, d. h. man kann ein allgemein bejahendes
nicht identisches Urtheil nicht simpliciter umkehren.

Anmerkung.

Alle A sind B. Da B weiter ist als A, so
werden unter B noch mehrere Dinge als A stehen,
folglich werden nicht alle B A sein.

§. 123.

Alle partikulär bejahenden Urtheile lassen sich
simpliciter umkehren; denn da nur von einem
Theil der Sphäre des Subjekts die Rede ist,
dieser Theil aber doch unter dem Prädikat subsu=
mirt worden ist, folglich auch einen Theil seiner
Sphäre ausmacht, so wird man einen Theil der
Sphäre des Prädikats unter dem Subjekt sub=
sumiren können.

Anmerkung.

Einige A sind C; d. h. ein Theil der Sphäre
A.

A paßt unter C, gesetzt nun auch, C sei weiter als A, so wird doch auch ein Theil seiner Sphäre ein Theil der Sphäre von A sein.

§. 124.

Ferner läßt sich mit allen allgemein verneinenden Urtheilen eine reine Umkehrung vornehmen. Paßt der ganze Umfang der Sphäre des Subjekts nicht unter das Prädikat, so wird auch das Prädikat nicht unter der Sphäre des Subjekts passen.

Anmerkung.

Sind alle A nicht B, so können auch nicht alle B A sein.

§. 125.

Die besonders verneinenden Urtheile lassen sich nicht simpliciter umkehren; denn wenn gleich einem Theil der Sphäre des Subjekts ein Prädikat abgesprochen werden muß, so kann dies doch blos daher kommen, weil die ganze Sphäre des Subjekts kleiner ist als die Sphäre des Prädikats, aber es wird doch nun noch immer der Fall möglich sein, daß die ganze Sphäre des Prädikats in der Sphäre des Subjekts enthalten ist.

Anmerkung.

Aus dem Satze: Einige A sind nicht B, folgt nicht, daß Einige B nicht A wären; denn einige A können deshalb nicht B sein, weil A weiter ist als B; aber deshalb kann B ganz unter A enthalten sein, d. h. alle B können A sein.

§. 126.

Was nun die veränderte Umkehrung (conversio per accidens) betrifft, so findet diese einzig und

und allein bei allgemein bejahenden nicht identischen Urtheilen statt. Bei den allgemein bejahenden Urtheilen ist (wenn sie anders nicht identisch sind) die Sphäre des Subjekts kleiner als die Sphäre des Prädikats, aber sie ist doch ein Theil von der letztern. Es wird sich also das Subjekt des erstern Urtheils von einem Theil der Sphäre des Prädikats aussagen lassen. Die allgemein verneinenden Urtheile lassen sich schon simpliciter umkehren, folglich findet bei ihnen mehr als eine veränderte Umkehrung statt. — Die besonders bejahenden Urtheile leiden keine veränderte Umkehrung, weil man sonst bei ihnen voraussetzen müßte, daß immer die Sphäre des Prädikats enger ist als die Sphäre des Subjekts, welches nicht nothwendig ist. — Auch findet bei den besonders verneinenden Urtheilen keine veränderte Umkehrung statt, weil dies voraussetzen würde, daß die ganze Sphäre des Prädikats von der Sphäre des Subjekts ausgeschlossen ist, welches aus den Wesen der besonders verneinenden Urtheile nicht fließt.

Anmerkung.

Alle A sind B, ob nun gleich mehr Dinge als A B sein können, und ich also nicht sagen kann, alle B sind A, so kann ich doch sagen, einige B sind A.

Der Lehre von den Verstandesschlüssen
Vierter Abschnitt.
Von der Modalität der Verstandesschlüsse.

§. 127.

Der Modalität nach wird ein Verstandesschluß durch die Versetzung (per contrapositionem) her-

vorge-

vorgebracht. Man verſetzt (kontraponirt) ein
Urtheil, wenn man Subjekt zum Prädikat und
Prädikat zum Subjekt macht, von neuem Subjekt das gleiche Gegentheil nimmt, und dabei
die Qualität ändert.

§. 128.

Dieſe Art der Verſtandesſchlüſſe gehört deshalb zur Modalität, weil durch ſie die Modalität des Urtheils geändert wird; denn wenn das
Urtheil vorher aſſertoriſch war, wird es nun
apodiktiſch, da das Gegentheil davon verneint
wird.

§. 129.

Alle identiſchen Urtheile laſſen ſich kontraponiren; denn wenn Subjekt und Prädikat gleichbedeutend ſind, iſt auch ihr Gegentheil identiſch;
folglich muß man das eine vom Gegentheil des
andern verneinen.

§. 130.

Alle allgemein bejahenden Urtheile laſſen ſich
kontraponiren; denn wenn die ganze Sphäre A
unter B enthalten iſt, ſo kann kein A unter non
B enthalten ſein, d. h. alle non B ſind nicht A,
d. h. Kein non B iſt A.

§. 131.

Die allgemein verneinenden Urtheile laſſen
ſich nicht ſimpliciter, wohl aber per accidens kontraponiren; denn wenn kein A B iſt, ſo ſind alle
A non B nach §. 101.; aber dieſes Urtheil, das
der Form nach allgemein bejahend iſt, läßt ſich
nach §. 122. nicht ſimpliciter umkehren. Behält
man hingegen die Quantität des Urtheils nicht
bei, ſo wird man ein richtiges Urtheil, Einige
non B ſind A, erhalten, weil ſich der Satz, alle
A ſind non B, per accidens umkehren läßt.

D   §. 132.

§. 132.

Die besonders bejahenden Urtheile lassen sich nicht kontraponiren; denn wenn einige A B sind, so sind auch einige A nicht non B, aber daraus folgt nicht, daß einige non B nicht A sind, weil ein besonders verneinendes Urtheil sich nicht simpliciter umkehren läßt.

§. 133.

Endlich lassen sich die besonders verneinenden Urtheile auch kontraponiren; denn aus dem Urtheil, einige A sind nicht B, folgt, daß einige A non B sind, und aus diesem, daß einige non B A sind.

§. 134.

Die Veränderung des Subjekts in Prädikat und des Prädikats in Subjekt, heißt metathesis. Sie ist doppelt, conversio oder contrapositio. Jene betrift die Relation, diese die Modalität. Beide, sowohl die conversio als die contrapositio, sind entweder simplex oder per accidens.

Der Lehre von den Schlüssen
Zweite Abtheilung.
Von den Schlüssen der Urtheilskraft.

§. 135.

Man theilt die Urtheilskraft in die bestimmende und in die reflektirende Jener ist die Regel gegeben, unter die sie subsumiren soll, diese aber sucht aus einzelnen Fällen die Regel herauszubringen.

§. 136.

§. 136.

Wir haben es hier gar nicht mit der bestimmenden Urtheilskraft zu thun, denn diese bringt aus gegebenen Sätzen keine neue hervor; sondern mit der reflektirenden, die durch die Zusammenfassung gegebener Fälle neue Urtheile zu Stande bringt.

§. 137.

Soll die Urtheilskraft sich thätig beweisen, so muß sie eine allgemeine Regel haben, unter die sie die besondern Fälle subsumiren kann. Ist ihr diese Regel gegeben, so zeigt sie sich blos als subsumirend: ist sie ihr aber nicht gegeben, so muß sie sie hervorzubringen suchen, und dies kann sie auf eine doppelte Art, durch Induktion oder durch Analogie. Man schließt nach der Induktion, wenn man das, was von den Theilen einer Gattung gilt, auf die ganze Gattung ausdehnt; nach der Analogie, wenn man daraus, daß Dinge in mehreren Stücken übereinkommen, schließt, daß sie auch in andern übereinkommen werden.

I. Schlüsse der Urtheilskraft durch die Induktion.

§. 138.

Man kann auch diese Schlüsse nach der Quantität, Qualität, Relation und Modalität abhandeln. In Rücksicht der Quantität ist zu bemerken, daß man von den einzelnen Dingen zur Art und von der Art zum Geschlecht aufsteigt. Man kann nun entweder alle Theile der Gattung aufzählen, dann ist die Induktion vollständig, und die Allgemeinheit ist absolut, oder es sind nur die meisten Theile aufgezählt, dann ist die Induktion unvollständig, und die Allgemeinheit, die sie verschaft, ist komparativ, zu einem ge-

wissen

wissen Zweck hinreichend (üniverſalitas ſecundum quid).

§. 139.

Was die Qualität betrift, ſo müſſen alle einzelnen Urtheile, deren Aufzählung zu einem allgemeinen Urtheile berechtigen ſollen, einerlei Qualität haben, und ein einziges Urtheil, das von verſchiedener Qualität iſt, hebt ſogleich die ganze Induktion auf. Ferner hat das allgemeine Urtheil eben die Qualität, die die einzelnen haben.

§. 140.

In Rückſicht der Relation iſt bei dieſen Schlüſſen zu merken, daß die Prädikate, die man in den gegebenen Urtheilen vom Subjekte ausſagt, keine zufälligen Prädikate, ſondern weſentliche Merkmale ſein müſſen.

§. 141.

Der Modalität nach liefern nur die vollſtändigen Induktionen aſſertoriſche, und wenn die beſondern Urtheile apodiktiſch ſind, apodiktiſche Urtheile, die unvollſtändigen hingegen blos problematiſche. Jene geben Gewißheit, dieſe Wahrſcheinlichkeit. Die Wahrſcheinlichkeit wächſt mit der Menge der gegebenen Fälle.

II. Schlüſſe der Urtheilskraft durch die Analogie.

§. 142.

Man ſchließt der Analogie nach, wenn man daraus, daß Dinge in mehreren Stücken übereinkommen, folgert, daß ſie auch in andern übereinkommen werden. — Man ſieht leicht ein, daß in Rückſicht der Quantität hier zu bemerken iſt, daß die Stärke des Schluſſes von der Menge der übereingetroffenen Merkmale abhängt.

§. 143.

§. 143.

Der Qualität nach, können die gegebenen Ur-theile in den Schlüssen der Analogie bejahend und verneinend sein, nur werden lauter vernei=nende Urtheile, durch welche man nicht erfährt, was der Gegenstand ist, sondern nur was er nicht ist, den Schlüssen der Analogie weniger Stärke geben.

§. 144.

Von der Relation gilt hier eben die Bemerkung, die §. 140. von den Schlüssen durch die Induktion gemacht worden. Die angegebenen Merkmale müssen nicht zufällige, sondern wesentliche Stücke sein; und die Stücke, in denen man ihre Ueber-einstimmung sucht, müssen auch wesentlich sein.

§. 145.

Der Modalität nach wird der Schlußsatz nur ein problematisches Urtheil, und hat also nur Möglichkeit und Wahrscheinlichkeit, und der Grund der Wahrscheinlichkeit richtet sich nach der Menge der gegebenen Merkmale.

Der Lehre von den Schlüssen
Dritte Abtheilung.
Von den Vernunftschlüssen.

§. 146.

Ein Vernunftschluß (ratiocinium) ist die Er-kenntniß der Wahrheit eines Urtheils, durch die Subsumtion seiner Bedingung unter eine allge-meine Regel. Subsumiren heißt zu erkennen geben, daß etwas unter die Bedingung einer

Regel

Regel gehört. — Ein jeder Vernunftschluß ist also
ein mittelbarer Schluß.

Anmerkung.

Die Logik abstrahirt auch hier von dem Inhalte
der Schlüsse (d. h. der zu ihnen gehörigen Urtheile), und betrachtet blos die Form derselben,
d. i. ihre Verbindung zu einem Schlusse.

§. 147.

Aus dieser gegebenen Erklärung eines Vernunftschlusses folgt, daß zu einem jeden derselben drei Stücke gehören: die allgemeine Regel,
aus der man einen Satz herleitet, Obersatz
(propositio major), das Urtheil, wodurch man
subsumirt, Untersatz (propositio minor), das
abgeleitete Urtheil, Schlußsatz (conclusio).
Ober- und Untersatz zusammengenommen heißen
Prämissen, Vordersätze.

Anmerkung.

Folgende Ordnung der Sätze eines Vernunftschlusses ist die natürlichste: 1) der Obersatz, als
der Grund, woraus etwas erkannt werden soll;
2) der Untersatz, als der Grund, woraus etwas
aus dem Obersatz erkannt werden kann, und sodann 3) den Schlußsatz.

§. 148.

Um einen Vernunftschluß zu Stande zu bringen, beweisen sich Verstand, Urtheilskraft und
Vernunft wirksam. Der Verstand giebt die allgemeine Regel, und die Verbindung der Vorstellungen zu Urtheilen, die Urtheilskraft subsumirt unter die allgemeine Regel, und die Vernunft erkennt an, daß der Schlußsatz aus der
allgemeinen Regel fließt.

§. 149.

§. 149.

Man theilt die Vernunftschlüsse in einfache und zusammengesetzte. Bei jenen ist nur eine Subsumtion nöthig, bei diesen mehrere. Die einfachen Vernunftschlüsse theilt man wieder in reine und vermischte (ratiocinia pura und hybrida). In jenen finden sich beide Prämissen, und zwar in der §. 147. angegebenen Ordnung, in diesen fehlt entweder eine von beiden Prämissen, oder es ist die Ordnung verändert. Die Lehre von den Schlüssen zerfällt also in drei Abschnitten, wovon der erste die reinen, der zweite die vermischten, der dritte die zusammengesetzten Schlüsse enthält. Die ersten wollen wir zuerst abhandeln.

Der Lehre von den Vernunftschlüssen
Erster Abschnitt.
Von den reinen Vernunftschlüssen.

§. 150.

Bei einem jeden Vernunftschlusse wird durch die Subsumtion einer Vorstellung, unter die Bedingung einer allgemeinen Regel, die Wahrheit eines neuen Satzes abgeleitet. Diese allgemeine Regel ist also der Grund des Schlusses. In Rücksicht der Quantität ist dieser bestimmt, er muß stets allgemein sein; seine Qualität und seine Modalität ändert in der Schlußart nichts; und man wird also blos nach der Relation desselben die Schlüsse eintheilen können, in kategorische, hypothetische und disjunktive, von denen jede Art besondere Regeln erfordert, die wir nun abhandeln wollen.

I. Von

I. Von den reinen kategorischen Vernunft-schlüssen.

§. 151.

Aus der Definition eines reinen kategorischen Vernunftschlusses ergiebt sich, daß der Obersatz jederzeit allgemein gelten müsse. In Rücksicht der Qualität und Modalität bleibt er unbestimmt.

§. 152.

Der Untersatz eines jeden reinen kategorischen Vernunftschlusses ist in Rücksicht der Qualität bestimmt, er muß nämlich bejahend sein, weil er dazu dienen soll, einen Gegenstand unter die Bedingung der allgemeinen Regel zu subsumiren. Er muß ferner assertorisch oder apodiktisch sein, da durch ihn ein Gegenstand wirklich subsumirt werden soll, und eben deshalb werden in Ansehung der Relation die hypothetischen und disjunktiven Urtheile ausgeschlossen. Nur allein der Quantität nach ist er unbestimmt.

§. 153.

Der Schlußsatz erhält die Quantität des Untersatzes, da dieser das Subjekt bestimmt, von dem etwas nach Einsicht einer allgemeinen Regel im Schlußsatz ausgesagt werden soll; er bekommt aber die Qualität des Obersatzes, denn diese bestimmt, ob einer Sphäre von Dingen, worunter das Subjekt des Untersatzes auch gehört, ein Prädikat beigelegt werden könne oder nicht. Der Relation nach ist der Schlußsatz stets kategorisch. Und was die Modalität betrift, so richtet sich der Schlußsatz nach dem Obersatze, obgleich die Konsequenz immer apodiktisch ist, weil sie mit den Vordersätzen als Grund und Folge in Verbindung steht, d. h. nothwendigen Zusammenhang hat.

An-

Anmerkung.

Die Schlüsse heißen allgemein, wenn der Schlußsatz ein allgemeines Urtheil ist, besonders, wenn er ein besonderes Urtheil ist, bejahend, wenn er bejahend ist, verneinend, wenn er verneinend ist.

§. 154.

In einem jeden kategorischen Vernunftschlusse müssen drei, nicht mehr und nicht weniger terminos sich finden. Der Obersatz erhält deren zwei, Subjekt und Prädikat. Da durch den Untersatz nun ein Gegenstand unter die allgemeine Regel (den Obersatz) subsumirt werden soll, so wird der Untersatz nur in seinem Subjekte einen neuen terminum haben, sein Prädikat muß das Subjekt des Obersatzes sein. Der Schlußsatz hingegen kann gar keinen neuen terminum haben, denn er sagt ja aus, daß das Subjekt des Untersatzes unter die allgemeine Regel (den Obersatz) gehöre, folglich muß er das Subjekt des Untersatzes und das Prädikat des Obersatzes haben.

§. 155.

Weniger als drei termini können in einem reinen kategorischen Vernunftschlusse nicht vorkommen, denn da der Obersatz (wie jedes Urtheil) zwei enthalten muß, so würde sodann der Untersatz identisch, und der Schluß ein unmittelbarer Schluß sein. Aber auch mehr als drei terminos können in einem reinen kategorischen Vernunftschlusse sich nicht finden, denn sonst würde der Untersatz entweder auch zwei terminos enthalten, und dann würde er unter den Obersatz nicht subsumiren, oder im Schlußsatz würde ein neuer terminus sich finden, und dieser wäre entweder

sein

sein Subjekt oder sein Prädikat, aber in beiden
Fällen würde der Schluß nicht gelten können,
denn im ersten würde er nicht aus der allgemeinen Regel hergeleitet werden, weil er nicht unter die Bedingung derselben subsumirt worden
wäre; im zweiten Fall hingegen würde er etwas
ganz anders aussagen, als was die allgemeine
Regel aussagt.

§. 156.

Man kann einen jeden reinen kategorischen
Vernunftschluß sich auf folgende Art vorstellen.
Der Obersatz ist entweder bejahend oder verneinend. Ist er bejahend, so sagt er aus, daß ein
Merkmal einem Gegenstande zukomme, d. h. in
der Vorstellung des Gegenstandes als Theilvorstellung enthalten sei. Der Untersatz (der stets
bejahend sein muß) sagt aus, daß der Gegenstand des Obersatzes als Merkmal in seinem
Subjekte enthalten sei. Man legt also in bejahenden Vernunftschlüssen dem Subjekte des
Schlußsatzes ein Merkmal bei, weil ihm ein Zwischenmerkmal zukommt, das dieses Merkmal in
sich faßt. Ist der Obersatz verneinend, so läßt
sich leicht zeigen, daß hier dem Subjekte des
Schlußsatzes ein Merkmal abgesprochen wird,
weil es (wie der Untersatz aussagt) ein Zwischenmerkmal enthält, was dieses erstere Merkmal
ausschließt.

§. 157.

Es muß also nach §. 154 = 156. außer dem Subjekte und Prädikate des Schlußsatzes in einem
jeden kategorischen Vernunftschlusse noch eine
vermittelnde Vorstellung (Zwischenmerkmal) sich
finden, die den Namen terminus medius erhält.
Das Subjekt des Schlußsatzes heißt terminus
minor, weil er unter ein Merkmal gebracht werden

den soll, das Prädikat desselben terminus major, weil man ausfagt, ob er als Merkmal den Gegenstand unter sich begreift oder nicht.

§. 158.

Aus diesem allen ergiebt sich ferner, daß wenn man einen Schluß gesetzmäßig stellen will, das Prädikat des Schlußsatzes auch im Oberfatze als Prädikat sich finden müße, daß der terminus medius oder das Subjekt des Oberfatzes ausmache. Das Subjekt des Schlußsatzes wird im Untersatze, auch Subjekt, und der terminus medius Prädikat sein. Heißt S Subjekt des Schlußsatzes, P Prädikat desselben, und M terminus medius, so ist folgendes die gesetzmäßige Stellung:

$$
\begin{array}{cc}
M & P \\
S & M \\
\hline
S & P
\end{array}
$$

Anmerkung.

Es wird sich in der Folge ergeben, daß diese Stellung in den terminis der Schlüße nicht immer angetroffen wird, aber sich auch zeigen laßen, daß alle übrige Stellungen auf die im §. angegebene zurückgeführt werden können, welches auch schon daraus erhellet daß die im §. angegebene Stellung aus der Erklärung eines Schlußes unmittelbar fließt.

§. 159.

Alle reinen kategorischen Schlüße, deren Konklusion ein bejahendes Urtheil ist, beruhen also auf folgendem Grundsatze: Was dem Merkmale eines Gegenstandes zukömmt, kömmt dem Gegenstande selbst zu. — Alle Schlüße, deren Schlußsatz ein verneinendes Urtheil ist, beruhen auf dem Grundsatze: Was dem Merkmale eines
nes

nes Gegenstandes widerspricht, widerspricht dem Gegenstande selbst. Zwei Sätze, wovon der erste sich aus dem Prinzip der Einstimmung (principio identitatis), der zweite aus dem Satze des Widerspruchs leicht herleiten läßt.

§. 160.

Nimmt man aber darauf Rücksicht, daß der Obersatz eines jeden kategorischen Schlusses eine allgemeine Regel sein muß, so fließen daraus folgende Regeln:

1) Was von einem Begriffe allgemein bejahet wird, wird auch von allem dem bejahet, was unter ihm enthalten ist. Das dictum de omni.

2) Was von einem Begriffe allgemein verneint wird, wird auch von allem dem verneint, was unter ihm enthalten ist. Das dictum de nullo.

Man drückt auch diese Regeln wohl folgendergestalt aus:

Was der Gattung oder der Art zukommt, kömmt auch allem dem zu, was unter ihr enthalten ist, was der Gattung oder der Art widerspricht, widerspricht auch allem dem, was unter ihr enthalten ist.

§. 161.

Die Beweise dieser Sätze lassen sich aus den §. 159. gegebenen Grundsätzen leicht finden. — Alles, was unter einem Begriffe enthalten ist, enthält den Begrif selbst als Merkmal, wird also von diesem Merkmal etwas bejahet, so wird es auch von dem bejahet, wovon der Begrif ein Merkmal ist; und wird von diesem Merkmal etwas verneint, so wird es auch von dem verneint, wovon der Begrif ein Merkmal ist.

§. 162.

§. 162.

Es lassen sich aus dem bisher gesagten folgende Regeln für die reinen kategorischen Schlüsse überhaupt herleiten:

1) Es dürfen in einem reinen kategorischen Vernunftschlusse nicht mehr oder weniger als drei termini sein, §. 154 und 155.

2) Da der Obersatz stets eine allgemeine Regel sein muß, so folgt aus blos partikulären Sätzen nichts.

3) Die Konklusion nimmt immer die Qualität des Untersatzes an, weil dieser anzeigt, von welchem Subjekt etwas im Schlußsatze ausgesagt werden soll.

4) Aus blos negativen Sätzen folgt nichts, weil der Untersatz, da er die Subsumtion enthalten soll, immer bejahend sein muß.

5) Der Schlußsatz hat stets die Qualität des Obersatzes, weil dieser bestimmt, ob von einer Sphäre von Gegenständen (worunter das Subjekt der Konklusion auch gehört) etwas ausgesagt werden könne oder nicht.

6) Aus blos bejahenden Vordersätzen folgt nichts negatives. Dieß erhellet aus Nro. 5. sehr leicht.

7) Terminus major ist Prädikat des Obersatzes, terminus medius Subjekt des Obersatzes und Prädikat des Untersatzes, terminus minor Subjekt des Untersatzes.

8) Die Konklusion erhält die Modalität des Obersatzes.

9) Die Konsequenz ist nothwendig.

§. 163.

Bei genauerer Betrachtung dieser Regeln findet sich, daß sie nach dem gewöhnlichen systematischen Gange sich stellen lassen. 1. betrift Quantität des

In-

Inhalts, 2. und 3. Quantität des Umfangs, 4. 5.
und 6. Qualität, 7. Relation, 8. und 9. die Modalität eines reinen kategorischen Vernunftschlusses.

II. Von den reinen hypothetischen Vernunft-schlüssen.

§. 164.

Ein Vernunftschluß ist hypothetisch oder bedingt (syllogismus hypotheticus oder conditio-
nalis), wenn sein Obersatz ein bedingtes Urtheil ist.

§. 165.

Im Obersatze eines hypothetischen Urtheils
stehen Subjekt und Prädikat im Verhältniß von
Grund und Folge, und auf dieser Verbindung
beruht also auch die ganze Schlußart. — Es
finden nun zwei Arten von hypothetischen Schlüssen statt, man setzt nämlich im Untersatz entweder die Bedingung, so muß im Schlußsatz das
Bedingte gesetzt werden; oder man hebt im Untersatz das Bedingte auf, so wird im Untersatz
auch die Bedingung aufgehoben. Jenes heißt
der modus ponens, dies der modus tollens.

§. 166.

Die Grundregel für die hypothetischen Schlüsse
ist also:

Wenn der Vordersatz gesetzt wird, muß auch
der Nachsatz gesetzt werden, und wenn der
Nachsatz aufgehoben wird, so muß auch der
Vordersatz aufgehoben werden.

Denn der Vordersatz steht mit dem Nachsatz
im Verhältniß von Grund und Folge. Grund ist
aber das, worauf, wenn etwas gesetzt wird, etwas

was anders auch gesetzt werden muß, wird also
der Vorderſatz geſetzt, ſo muß der Nachſatz auch
geſetzt werden. — Wird aber die Folge (der
Nachſatz) aufgehoben, ſo wird auch der Grund
aufgehoben werden müſſen; denn geſetzt, man
hebe die Folge auf, und laſſe den Grund ſtehen,
ſo würde dies dem erſten Satz widerſprechen, wo,
wenn man den Grund ſetzt, auch die Folge ſetzen muß.

Anmerkung.

Wenn in dem Oberſatze eines hypothetiſchen
Vernunftſchluſſes der Nachſatz ein disjunktives
Urtheil iſt, und der modus tollens ſtatt findet,
ſo wird der Schluß ein Dilemma, Trilemma
u. ſ. w. genannt, in ſofern zwei oder mehrere
Trennungsſtücke ſich finden. Auch erhält der
Schluß wohl den Namen eines ſyllogismus cor-
nutus.

§. 167.

Der Oberſatz eines hypothetiſchen Schluſſes
iſt, ſofern er eine Verbindung überhaupt angiebt,
allgemein, ſeine Qualität iſt unbeſtimmt, ſeiner
Relation nach iſt er hypothetiſch und die Modalität aſſertoriſch.

§. 168.

Der Unterſatz eines hypothetiſchen Schluſſes
iſt der Quantität und Qualität nach unbeſtimmt,
der Relation nach kategoriſch, wie ſich aus §. 166.
ergiebt, und in Rückſicht der Modalität unbeſtimmt.

§. 169.

Die Quantität des Schlußſatzes hängt von
der Quantität des Vorderſatzes oder Nachſatzes
ab, je nachdem modus tollens oder ponens ſtatt
findet,

findet, seine Qualität von der Art des Schlusses und der Qualität des Vordersatzes und Nachsatzes ab. Der Relation nach ist er kategorisch, seine Modalität wird durch den Untersatz bestimmt.

§. 170.

Man kann einen jeden hypothetischen Vernunftschluß in einen kategorischen verwandeln. Leichter ist diese Verwandlung, wenn im Obersatz der Vordersatz und der Nachsatz gleiches Subjekt, schwerer, wenn sie verschiedene Subjekte haben. Im ersten Fall mache man, wenn der modus ponens statt findet, das Prädikat des Vordersatzes zum Subjekt, und das Prädikat des Nachsatzes zum Prädikat einer allgemeinen Regel, lasse Untersatz und Schlußsatz unverändert. Ist aber modus tollens, so mache man das Gegentheil des Prädikats des Nachsatzes zum Subjekt, und das Prädikat des Vordersatzes zum Prädikat einer allgemeinen Regel, und lasse das andere unverändert. — Haben aber die kategorischen Urtheile, aus denen das hypothetische Urtheil als der Obersatz des hypothetischen Urtheils besteht, nicht einerlei, sondern verschiedene Subjekte, so gilt für den modus ponens folgende Regel: Man mache das Prädikat des Vordersatzes, als den nächsten Grund des Nachsatzes, zum Subjekt einer allgemeinen Regel, in welcher man aussagt, daß dieses Subjekt der Grund des Nachsatzes sey; lasse den Untersatz unverändert, so erhält man einen kategorischen Schluß, dessen Schlußsatz man als Untersatz zu einem andern kategorischen Schlusse brauchen kann, wovon der Schlußsatz des hypothetischen Schlusses Schlußsatz ist, zu denen sich also, weil beide gleiches Subjekt haben, ein kategorischer Obersatz finden lassen muß. Für den modus tollens gilt folgende Regel: Man verwandle den
Ober-

Obersaß, so daß das Gegentheil des Nachsaßes Vordersaß wird, und man den Vordersaß von ihm verneint, lasse den Untersaß und Schlußsaß unverändert, so hat man einen Schluß per modum ponentem, der sich nach der gegebenen Regel abändern läßt. Die Beweise für diese Regeln findet man in den Erläuterungen. —

Anmerkung.

Man muß, ehe man die Verwandlung anstellt, den in dem Schlusse enthaltenen Urtheilen die logische Form geben.

§. 171.

Da die hypothetischen Schlüsse sich auf kategorische zurückführen lassen, diese aber nach §. 160. auf das dictum de omni et nullo beruhen, so wird dieser Grundsaß auch den hypothetischen Schlüssen zum Grunde liegen.

III. Von den reinen disjunktiven Vernunft-schlüssen.

§. 172.

Wenn der Obersaß eines Vernunftschlusses ein disjunktives Urtheil ist, so ist der Schluß selbst ein disjunktiver Vernunftschluß.

§. 173.

Die Prädikate des Obersaßes, von denen eins dem Subjekte zukommen soll, stehen mit einander in Gemeinschaft (s. die Lehre von der Relation der Urtheile); der Untersaß kann nun entweder bejahend oder verneinend sein, und daraus entspringen für die disjunktiven Schlüsse folgende Regeln:

Wenn der Untersaß von der Sphäre der im Obersaße genannten Prädikate dem Sub-

e jekte

jenes eins beilegt, so werden die andern davon ausgeschlossen.

Wenn der Untersatz von der Sphäre der im
Obersatze genannten Prädikate eins ausschließt, so wird eins der noch übrigen oder
das noch übrige gesetzt.

Und aus der zweiten Regel ergiebt sich leicht:
Wenn man im Untersatze alle Trennungsstücke, eins ausgenommen, dem Subjekte
abspricht, so muß das eine noch übrig blei-
bende ihm beigelegt werden.

§. 174.

Der Obersatz eines disjunktiven Schlusses ist
seiner Quantität nach, in sofern man bloß auf
die Form (die Verbindung) sieht, allgemein,
der Qualität nach bejahend, der Relation nach
disjunktiv, der Modalität nach, in sofern man
auf das Verhältniß der im Obersatze enthaltenen
Urtheile sieht, apodiktisch.

§. 175.

Der Untersatz, der ein kategorisches Urtheil
sein muß, ist der Quantität und der Qualität nach
unbestimmt, der Relation nach kategorisch, der
Modalität nach assertorisch.

§. 176.

Der Schlußsatz erhält seine Quantität vom
Untersatz, seine Qualität ist der des Untersatzes
entgegengesetzt, seiner Relation nach ist er kategorisch oder disjunktiv, und der Modalität nach
apodiktisch.

§. 177.

Man kann einen jeden disjunktiven Vernunftschluß in einen hypothetischen verwandeln, wenn
man

man den Untersatz des Schlusses zum Vordersatz, und den Schlußsatz selbst zum Nachsatz eines hypothetischen Urtheils macht, diesen als Obersatz braucht, und Untersatz und Schlußsatz unverändert läßt. Dieser hypothetische Schluß nun läßt sich nach §. 170. in einen kategorischen verwandeln, und also gilt auch von den disjunktiven Schlüssen das dictum de omni et nullo.

§. 178.

Betrachtet man die für die kategorischen, hypothetischen und disjunktiven Schlüsse gegebenen Regeln näher, so findet sich, daß die Regeln für die kategorischen Vernunftschlüsse auf das Prinzip der Identität und des Widerspruchs, die für die hypothetischen Vernunftschlüsse, auf das Prinzip des zureichenden Grundes, und die für die disjunktiven Vernunftschlüsse auf das Prinzip des ausschließenden dritten beruhen.

Der Lehre von den Vernunftschlüssen
Zweiter Abschnitt.
Von den vermischten Vernunftschlüssen.

§. 179.

Den reinen Vernunftschlüssen stehen die vermischten entgegen, worunter man diejenigen Vernunftschlüsse versteht, in welchen die Prämissen sich nicht in der gesetzmäßigen Ordnung finden, oder sonst eine Abänderung in der Form vorgenommen worden ist.

§. 180.

Zuerst von der Abweichung in Rücksicht der Stellung der Prämissen und ihrer Begriffe. —

Aus

Aus §. 158. erhellet, daß folgendes eigentlich die gesetzmäßige Stellung ist:

$$\frac{\begin{matrix} M & P \\ S & M \end{matrix}}{\begin{matrix} S & P \end{matrix}}$$

Die Bedeutung von S, P und M ist dort angegeben. Nun fällt in die Augen, daß man den Obersatz oder den Untersatz, oder beide umkehren kann, wodurch folgende Stellungen herausgebracht werden:

I.	II.	III.	III.
M P	P M	M P	P M
S M	S M	M S	S M
S P	S P	S P	S P

§. 181.

Von diesen vier Arten der Schlüsse, die man Figuren nennt, ist nur die erste gesetzmäßig, und die andern finden nur in sofern statt, als eine Umkehrung der Prämissen möglich ist. Die drei letzten Figuren sind also eigentlich nicht mehr einfach, sondern es ist ihnen schon ein Verstandesschluß eingewebt.

§. 182.

Bei der ersten Figur fand sich, daß der Obersatz stets eine allgemeine Regel (a oder e), der Untersatz hingegen stets bejahend (a oder i) sein muß. Ist der Obersatz a und Untersatz a, so ist der Schlußsatz auch a. Ist der Obersatz e, der Untersatz a, so ist der Schlußsatz e. Ist der Obersatz a, der Untersatz i, so ist der Schlußsatz i, und ist endlich der Obersatz e, der Untersatz i, so ist der Schlußsatz o, nach §. 162. 3. und 5. Daher hat man für die Schlüsse der ersten Figur folgende Formel: Barbara, Celarent, Darii, Ferio.

§. 183.

§. 183.

Eben so hat man für die Regeln bei den Schlüssen in den drei übrigen Figuren gewisse Formeln, die da anzeigen, unter welchen Bedingungen und was für Schlüsse in ihnen möglich sind, und wie die Schlüsse derselben in Schlüsse der ersten Figur verwandelt werden. Wir wollen aber, um nicht weitläuftig zu sein, da diese Sache doch nur syllogistische Spitzfindigkeit ist, auf unsern Commentar zu diesem §. verweisen, und uns hier begnügen, einige allgemeine Regeln zu geben.

§. 184.

In der zweiten Figur muß sich der Obersatz rein umkehren lassen, wenn man darnach schließen soll; dies findet aber nur bei allgemein verneinenden Sätzen statt; da nun die Qualität der Konklusion stets mit der Qualität des Obersatzes genau zusammenstimmen muß, so wird man in der zweiten Figur nur verneinend schließen können.

§. 185.

In der dritten Figur soll der Untersatz, der stets bejahend sein muß, umgekehrt werden, dies geht nur per accidens an, folglich wird, da der Schlußsatz die Quantität des Untersatzes hat, in der dritten Figur nur partikulariter geschlossen werden können.

§. 186.

Wenn man bei der vierten Figur nicht blos die Stelle der Prämissen ändert, sondern eine wirkliche Umkehrung vornimmt, so muß der Obersatz allgemein verneinend und der Untersatz besonders bejahend sein, also wird man nach §. 162. 3. und 5. in der vierten Figur nur besonders verneinend schließen.

e 3   §. 187.

§. 187.

Außer der ungesetzmäßigen Stellung der Prämissen kann auch noch das Weglassen einer derselben einen versteckten Schluß (syllogismus crypticus) herausbringen. Fehlt eine der Prämissen ganz, so ist der Schluß ein verstümmelter oder verkürzter Schluß (Enthymena). — Ist blos der Mittelbegrif angegeben, so heißt der Schluß ein zusammengezogener. — Ihnen steht der ausführliche Schluß entgegen, wo beide Prämissen sich finden. Beide Arten, sowohl die verkürzten als zusammengezogenen Schlüsse lassen sich leicht in ausführliche verwandeln, wenn man die im vorhergehenden gegebenen Regeln befolgt.

Anmerkung.

Einen gegebenen irregulären Schluß in die gesetzliche Form bringen, heißt ihn reduciren.

––––––––––

Der Lehre von den Vernunftschlüssen
Dritter Abschnitt.
Von den zusammengesetzten Vernunftschlüssen.

§. 188.

Bis jetzt haben wir nur die einfachen Schlüsse betrachtet, weil man diese als die Grundlage aller übrigen anzusehen hat, und wir wenden uns nun zu den zusammengesetzten. — Ein Vernunftschluß wird ein Epicherema genannt, wenn man dem majori oder minori den Grund anhängt, warum man ihn setzt, wenn also in dem gegebenen Schlusse noch ein abgekürzter Schluß eingeschoben ist.

§. 189.

§. 189.

Verbindet man mehrere abgekürzte Schlüsse so zusammen, daß sie Eine Konklusion hervorbringen, so nennt man dieß einen Sorites, einen Kettenschluß. Jede folgende Prämisse ist darin mit der vorhergehenden verbunden. Steigt man von dem nächsten Grunde bis zum entferntesten hinauf, so ist der Sorites progressiv; steigt man aber von den entfernten Gründen zu den nächsten herab, so heißt er regressiv. Der Sorites progressivus erhält auch den Namen des gemeinen (sorites ordinarius, communis, vulgaris), der regressive hingegen den Namen des umgekehrten inversi oder goclehiani.

§. 190.

Beim gemeinen Sorites wird immer der nachfolgende Satz das Prädikat des vorhergehenden zum Subjekt haben müssen, und der Schlußsatz wird das Subjekt des erstern und das Prädikat des letztern haben. Er erhält also die Quantität von der ersten, die Qualität von der letzten Prämisse. Bei der Reduktion eines progressiven Sorites wird immer jede Prämisse, die erste ausgenommen, die Untersatz ist, als Obersatz gebraucht werden, und die Konklusion wird Untersatz des folgenden Schlusses werden. Dergleichen Schlüsse nennt man Prosyllogismen — Der progressive Sorites wird also durch Prosyllogismen reducirt. Hieraus folgt, daß in jedem progressiven Sorites alle Sätze, den ersten ausgenommen, der auch partikular sein kann, allgemein sein müssen, weil sie zu Obersätzen dienen. Ferner müssen sie alle, den letzten ausgenommen, der auch verneinend sein kann, bejahend sein, weil von ihnen die Qualität der Konklusion abhängt, die Konklusion aber hier stets beja-

bejahend sein muß, weil sie zum Untersatz des
folgenden Schlusses dient.

§. 191.

Bei der Reduktion eines Goklenianischen Sorites macht man den ersten Satz zum Obersatz,
den zweiten zum Untersatz, und die herausge-
brachte Konklusion wird sodann der Obersatz des
zweiten Schlusses, so daß jeder Satz, den ersten
ausgenommen, Untersatz, die jedesmal erhaltene Konklusion aber Obersatz wird. Diese Art
der Schlüsse heißen Episyllogismen, daher sagt
man ein Goklenianischer Sorites wird durch Episyllogismen reducirt. — Hieraus folgt, daß in
einem regressiven Sorites alle Sätze, den letzten
ausgenommen, der auch partikulär sein kann,
allgemein sein müssen, weil die Konklusion immer
zum Obersatz eines neuen Schlusses dienen, folglich allgemein sein muß, und die Quantität der
Konklusion vom Untersatze abhängt. — Ferner
müssen alle Sätze, den ersten ausgenommen, der
auch verneinend sein kann, bejahend sein, weil
sie zu Untersätzen dienen. Der Schlußsatz hat
das Subjekt der letzten Prämisse zum Subjekt,
und das Prädikat der erstern zum Prädikat. Er
erhält also die Quantität von der letztern, die
Qualität von der ersten Prämisse.

§. 192.

Man theilt die Sorites noch in kategorische
und hypothetische, jene haben kategorische, diese
hypothetische Sätze zu Prämissen.

Abhandlung der reinen allgemeinen Logik

Zweiter Theil,

welcher

die Methodenlehre enthält.

§. 193.

Man versteht unter Methodenlehre der reinen Logik den Kanon für den Verstandesgebrauch, in sofern er eine Wissenschaft zu Stande bringen will. — Der Methodenlehre wird also die Elementarlehre vorangeschickt werden müssen, wie wir dieß auch gethan haben.

§. 194.

Wissenschaft ist systematische Erkenntniß. Eine Erkenntniß wird systematisch genannt, in sofern die in ihr vorkommenden Sätze nach einem Prinzip (der Idee eines Ganzen) geordnet sind, und daher nothwendige Einheit haben. — Sie unterscheidet sich dadurch von einem Aggregat von Erkenntnissen (die man auch rhapsodistisch nennt) wo die Erkenntnisse nur zufällig zu einander hinzugekommen, wo also weder Vollständigkeit noch nothwendiger Zusammenhang sich findet.

§. 195.

Zu einer jeden Wissenschaft gehört also Erkenntniß. Jetzt entsteht die Frage: was versteht man unter logischer Vollkommenheit der Erkenntnisse? — Vollkommen überhaupt heißt jedes Ding, das vollständig in seiner Art ist. Eine Erkenntniß ist also logisch vollkommen, wenn sie den Regeln der Logik nach vollständig ist. Man kann die Vollkommenheit der Erkenntniß der Quanti-

tät,

tät, Qualität, Relation und Modalität nach betrachten.

§. 196.

Die Erkenntniß kann in Rücksicht der Quantität auf eine doppelte Art vollkommen genannt
werden; extensiv und intensiv. Eine Erkenntniß hat extensive Größe, in so fern sie groß ist,
als ein Ganzes (das mehreres unter sich begreift); intensive Größe, sofern sie groß ist, als
ein Grund anderer Erkenntnisse. Eine Erkenntniß
ist der extensiven Größe nach vollkommen, wenn
sie allgemein ist, sich auf alle Gegenstände einer
Art erstreckt, der intensiven Größe nach, wenn
sie wichtig ist, d. h. wenn aus ihr viel Erkenntnisse fließen.

§. 197.

Der Qualität nach ist eine Erkenntniß vollkommen, wenn sie deutlich ist. Man unterscheidet logische und ästhetische Deutlichkeit. Jene
ist Deutlichkeit durch Begriffe, diese durch Anschauung. Letzte nennte man besser Lebhaftigkeit.
Jene ist nur der Gegenstand der Logik.

§. 198.

Von der Deutlichkeit der Begriffe ist §. 31 bis
40 nachzulesen. — Eine Erkenntniß heißt gründlich und tief, wenn man Merkmale von Merkmalen angeben kann. Man kann daher sagen,
eine Erkenntniß, die logische Deutlichkeit hat,
heißt gründlich, die ästhetische Deutlichkeit hat,
einleuchtend.

§. 199.

Man giebt die Beschreibung eines Gegenstandes, wenn man so viele (äußere oder innere)
Merkmale von demselben angiebt, als hinreichen,
ihn

ihn zu einer bestimmten Absicht von andern zu unterscheiden.

§. 200.

Erörterung (expositio) eines Begrifs ist die deutliche (wenn gleich nicht ausführliche) Vorstellung derselben. Zur deutlichen Vorstellung gehören Merkmale, diese sind bei der Erörterung zur Sache gehörig (wesentlich) bei der Beschreibung können sie auch zufällig sein. Nun bei gegebenen Begriffen findet Exposition statt, bei willkührlichen (gemachten) Deklaration.

§. 201.

Einen Begrif definiren heißt seine wesentlichen Merkmale analytisch vollständig und präcis darstellen. Es gehören also zu einer Definition drei Stücke, Deutlichkeit, Vollständigkeit (oder Ausführlichkeit und Präcision. Alle Definitionen entspringen entweder aus der Deklaration bei willkührlichen Begriffen, wo ich erkläre, was ich darunter verstanden wissen will, oder durch die Exposition bei gegebenen. Nur willkührliche Begriffe können im strengsten Sinn definirt werden.

§. 202.

Man theilt die Definition in analytische und synthetische. Bei jenen ist der Begrif gegeben, und ich löse ihn nur in seine Merkmale auf; bei diesen erzeuge ich durch die Definition den Begrif selbst, wie dieß in der Mathematik der Fall ist.

§. 203.

Man unterscheidet Verbaldefinitionen, Nominaldefinitionen und Realdefinitionen. Eine Verbaldefinition ist eine bloße Auseinandersetzung

tung des Worts. — In einer Nominaldefinition
wird blos das Verhältniß des Begrifs zu andern
angegeben, sie entsteht aus der Vergleichung, und
enthält blos äußere Merkmale. Die Realdefinition enthält das Wesen des Begrifs, und enthält innere Merkmale. Eine Nominaldefinition
ist nicht absolut hinreichend, weil ich nicht alle
Verhältnisse einsehen kann; sie würde die Stelle
einer Realdefinition vertreten, wenn alle diese
Verhältnisse angegeben werden könnten. — Realdefinitionen sind also der höchste Grad der logischen Vollkommenheit.

Anmerkung.

Auch die Beschreibungen und Expositionen
kann man in Nominal = und Realbeschreibungen,
und in Nominal = und Realexpositionen eintheilen.

§. 204.

Eine Definition ist vollkommen:

1) Der Quantität nach, wenn sie weder zu eng
noch zu weit, d. h. wenn sie präcis ist.

2) Der Qualität nach, wenn ihre Merkmale klar
oder deutlich sind.

3) Der Relation nach, wenn die Vorstellung des
Prädikats das Subjekt deutlicher macht, und
man nicht einen Cirkel begeht, d. h. das zu
Definirende mit in die Definition bringt.

4) Der Modalität nach, wenn die Merkmale wesentliche Stücke sind. — Freilich paßt dies letztere nur auf die Realdefinitionen, aber diese
sind eigentlich auch nur vollkommen.

§. 205.

§. 205.

Der Relation nach ist eine Erkenntniß vollkommen, wenn sie wahr ist. Die Wahrheit theilt
man in die logische (formale) und in die reale
(materiale). Jene betrift die Uebereinstimmung
der Erkenntniß unter sich und mit den Gesetzen
des Denkens, sie ist die conditio sine qua non
der materialen Wahrheit, und nur sie, nicht
diese, ist der Gegenstand der Logik. Wir haben
§. 92. bis §. 100. von ihr geredet, und dort zugleich die Gesetze des Denkens aufgestellt.

§. 206.

Ausser der Uebereinstimmung der Erkenntniß
aber mit den Gesetzen des Denkens, gehört noch
zur logischen Wahrheit das Uebereinstimmen der
Erkenntnisse unter sich. Jemehr Folgen aus einer Erkenntniß gezogen werden, die mit ihr als
dem Grunde und unter sich übereinstimmen, desto
größer ist die Wahrheit der Erkenntniß.

§. 207.

Der Modalität nach ist endlich die Erkenntniß
vollkommen, wenn sie Gewißheit hat. Wenn
man nämlich von der Modalität einer Erkenntniß
spricht, so versteht man darunter das Verhältniß, das eine Erkenntniß zum Erkenntnißvermögen hat, und hierdurch unterscheidet sie sich hinlänglich von der Wahrheit. Bei der Wahrheit
frage ich, ob die Erkenntniß mit den Objekten
oder unter sich, und mit den Gesetzen des Denkens übereinstimmt; hier aber ob ich meine Erkenntniß mit den Objekten und mit den Gesetzen
des Denkens und mit andern Erkenntnissen für
übereinstimmend halte, und wie groß der Grad
dieses Fürwahrhaltens ist.

§. 208.

§. 208.

Ueberredung ist ein Fürwahrhalten, das lediglich auf subjektiven Gründen beruht. Ueberzeugung ist ein Fürwahrhalten, wo die objektiven Gründe sind. — Meinen heißt ein Fürwahrhalten aus Gründen, die weder objektiv noch subjektiv hinreichend sind. — Glauben ist ein Fürwahrhalten aus Gründen, die zwar nicht objektiv aber doch subjektiv hinreichend sind. — Wissen ist ein Fürwahrhalten aus Gründen, die objektiv und subjektiv hinreichend sind.

Anmerkung.

Subjektiv heißen Gründe, die aus den zufälligen Beschaffenheiten des Subjekts hergenommen sind. — Objektiv heißen Gründe, die Allgemeingültigkeit haben, und also nicht von zufälligen Beschaffenheiten des Subjekts hergenommen sind.

§. 209.

Man sieht leicht ein, daß die Grade des Fürwahrhaltens Meinen, Glauben, Wissen, mit den drei Arten der Urtheile, der Modalität nach, zusammenhängen. — Das Meinen läßt sich von allen am wenigsten mittheilen. — Der Glaube, in sofern man ein gleiches Subjekt voraussetzt, wird aber doch nicht bei allen gleiche Stärke haben. — Wissen muß allgemein mittheilbar sein, und gleiche Ueberzeugung bewirken. — Dem Meinen darf kein Glauben und Wissen; und dem Glauben kein Wissen entgegen stehen.

§. 210.

Eine Meinung ohne alle objektive Gründe heißt

heißt eine **Chimäre.** — Was meiner Meinung
nach wahr ist, muß wenigstens mehr Gründe
für als wider sich haben. Hieraus folgt, daß
wenn ich etwas meine, ich es für wahrscheinlich halte. **Wahrscheinlichkeit** ist nämlich ein
Fürwahrhalten, das mit dem Bewußtsein verknüpft ist, daß die Gründe dafür unzureichend
sind.

Man unterscheidet, die Sache ist wahrscheinlich und mein Urtheil ist wahrscheinlich; jenes
heißt die **reale** (verisimilitudo) dies die **logische**
Wahrscheinlichkeit (probabilitas). Die reale
Wahrscheinlichkeit kann man mathematisch be-
rechnen, dies geht aber bei der logischen nicht,
weil die Gründe ungleichartig sind, und hier muß
also eine reife und geübte Urtheilskraft das Verhältniß der Gründe zur Gewißheit untersuchen,
und die Gründe für und wider abwägen.

§. 211.

Aus §. 207. erhellet, daß die Lehre von der
Wahrscheinlichkeit gar nicht in die Logik gehört,
die reale nicht, weil die Logik von allen Objekten
abstrahirt, die logische nicht, weil es unmöglich
ist, die Urtheilskraft durch Regeln zu leiten.

§. 212.

Urtheile, die blos ein Meinen ausdrücken,
wobei ich aber mein gewisses Urtheil noch auf-
schiebe, heißen vorläufige Urtheile (judicia
proeuia). Sie dienen zur Heuristik. — Ihre
Natur ist noch nicht gehörig untersucht. Sie
sind problematische Urtheile, die man zu asserto-
tischen und apodiktischen erheben kann.

§. 213.

§. 213.

Die Aufschiebung des bestimmenden Urtheils (suspensio judicii) ist von doppelter Art, skeptisch oder kritisch. Diese findet statt, wenn ich durch Untersuchung noch das bestimmende Urtheil zu finden hoffe; jene, wenn ich das bestimmende Urtheil ganz aufhebe; man sollte die letztern vielmehr renunciatio judicii, Aufhebung, nicht Aufschiebung, des Urtheils nennen.

§. 214.

Von den vorläufigen Urtheilen unterscheiden sich noch die Vorurtheile. — Ein Vorurtheil ist ein falsches Urtheil, das fälschlich für wahr gehalten und zum Prinzip gemacht wird. — Sie gehören in die Dialektik oder Logik des Scheins, wo gezeigt werden muß, wie sie zu heben sind.

§. 215.

Hypothesen sind Erklärungen von etwas Wirklichen, durch etwas anders, dessen Wirklichkeit entweder nicht erwiesen werden kann, oder doch nicht erwiesen ist. — Sie sind problematische Urtheile. — Die Lehre von den Hypothesen gehört aber eigentlich nicht in die reine Logik.

§. 216.

Auf die Meinung oder Muthmaßung folgt dem Grade nach das Glauben; wenn man etwas aus subjektiv zureichenden Gründen, die aber objektiv nicht hinreichen, für wahr hält. Dem Glauben darf kein Wissen entgegen stehen. — Subjektive Zulänglichkeit zum Fürwahrhalten heißt Ueberzeugung für mich, die objektiven hingegen Gewißheit für jedermann.

§. 217.

§. 217.

Die subjektiven Gründe, die das Fürwahr=
halten bestimmen, sind Absichten, Zwecke, In=
teresse u. s. w. Beim Glauben sind diese Zwecke
subjektiv hinreichend das Fürwahrhalten zu be=
stimmen. Die Zwecke sind nun entweder noth=
wendige oder zufällige, und der Glaube ist auch
entweder von der Art, daß er das einzige mög=
liche Mittel ist den Zweck zu erreichen, oder er
ist nicht von der Art. — Ist der Zweck noth=
wendig, und der Glaube das einzige Mittel ihn
zu erreichen, so heißt der Glaube ein nothwen=
diger Glaube, und da nur durch die Vernunft
selbst solche Zwecke und solche Mittel gegeben
werden können, so heißt der Glaube auch ein
Vernunftglaube.

Anmerkung.

Die Eintheilung des Glaubens in den mora=
lischen, pragmatischen, historischen und doktri=
nalen gehört eigentlich nicht in eine reine allge=
meine Logik, theils wenn man dabei auf den
Inhalt, theils auf die Einschränkungen des
menschlichen Erkennens Rücksicht nimmt.

§. 218.

Das Wesen der Dinge ist entweder empirisch
oder rational; und dies ist wieder philosophisch
oder mathematisch. Erstere beruht auf Begriffe,
letztere auf Konstruktion derselben; beide sind
apodiktisch, aber letztere hat nur Evidenz (Au=
genscheinlichkeit).

f   §. 219.

§. 219.

Dem Fürwahrhalten steht der Zweifel entgegen, d. h. ein Grund, der unsere Ueberzeugung wankend macht und unsern Beifall aufhebt. — Sie sind entweder subjektiv oder objektiv. Zweifel, die noch nicht deutlich eingesehen werden, heißen Skrupel. — In sofern Zweifel gegen eine andere Meinung hervorgebracht werden, heißen sie Einwürfe.

§. 220.

Soll unsere Erkenntniß aber wissenschaftlich werden, so muß sie systematisch vorgetragen werden, d. h. die Idee eines Ganzen muß die Anordnung und den Zusammenhang der Erkenntniß bestimmen. Hierzu trägt theils die Eintheilung der Begriffe, theils das Ableiten einer Erkenntniß aus der andern (die Beweise) bei.

§. 221.

Einen Begrif eintheilen, heißt die unter ihm unmittelbar enthaltenen Vorstellungen vollständig angeben. Die Sphäre des Begrifs, die eingetheilt werden soll, heißt das Divisum, die Theile selbst die Eintheilungsglieder. Das Merkmal, welches mir anzeigt, daß die Glieder disjunkt sind, heißt der Eintheilungsgrund (fundamentum divisionis).

§. 222.

Wenn eine Eintheilung richtig sein soll, so muß

I) der

1) der allgemeine Begrif der Sphäre in allen Gliedern ganz enthalten seyn, also eine größere Sphäre haben, als jedes Eintheilungsglied (Quantität).

2) Die Glieder müssen zu einem Ganzen zusammenstimmen (Qualität).

3) Sie müssen sich einander wechselseitig ausschließen, d. h. sie müssen sich widerstreitende oder widersprechende Merkmale enthalten (Relation).

4) Das Setzen eines Gliedes bestimmt das Setzen der andern als nothwendig (Modalität).

§. 223.

Alle Eintheilungen geschehen durch disjunktive Urtheile. — Da man in der allgemeinen Logik von allem Inhalt abstrahirt, so wird sie auch keine widerstreitende, sondern widersprechende Merkmale in den Eintheilungsgliedern angeben, d. h. ihre Eintheilungen werden nur zweigliedrig, Dichotomien sein.

§. 224.

Theilt man die erhaltenen Eintheilungglieder wieder ein, so nimmt man eine Unterabtheilung (subdivisio) vor, das Eingetheilte heißt alsdann das Subdivisum. Nebeneintheilungen nennt man diejenigen, wo man ein und denselben Begrif nach mehreren Eintheilungsgründen eintheilt.

Die

„ Die anschauliche Darstellung der vollständi-
gen Eintheilung, einer Vorstellung mit ihren Unterabtheilungen heißt eine Tabelle.

§. 225.

Einen Satz beweisen, heißt ihn aus objektiven Gründen hinreichend darthun. — Das,
woraus etwas erkannt wird, heißt ein Grund.
— Etwas aus Gründen herleiten, heißt schlies-
sen, also bringt man nur durch Schlüsse Beweise hervor.

§. 226.

Ein Satz, dessen Wahrheit keines Beweises
bedarf, sondern dessen Wahrheit man einsieht,
sobald man ihn versteht, heißt ein Grundsatz,
weil er bei andern Erkenntnissen zum Grunde
gelegt wird.

§. 227.

Die Beweise sind entweder direkte (ostensive) oder indirekte (apagogische). Bei jenen
beweist man den Satz aus Einsicht der Gründe
geradezu, bei diesen thut man dar, daß das Gegentheil unmöglich ist. — Die erstern haben den
Vorzug, daß sie Einsicht in die Sache selbst verschaffen; die letztern sind gewöhnlich leichter zu
führen, weil sie keine genaue Erkenntniß der Sache selbst erfordern, sondern weil man blos zu
zeigen hat, daß aus der Annahme des Gegentheils etwas folgt, was einem als wahr aner-
kannten Satze widerspricht. Sie beruhen auf
das

das principium exclusi tertii inter duo contradictoria, und führen das Kennzeichen der Nothwendigkeit mit sich.

§. 228.

Man kann auch die Beweise nach den Quel-
len eintheilen, woraus ihre Gründe geschöpft
sind, sie heißen Beweise a posteriori, wenn Erfahrung die Gründe hergiebt, a priori, wenn sie
aus dem Erkenntnißvermögen selbst fließen. —
Demonstrationen sind Beweise, deren Gründe
in der reinen Anschauung dargelegt werden
können.

§. 229.

Den Satz, aus welchen die Wahrheit anderer Sätze hergeleitet wird, heißt der Beweisgrund, und derjenige Beweisgrund, auf welchen alle übrigen beruhen, und der der vorzüg-
lichste ist, heißt der Hauptgrund (nervus pro-
bandi).

§. 230.

Die Beweise bestehen entweder nur aus
einem Schlusse, dann heißen sie einfach, oder
aus mehreren, dann heißen sie zusammengesetzt. Man führt einen zusammengesetzten Beweis entweder durch Prosyllogismen (§. 186.),
daß man zu den Gründen aufsteigt, dann heißt
er regressiv, analytisch; oder durch Episyllogismen (§. 187.), daß man zu den Folgen
her-

f 3

herabgeht, dann heißt er progressiv, synthetisch.

§. 231.

Ein Beweis ist vollkommen

1) der Quantität nach, wenn kein Beweisgrund fehlt, wenn er vollständig ist. Fehlt ein Beweisgrund, so findet sich in ihm eine Lücke, ein Sprung.

2) Der Qualität nach, wenn die Urtheile in gehöriger Ordnung folgen, wenn er regelmäßig ist.

3) Der Relation nach, wenn man nicht in dem Beweise das zu Beweisende als bewiesen voraussetzt; wenn in ihm kein Cirkel sich findet.

4) Der Modalität nach, wenn er apodiktisch ist, d. h. wenn sein letzter Grundsatz unumstößliche Gewißheit hat.

§. 232.

Endlich ist noch der Vortrag der Erkenntniß zu betrachten übrig. Die Art des Vortrags der Erkenntniß, in sofern sie auf deutlich gedachte Prinzipien der Vernunft beruht, heißt Methode (modus logicus), in sofern sie aber blos auf das Gefühl der Einheit der Darstellung beruht, also empirisch ist, Manier (modus aestheticus). Die erste gehört nur in die Logik.

§. 233,

§. 233.

Man theilt die Methode in die analytische und synthetische. Bei jener steigt man durch Prosyllogismen von den Resultaten zu den Gründen auf; bei dieser durch Episyllogismen von den Gründen zu den Resultaten herab.

§. 234.

Ferner ist die Methode entweder dogmatisch (behauptend) oder skeptisch Im ersten Fall beweist sie ihre Sätze apodiktisch, im zweiten Fall zweifelt sie an der Wahrheit der vorgetragenen Sätze, sie wird kritisch genannt, wenn sie die Gründe für die vorgebrachten Behauptungen untersucht. Man muß Skepticismus und skeptische Methode, Dogmatismus und dogmatische Methode, wohl unterscheiden.

§. 235.

Man trägt scholastisch vor, wenn man streng systematisch verfährt, die Regeln der Schule befolgt, und Kunstausdrücke braucht; populär, wenn man seinen Vortrag den Begriffen des gemeinen Haufens angemessen einrichtet.

§. 236.

Endlich ist die Methode entweder akroamatisch oder erotematisch. Im ersten Fall trägt

der

Der Lehrer allein vor, im zweiten Fall redet der zu Belehrende auch. Die erotematische Metho=de ist wieder entweder dialogisch (sokratisch) oder katechetisch. Bei der ersten entwickelt der Lehrer die vorhandene Vorstellung, und lehrt im eigentlichen Sinn, bei der letztern untersucht er blos, ob schon vorgetragene Erkenntnisse richtig gefaßt sind.

Weitere

Weitere Auseinandersetzung

des Abrisses

einer

reinen allgemeinen Logik.

Weitere Auseinanderfegung des Abriffes einer reinen allgemeinen Logik.

Einleitung.

ad §. 1.

Wenn man den Ausdruck Logik (Verstandes-lehre) in der weitesten Bedeutung nimmt, so versteht man darunter die Wissenschaft von den Regeln des Denkens überhaupt; wie dies auch der Name Logik (Verstandeslehre von λογος Ver-stand) anzeigt. Sie ist für das Denken, was die Grammatik für das Sprechen ist; und so wie der gemeine Mann die Regeln der Sprachlehre in einzelnen Fällen (in concreto) befolgt, ohne sich derselben im allgemeinen (abgesondert, in abstracto) bewußt zu sein; so wird er auch die Regeln des Denkens in einzelnen Fällen befol-gen, ohne sich derselben abgesondert bewußt zu sein; es urtheilt und schließt der roheste Mensch so wie der gebildeste, aufgeklärteste Mann nach dem Gesetze des Widerspruchs, aber der erste denkt diesen Satz nicht abgesondert, so wie der letztere ihn im Bewußtsein sich vorstellt. So wie aber eine Sprachlehre eine allgemeine und

- eine

eine besondere sein kann, nämlich entweder die
Sprachen überhaupt betrachtet, Regeln für die
Sprache als Sprache giebt, oder nur auf eine
bestimmte Sprache, z. B. auf die deutsche,
Rücksicht nimmt; so kann auch die Logik eine
allgemeine und eine besondere sein; jene gibt
Regeln für das Denken überhaupt, für das Denken als Denken, diese nur für das Denken über
gewisse bestimmte Gegenstände, z. B. über Geschichte, Jurisprudenz u. s. w. Nicht die letztere, sondern die erste ist der Zweck dieses Werks.
Wir wollen also die Regeln des Denkens überhaupt aufstellen, nicht Regeln geben, wie man
über bestimmte Gegenstände nachzudenken habe.
— Aber selbst diese allgemeine Logik ist noch von
doppelter Art, man nimmt nämlich darin entweder gar nicht auf die subjektive Beschaffenheit
des Denkenden Rücksicht, reine allgemeine Logik, oder man sieht auf die Einschränkungen des
menschlichen Denkens, die uns in der Anthropologie gezeigt werden, und wendet die Regeln der
reinen allgemeinen Logik darauf an, angewandte
allgemeine Logik. Die letztere ist doch noch immer allgemein, weil sie auf den Unterschied der
Gegenstande des Denkens nicht Rücksicht nimmt.
Die reine allgemeine Logik enthält also Regeln
für das Denken als Denken, diese Regeln müs-
fen also ganz allgemein und nothwendig d. h.
Gesetze sein; und diese ist nun ganz eigentlich
der Vorwurf unsers Buchs. Sie heißt deshalb
rein, weil sie, wie in der Folge sich ergeben
wird, ihre Regeln nicht aus der Erfahrung, sondern aus dem Verstande selbst schöpft.

ad § 2.

Materie des Denkens nennen wir die Gegenstände, welche gedacht werden, die Form hinge-
gegen, dasjenige, was das Denken zum Denken
macht.

macht. Man kann also sagen, die reine allge=
meine Logik abstrahirt von allem Inhalt des
Denkens, und beschäftigt sich blos mit der Form
deffelben; und auch nur unter diesen Umständen
kann sie ganz allgemeine und nothwendige Re=
geln geben, weil sie von allem Unterschied der
Objekte des Denkens abstrahirt. Denn gesetzt
sie nähme auf die Gegenstände des Denkens
Rücksicht, so könnte sie, da uns die Objekte des
Denkens nur durch Erfahrung gegeben werden,
von ihren Regeln nicht strenge Allgemeinheit und
Nothwendigkeit aussagen, denn Erfahrung sagt
blos, daß etwas sei, nicht aber, daß es in allen (ohne alle mögliche Ausnahme) Fällen so sei
und so sein müsse.

ad §. 3.

Die reine allgemeine Logik enthält also die
allgemeinen und nothwendigen Regeln für den
Verstandesgebrauch überhaupt (nicht unter ge=
wissen Bedingungen), und gilt also für alle Ar=
ten der Erkenntnisse. Nur durch die Kenntniß
dieser Regeln werden wir in den Stand gesetzt
unsere Erkenntnisse zu prüfen, und uns vor Irr=
thum und Verstoß gegen sie zu sichern. Man
kann sie also als Propädeutik zu allen Wissen=
schaften, was auch der Gegenstand derselben sein
mag, ansehen, weil jeder Gegenstand, in so fern
er gedacht wird, diesen Gesetzen gemäß gedacht
werden muß. — Sonst trägt man die besondere
Logik, d. h. die Wissenschaft der Regeln über ei=
nen bestimmten Gegenstand nachzudenken, und
eine wissenschaftliche Erkenntniß von ihm zu
Stande zu bringen, gewöhnlich als Propädeutik
der Wissenschaft vor, zu welcher der Gegenstand
gehört, dies ist aber unrecht, denn man muß
den Gegenstand schon kennen, ehe man verstehen
kann, wie die Erkenntnisse von ihm sich in ein

Sy=

System bringen lassen, mit andern Worten, ehe man eine Methodenlehre dieser Wissenschaft angeben kann. So schickt man zum Beispiel der Jurisprudenz als Propädeutik eine Unterweisung voraus, wie man die verschiedenen Theile der Jurisprudenz zu ordnen, sie in ein System zu bringen, und wie man überhaupt Untersuchungen über Gegenstände dieser Wissenschaft anzustellen habe, da doch dies schon eine genaue Kenntniß der Jurisprudenz voraussetzt, und als Methodenlehre nachgeschickt werden muß, wenn man die gehörigen Materialien gesammlet hat, die nun in ein System gebracht werden sollen.

ad §. 4.

Critik ist eine Sammlung von Regeln zur Beurtheilung. Zu einer solchen Critik wird nicht erfordert, daß die Regeln, die sie vorträgt, demonstrirt werden können, und daß sie das Gepräge der Allgemeinheit und Nothwendigkeit an sich tragen; sie kann auch diese Regeln aus der Erfahrung schöpfen, wie dies z. B. bei der Critik der Schauspielkunst, ja selbst bei vielen Regeln der Aesthetik (Critik des Geschmacks) der Fall ist. So ist es z. B. eine Regel des Geschmacks, daß Gegenstände des Ekels durch die schöne Kunst nicht dargestellt werden können, und wir tadeln es daher, wenn uns der Künstler einen trunkenen Menschen im Erbrechen darstellt, diese Regel aber ist aus der Erfahrung geschöpft. — Da aber die Logik allgemeine und nothwendige Regeln vortragen muß, so kann sie diese nicht aus der Erfahrung schöpfen, weil diese den Erkenntnissen, die sie verschaft, nicht Allgemeinheit und Nothwendigkeit geben kann, sondern sie muß sie vielmehr aus dem Verstande, als dem Vermögen des Denkens, selbst entwickeln, sie wird also mehr als bloße Critik sein, denn sie

wird

wird ihre Regeln aus Principien herleiten und
beweisen können, d. h. sie wird den Namen einer Doctrin, einer demonstrablen Wissenschaft
verdienen.

Man nennt eine Wissenschaft ein Organon,
wenn man sie als die Quelle anderer Erkenntnisse
anzusehen hat; so ist die Anthropologie (Lehre
vom Menschen) ein Organon für die Sittenlehre,
in sofern sie dieser die Leidenschaften, Affekten,
Neigungen, Begierden des Menschen anzeigen,
die Kennzeichen derselben angeben und darthun
muß, wodurch sie gebändigt werden können; so
ist die reine Mathematik ein Organon für die
Mechanik, für die Feldmeßkunst, für die Bau-
kunst u. s. w. Da die reine allgemeine Logik hingegen von allen Objekten des Denkens völlig abstrahirt, und einzig und allein die Form des
Denkens betrachtet, so wird sie auch nie die
Quelle von Erkenntnissen der Gegenstände selbst
abgeben, d. h. kein Organon sein können. Wer
also Logik studiert, um sich Materie des Denkens zu verschaffen, der irrt gewaltig: der einzige, freilich sehr wichtige, Nutzen, den die Logik ihm verschafft, ist, daß sie ihm die Regeln
giebt, wornach er die Form seiner Erkenntnisse
beurtheilen kann, daß sie ihn in den Stand setzt,
zu prüfen, ob er nicht gegen ein Gesetz des Denkens angestoßen habe; sie ist ein bloßer Canon,
d. i. eine Doctrin, die Principien zur Beurtheilung in sich enthält: sie beurtheilt nämlich
die Form in allen unsern Erkenntnissen. — Bedient man sich der Logik, als gelange man dadurch
zur Erkenntniß der Gegenstände selbst, braucht
man sie, die nur Canon ist, als Organon, so
wird sie Dialektik, dies Wort in der alten griechischen Bedeutung genommen, Logik des Scheins.
Die Alten verstanden nämlich unter Dialektik
nichts als die Kunst, Schein zu erregen, und ga-

ben denen, die dieſe Kunſt verſtanden, den Na=
men der Dialektifer. So war es dialektiſch,
wenn ein bekannter Philoſoph des Alterthums
an einem Tage bewies, Gerechtigkeit ſei eine Tu=
gend, und am andern, ſie ſei ein Laſter; ſo iſt
es dialektiſch, wenn man den Satz: Jede Er=
kenntniß hat ihren Grund, mit dem der Cauſa=
lität: Alles, was geſchieht, hat eine Urſach, für
gleichbedeutend erklärt.

ad §. 5.

Die reine allgemeine Logik trägt die Regeln
des Verſtandesgebrauchs überhaupt vor, ſie ſieht
alſo nicht auf den Unterſchied deſſelben in den
gemeinen und ſpekulativen. Man nennt den
Verſtandesgebrauch gemein, wenn der Verſtand
ſich der Regeln, nach welchen er denkt, urtheilt,
ſchließt, nicht abgeſondert bewußt iſt, dieſe Re=
geln nicht angeben kann, was bei dem ſpekula=
tiven Verſtandesgebrauche ſtatt findet, und wo=
durch ſich dieſer eigentlich vom gemeinen unter=
ſcheidet. So wahr und richtig dieſer Unterſchied
auch iſt, ſo hat er doch auf den Vortrag der rei=
nen allgemeinen Logik keinen Einfluß, weil dieſe
von ihm ganz abſtrahiren muß.

ad §. 6.

Wenn jemand eine natürliche Fertigkeit hat,
die Regeln für den richtigen Verſtandesgebrauch
immer gehörig zu befolgen, und nicht dagegen
zu verſtoßen, ſo ſagt man von ihm, er beſitze eine
Naturlogik (logica naturalis). Ihr entgegen
ſteht die künſtliche Logik (logica artificialis),
wo die Regeln des Verſtandes abgeſondert und
ſyſtematiſch vorgetragen werden. Jene iſt eine
Fertigkeit, dieſe eine Wiſſenſchaft; jene iſt ſub=
jektiv (findet ſich nur in dem denkenden Subjek=
te, kann wohl geübt, aber nicht erlernt werden);
dieſe

diese objektiv (ist ein Gegenstand der Erkenntniß, und kann als ein solcher mitgetheilt und erlernt werden). Das Denken nach einer künstlichen Logik, steht zu dem Denken bei einer natürlichen Logik in eben dem Verhältnisse, wie das Sprechen einer Sprache, das man durch Uebung erlernt hat, zu dem, was man nach Regeln weiß. Beim ersten wird man immer leichter in Gefahr sein zu irren, leicht wankend gemacht werden können, und kein Mittel haben, sich selbst von der Wahrheit zu überzeugen. — Freilich wird man auch beim Gebrauch einer künstlichen Logik sich eine solche Fertigkeit erwerben müssen, daß man sich dieser Regeln bei jedem Falle der Anwendung nicht immer ganz deutlich bewußt ist, so wie dies auch bei denen der Fall ist, die sich eine Fertigkeit in einer Sprache erworben haben, die sie grammatikalisch erlernten; aber man hat dabei doch den Vortheil, daß man bei vorkommenden schwierigen Fällen die Regeln und Prinzipien kennt, nach welchen sie zu beurtheilen sind.

Ob man nun gleich die Ausdrücke Naturlogik und künstliche Logik in dem hier festgesetzten Sinne brauchen kann, so ist doch der Ausdruck, ein natürlicher Logiker, nicht zu brauchen, weil man unter einem Logiker nur denjenigen verstehen kann, der die Regeln und Gesetze des Denkens in abstracto angeben kann.

Hierbei doch noch eine Bemerkung, die die Eintheilung der reinen allgemeinen Logik in die theoretische und praktische betrift. Theoretisch ist eine Erkenntniß, wenn blos der Gegenstand erkannt wird, praktisch, wenn sie zeigt, wie der Gegenstand hervorgebracht werden soll; so giebt es eine theoretische und praktische Jurisprudenz, eine theoretische und praktische Arzneikunde u. s. w. Nun fällt in die Augen, daß man die reine allgemeine Logik nicht in die theoretische und prak=

A 5   tische

tische eintheilen kann, denn es ist kein Sinn mit dem Ausdruck, die Regeln des Verstandesgebrauchs hervorbringen, zu verbinden, die Gesetze für den Verstand sind durch den Verstand selbst gegeben, liegen in ihm selbst, und werden nicht erst hervorgebracht. Versteht man hingegen unter praktischer Logik eine Anweisung, wie man von den Regeln der reinen Logik Anwendung machen soll, um richtige Begriffe zu bilden, richtig zu urtheilen u. s. w., so kann diese Anweisung doch nur unter den Bedingungen des menschlichen Denkens gegeben werden, und dann gehört es in die angewandte Logik.

ad §. 7.

Sieht man bei der Logik auf den Vortrag, so theilt man sie in die populäre und scholastische. Populär ist überhaupt alles das, was den Begriffen des gemeinen Haufens angemessen ist, so wird man also unter einer populären Logik diejenige zu verstehen haben, deren Vortrag so eingerichtet ist, daß selbst der gemeine Mann ihn verstehen kann. Scholastisch hingegen ist der Vortrag der Logik, wenn er streng systematisch ist, wenn in ihm Kunstausdrücke vorkommen, und wenn er der Methode der Schule angemessen ist. — Um seinen Vortrag populär machen zu können, ohne doch etwas von der Gründlichkeit aufopfern zu dürfen, muß man die Erkenntniß, die man andern mittheilen will, zuvor scholastisch einstudirt haben, denn nicht die Form allein giebt dem Vortrage einen Werth, sondern es kommt dabei auf Gründlichkeit und Genauigkeit an. Leider nennt man aber in unsern Zeiten oft populären Vortrag, was man richtiger seichtes Geschwätz nennen könnte. — Daß der Vortrag der Schule so viel in den Augen derer, die nicht Gelehrte von Profession sind, ver-

verlohren hat, liegt wohl offenbar in dem Umstande, daß die Gelehrten den Vortrag der Schule
mit in die Welt übertrugen, daß sie bei ihren Unterhaltungen selbst in freundschaftlichen
Cirkeln doch immer im Ton der Schule sprachen,
das Gerüste des Gebäudes immer mit darstell-
ten, kurz Pedanten waren.

ad §. 8.

Jetzt entsteht die Frage, welche Stelle wir der
reinen allgemeinen Logik unter unsern übrigen
Erkenntnissen anweisen wollen? — Unsere Erkenntnisse theilen sich in zwei Haupttheile, sie sind
entweder wissenschaftlich oder rhapsodistisch.
Unter Wissenschaft verstehen wir ein System von
Erkenntnissen. Erkenntnisse machen ein System
aus, wenn sie nach der Idee eines Ganzen geordnet sind, und also nothwendige Einheit haben.
In einer Wissenschaft wird also die Stelle eines
jeden Satzes bestimmt sein, man wird jedesmal
einen Grund angeben können, warum er in diesem und keinem andern Zusammenhange vorgetragen wird, jede darin vorkommende Erkenntniß wird mit den übrigen zusammengenommen
eine Einheit ausmachen; man wird überzeugt
sein, daß nichts fehlt, nichts überflüßig ist. So
ist z. B. der Vortrag der Mathematik wissenschaftlich; man kann nicht willkührlich die Verbindung
ändern, sondern das Ganze ist ein kunstvolles
Gebäude, dessen Theile unter sich im genauesten
Zusammenhange stehen. — Rhapsodistisch hingegen nennt man Erkenntnisse, die keinen nothwendigen, sondern einen zufälligen Zusammenhang haben, wo man also auch nie gewiß sein
kann, daß sie vollständig sind. — Die reine allgemeine Logik nun wird unter die Wissenschaften
zu zählen sein, denn ihre Erkenntnisse werden
durch die Vorstellung des Verstandes selbst un-

ter-

tereinander zur Einheit verbunden, und alle ihre Regeln werden daher Einheit eines Systems haben können.

Die Wissenschaften sind wiederum von doppelter Art, nämlich ihr Gegenstand wird entweder durch die Erfahrung (a posteriori) oder durchs Erkenntnißvermögen selbst (a priori) gegeben. Im ersten Fall heißen sie Erfahrungswissenschaften (z. B. positive Jurisprudenz), im zweiten Vernunftwissenschaften, oder auch Wissenschaften schlechthin, Wissenschaften sensu eminenti. Man sieht leicht ein, daß die reine allgemeine Logik ihre Sätze nicht aus der Erfahrung, sondern aus dem Erkenntnißvermögen (hier aus dem Verstande) selbst schöpft, sie wird also Vernunftwissenschaft sein.

Was von aller Erfahrung unabhängig und mit ihr gar nicht vermischt ist, heißt rein, da dies nun bei der Logik der Fall ist, so ist sie eine reine Vernunftwissenschaft.

Hier muß ich einen Einwurf beantworten, der mir gewiß von dem größten Theile meiner Leser gemacht werden wird. Wie ist es zu leugnen, kann man sagen, daß die Regeln des Verstandesgebrauchs aus der Erfahrung geschöpft sind! Wie will ich überhaupt meinen Verstandesgebrauch anders als durch Erfahrung erkennen, und wenn dies richtig ist, so kann mir ja auch nur Erfahrung sagen, welches die Regeln sind, die mein Verstand bei seinen Funktionen befolgt. — Dieser Einwurf läßt sich aber leicht beantworten, weil er blos auf ein Mißverständniß beruht.

Ganz verschieden ist die Frage, wodurch erkenne ich die Gesetze, nach welchen mein Verstand denkt; von der, worin sind diese Gesetze des Verstandes gegründet? Die Gesetze, die der Verstand beim Denken befolgt, werden freilich durch Erfahrung bei mir ins Bewußtsein gebracht,

bracht, aber Erfahrung ist deshalb nicht die Quelle derselben, woraus ich sie schöpfe. Ich kann freilich aus den wirklichen Verbindungen, die der Verstand vornimmt, die Gesetze entdecken, die er dabei befolgt, aber die Gesetze selbst werden mir doch eigentlich durch ihn selbst gegeben; dies erhellet aus dem wichtigen Umstande, daß den Regeln der Logik strenge Allgemeinheit und Nothwendigkeit anhängt, die schlechterdings Erfahrung den Erkenntnissen, die aus ihr entspringen, nicht geben kann. So ist es z. B. eine Regel der Logik, daß man keinem Gegenstande ein Merkmal beilegen kann, das ihm widerspricht; diese Regel aber führt offenbar die strengste Allgemeinheit und Nothwendigkeit bei sich. Man sagt nicht, daß man bis jetzt mit keinem Gegenstande kein ihm widersprechendes Merkmal habe verbinden können, sondern daß dies überhaupt für alle Fälle ohne Ausnahme unmöglich sei. — Da also nicht Erfahrung die Quelle der logischen Regeln sein kann, so müssen diese im Verstande selbst gegründet sein.

Philosophie überhaupt ist die Vernunftwissenschaft aus Begriffen. Man setzt nach dieser Erklärung die Philosophie den historischen Erkenntnissen entgegen, wo der Gegenstand durch Erfahrung gegeben wird. Als Wissenschaft unterscheidet sie sich von den rhapsodistischen Erkenntnissen, und als Vernunftwissenschaft muß sie allgemeine und nothwendige Sätze haben. Was aber den Zusatz aus Begriffen betrifft, so ist er blos da, um die Philosophie von der Mathematik zu unterscheiden, die so wie die Philosophie eine Vernunftwissenschaft ist, aber ihre Begriffe unmittelbar (in der reinen Anschauung) darstellt, wie Kant sich ausdrückt, construirt. — Die Philosophie ist nun entweder formal oder material, jene hat es mit der Form der Erkennt-

niß,

niß, dieſe mit wirklichen Gegenſtänden zu thun. Die reine allgemeine Logik nun kann, alſo auch den Namen der reinen formalen **Philoſophie** führen.

ad §. 9.

Die reine allgemeine Logik zerfällt in zwei Haupttheile; der erſte enthält die Darſtellung der Regeln des Verſtandesgebrauchs, und wird durch Auflöſung der Handlungen des Verſtandes hervorgebracht, woher ſie auch den Namen der **Analytik** erhält. Der zweite Theil ſoll zur Aufdeckung des Scheins dienen, der da entſteht, wenn man die Logik als ein Organon braucht; und erhält den Namen der **Dialektik**. Wir werden nur die erſtere abhandeln. Die Analytik ſelbſt zerfällt wiederum in zwei Theile, in die **Elementarlehre** und in die **Methodenlehre**. Jene giebt die Regeln für den Verſtandesgebrauch überhaupt an, iſt ein Canon des Verſtandesgebrauchs in Anſehung des Denkens überhaupt; dieſe aber ſo fern der Verſtand den Zweck, den er ſich bei allen Erkenntniſſen vorſetzt, nämlich eine Wiſſenſchaft davon zu Stande zu bringen, erreichen will.

Was den Nutzen der Logik betrift, ſo glaube ich, daß es Zeitverſchwendung wäre, darüber weitläuftig zu ſein. Sie iſt zur Sicherheit unſerer Erkenntniſſe und zur Prüfung derſelben unentbehrlich, eben ſo unentbehrlich als das Studium der Sprachlehre zum richtigen und ſichern Sprechen.

Der Vortrag der reinen allgemeinen Logik muß vollkommen ſyſtematiſch ſein, denn ſonſt verdient ſie nicht den Namen einer Wiſſenſchaft, es muß in ihr dargethan werden, daß der Gegenſtand vollkommen erſchöpft iſt, und daß jeder darin vorkommende Satz an ſeinem gehörigen Orte ſtehe;

stehe; ferner müssen die darin geführten Beweise
vollkommene Gewißheit haben, apodiktisch sein,
deshalb, weil ihr Gegenstand durchs Erkenntniß=
vermögen selbst gegeben wird. — Ob man nun
gleich die Regeln der Logik nicht aus der Erfah=
rung darthun kann, so wird man doch die Bei=
spiele zur Erläuterung derselben aus der Erfah=
rung entlehnen, ja man wird sie sogar nur aus
der Erfahrung, und nicht aus den Wissenschaf=
ten hernehmen müssen, weil in letztern sich schon
ein künstlicher Gebrauch des Verstandes findet.
Es ist daher unverantwortlich, wenn man in neu=
ern Zeiten diese so trefliche Wissenschaft dadurch
verdarb, daß man Lesebücher der Logik für Kin=
der und Frauenzimmer verfertigte; sie verliert
allen Werth, ja hört so ganz auf Wissenschaft zu
sein, wenn man ihren Beweisen die Strenge und
dem Vortrage derselben das systematische nimmt.
Mag man immerhin Kindern und Damen einige
Regeln für den richtigen Gebrauch des Verstan=
des geben, nur Logik sollte man so eine Rhap=
sodie nicht nennen; so wie man einige mathema=
tische Spielereien, rhapsodistisch für Kinder und
Damen zusammengebracht, nicht Mathematik
nennen kann. Wer eine systematische Logik nicht
studiren kann, muß keine Logik studiren, und
nicht vorgeben, er habe sie inne, wenn er einige
Regeln derselben ohne Beweise mit dem Gedächt=
nisse gefaßt hat. Dieß macht nur seichte Köpfe,
die sich einbilden, viel zu wissen, und doch im
Ganzen nichts gründliches gelernet haben.
    Ich will, ehe ich diese Einleitung in die Logik
schließe, nur noch ganz kurz etwas von der Ge=
schichte dieser Wissenschaft anführen. Wer zuerst
die Regeln des Verstandesgebrauchs systematisch
vorgetragen hat, weiß man nicht. Aristoteles
nennt, wie Diogenes Laertius lib. 9. segm. 25.
und Sextus Empiricus adversus mathematicos
                                            lib..

lib. 7. bezeugen, Zeno den Eleaten als den er=
sten Lehrer einer Logik, die aber mehr Dialektik
war, d. h. in unnützen Spitzfündigkeiten bestand.
Aristoteles lieferte zuerst in seinem Organon eine
ziemlich vollständige Logik, ob er gleich den Na=
men Logik selbst nicht brauchte; er war es, der
ihr zuerst die Gestalt einer Disciplin gab. Im
zweiten Jahrhundert nach Christi Geburt com=
mentirten der Arzt Galen und Alexander von
Aphrodisias (oder wie andere wollen Alexander
Aegäus) über das Organon des Aristoteles, und
im dritten Jahrhundert fügte Porphyrius eine
Isagoge (Einleitung) in die Categorien zum Or=
ganon des Aristoteles hinzu. Der Consul zu
Rom, Severinus Boethius, vermehrte das
Organon des Aristoteles mit der Lehre von den
bedingten Schlüssen. — Die Scholastiker im eilf=
ten Jahrhundert und weiter berab waren nur
elende Commentatoren des Aristoteles. — In
neuern Zeiten mischte man Metaphysik, Moral,
Anthropologie, Exegetik, und wer weiß was für
heterogene Dinge, in die Logik, wodurch zwar
der Umfang vergrößert, aber der innere Anbau
gehindert wurde. Unter den neuern verdienen
Descartes (geboren 1596, gestorben in Schwe=
den 1650) wegen seiner institutiones dialecticas,
Malebranche (geboren 1638, gestorben 1715)
wegen seiner recherche de la verité, und Locke
(geboren 1632, gestorben 1704) wegen seines
essay upon human understanding, und Wolf we=
gen seiner philosophia rationalis siue Logica ge=
nannt zu werden.

Abhand=

Abhandlung der reinen allgemeinen Logik.

Erster Theil,
welcher die Elementarlehre enthält.

ad §. 10. und 11.

Wir verstehen unter Gemüth dasjenige in uns, was denkt, empfindet und will, und lassen uns in keine Untersuchung ein, ob dieses denkende, empfindende und wollende eine für sich bestehende, vom Körper verschiedene Substanz, oder ob sie blos eine demselben anhängende Eigenschaft ist: eine Untersuchung, in die wir uns einlassen müßten, wenn wir uns des Ausdrucks Seele bedient hätten, der da behauptet, daß das in uns denkende, empfindende und wollende eine vom Körper verschiedene Substanz sei. —

Alle Veränderungen unseres Gemüths lassen sich am Ende auf Vorstellungen zurückführen: ein allgemeiner Titel, unter dem sie alle stehen müssen, denn was wir uns nicht vorstellen, ist für uns nichts. Vorstellungen haben setzt ein Vermögen der Vorstellungen voraus, unter Vermögen verstehen wir nämlich den Grund der Möglichkeit einer Sache (wodurch wir es von der Kraft, als dem Grunde der Wirklichkeit einer Sache, unterscheiden). Wir haben also ein Vorstellungsvermögen. Bei einer jeden Vorstellung lassen sich drei Stücke im Bewußtsein unterscheiden, das Vorstellende, (Subjekt der Vorstellung), das Vorgestellte (Objekt, Gegenstand der Vorstellung) und die Vorstellung selbst. Ich stelle mir jetzt den großen König vor, so bin ich das Subjekt der Vorstellung, das Vorstellen-

B   de,

de, der große König das Objekt der Vorstellung, das Vorgestellte, und von beiden unterscheide ich noch die Vorstellung des großen Königs selbst. Wir lassen uns hier nicht auf die Frage ein, ob das Objekt wirklich etwas von mir und meiner Vorstellung verschiedenes, oder nicht vielmehr selbst wieder Vorstellung sei, welches letztere die Idealisten behaupten, eine Frage, deren Beantwortung eigentlich in die Metaphysik gehört, und die auch auf unsern gegenwärtigen Zweck gar keinen Einfluß hat; uns genügt es anzumerken, was niemand leugnen wird, daß wir die drei genannten Stücke, Subjekt und Objekt der Vorstellung, und die Vorstellung selbst im Bewußtsein unterscheiden. Nun können wir uns von unsern Vorstellungen eine dreifache Beziehung denken, wir beziehen sie entweder aufs Objekt (den vorgestellten Gegenstand), oder aufs Subjekt (den Vorstellenden), oder wir erkennen, daß eine Vorstellung blos noch in uns sich findet, und suchen ihr ein Objekt zu geben. Eine Vorstellung auf ein Objekt beziehen, heißt erkennen, auf sein Subjekt beziehen, Gefühl haben, und einer subjektiven Vorstellung objektive Realität zu geben suchen, heißt begehren. Diese drei besondere Aeußerungen des Vorstellungsvermögens erhalten jedes seinen besondern Namen, und so entspringt Erkenntnißvermögen, Gefühl der Lust und Unlust und Begehrungsvermögen. Ob nun aber gleich jedes dieser drei Vermögen seine eigenen Gesetze hat, die sich nicht wieder unter ein höheres, ihnen allgemein zukommendes, bringen lassen, so muß man sie sich doch nicht als drei für sich bestehende Dinge im Gemüth denken; der Ausdruck Vermögen zeigt schon an, daß hier blos von Relationen die Rede ist, alle drei sind Eigenschaften des Gemüths, das nur nach verschiedenen Verhältnissen verschiedene

Na=

Namen erhält, eben daſſelbe Gemüth, was erkennt, fühlt und begehrt auch. — Dieſe Trennung iſt blos ein Behelf für unſere Spekulatio-
nen, um die Geſetze einer jeden Art der Aeußerungen der Veränderungen unſeres Gemüths zu
finden.

Weil ich aber fürchten muß, daß die gegebenen Erklärungen von erkennen, Gefühl haben und begehren, nicht allen meinen Leſern ſogleich deutlich ſein möchten, ſo will ich zur Erläuterung derſelben noch Beiſpiele hinzufügen.
Geſetzt ich finde mich in einem Concert, und höre
zum erſtenmal den Ton der Harmonika, unterſuche woher der Ton kömmt, betrachte die Stärke
der ſich drehenden Gläſer, unterſuche die Schwin-
gungen des Glaſes u. ſ. w., ſo beziehe ich meine
Vorſtellung auf einen Gegenſtand, d. h. ich habe
eine Erkenntniß der Harmonika. — Wenn ich
hingegen gar nicht auf das Objekt Rückſicht nehme, von welchem der Ton herrührt, allein auf
mich ſehe, ob dieſer Ton mich in den Zuſtand der
Luſt oder Unluſt verſetzt, mir Behagen oder Miß-
behagen verurſacht, ſo betrachte ich dieſe Vorſtellungen allein in Beziehung auf mich als das
vorſtellende Subjekt, ich fühle. Geſetzt nun
endlich, ich ſtelle mir den Beſitz der Harmonika
vor, das Vergnügen, was ich haben werde,
wenn ich ſie ſpielen kann, und dieſe Vorſtellung
die bis dahin noch ſubjektiv iſt, treibt mich an,
ihr objektive Realität zu geben, ſo begebre ich.

Nur noch eine Schwierigkeit kann hier dem
Leſer aufſtoßen: es ſcheint nämlich, als wäre
noch ein vierter Fall möglich, daß man nämlich
eine objektive Vorſtellung ſubjektiv zu machen ſu-
chen könnte, und daß durch dieſe Beziehung zu
den drei obengenannten Vermögen noch ein vier-
tes hinzu kommen würde; allein wenn man über
dieſen Satz nachdenkt, ſo findet man, daß er

kei-

keinen Sinn enthält, weil eine jede Vorstellung schlechterdings subjektiv sein muß.

Wir haben es hier nun blos mit dem Erkenntnißvermögen zu thun, das wir also jetzt etwas genauer zergliedern wollen.

Unser Erkenntnißvermögen zerfällt in zwei Theile; es liefert uns nämlich entweder unmittelbare, oder mittelbare Vorstellungen. Eine Vorstellung heißt unmittelbar wenn sie nicht erst vermittelst einer andern auf einen Gegenstand bezogen wird, mittelbar hingegen, wenn man sie nur vermittelst einer andern Vorstellung auf einen Gegenstand beziehen kann. So habe ich z. B., wenn ich das Opernhaus in Berlin ansehe, oder wenn ich den Ton der Harmonika höre, oder eine Rose rieche, unmittelbare Vorstellungen, ich beziehe die erhaltene Vorstellungen sogleich aufs Objekt; nehme ich aber die Vorstellung Mensch, so sehe ich, sie ist eine mittelbare Vorstellung, die ich erst auf die unmittelbaren Vorstellungen Cajus, Titus, Livius u. s. w. und so auf Objekte beziehen kann. Die unmittelbaren Vorstellungen heißen Anschauungen, die mittelbaren Begriffe. Bei dem Worte Anschauungen will ich nur noch anmerken, daß man ihn nicht blos auf die unmittelbaren Vorstellungen, die wir vermittelst des Gesichts erhalten, einschränken müsse. — Die Anschauungen unterscheiden sich dadurch von den Begriffen, daß jene nur auf einen einzelnen, durchaus bestimmten Gegenstand bezogen werden können, einzelne Vorstellungen sind, da hingegen jene auf mehrere einzelne Vorstellungen passen, mehrere einzelne Vorstellungen unter sich begreifen. Die Anschauung, die ich vom Opernhause in Berlin habe, paßt nur auf diesen und auf keinen andern Gegenstand, und die Vorstellung, die ich von ihm habe, ist durchaus bestimmt; nehme ich hingegen den

Be-

Begrif Menſch, ſo paßt er eben ſo gut auf Cajus, als auf Titus und Livius. — Wir Menſchen kön⸗ nen nun auf keine andere Art Anſchauungen von Gegenſtänden bekommen, als daß ſie uns affici⸗ ren, Eindrücke auf uns machen, dies Vermögen Eindrücke zu erhalten, und dadurch unmittelbare Vorſtellungen von Gegenſtänden zu bekommen, nennen wir Sinnlichkeit *). Das Vermögen der Begriffe nennen wir Verſtand in weiterer Be⸗ deutung. Sinnlichkeit iſt leidend, in ſo fern ſie Eindrücke empfängt, und ſetzt alſo Empfänglich⸗ keit für Eindrücke voraus, der Verſtand hinge⸗ gen iſt das nicht ſinnliche, ſelbſtthätige Erkennt⸗ nißvermögen, Spontaneität; er bringt von ſelbſt Vorſtellungen hervor; die Sinnlichkeit ſchaut an, der Verſtand denkt. Zwar hat die Einbildungs⸗ kraft die, in ſofern ſie ebenfalls unmittelbare Vorſtellungen liefert, zur Sinnlichkeit gehört, auch Thätigkeit, aber dieſe Thätigkeit iſt doch keine Selbſtthätigkeit (Spontaneität), weil ſie an die Geſetze der Sinnlichkeit gebunden iſt, wohl unmittelbare Vorſtellungen zuſammenſetzen, aber keine neuen hervorbringen kann, die ihr nicht zuvor durch den Sinn gegeben wären. — Unſer Verſtand iſt nun nicht intuitiv, d. h. er liefert uns nicht unmittelbare Vorſtellungen, ſondern er iſt diſcurſiv, d. h. er zieht von gege⸗

B 3 benen

*) Man braucht den Ausdruck Sinnlichkeit in ei⸗ ner dreifachen Bedeutung, 1) in Bezug auf das Er⸗ kenntnißvermögen, ſo wird es in der oben angeführ⸗ ten Bedeutung genommen; 2) in Bezug auf das Ge⸗ fühl der Luſt und Unluſt, ſinnliche Gefühle, die von körperlichen Eindrücken herrühren, und man ſetzt ſie ſodann den Gefühlen, die durch Schönheit und durch Verſtandesvorſtellungen gewirkt werden, entgegen; 3) in Bezug auf das Begehrungsvermögen, und verſteht darunter die Willkühr, die durch die Exi⸗ ſtenz äußerer Gegenſtände (durch Glückſeligkeit) be⸗ ſtimmt wird.

benen Anschauungen Merkmale ab, verbindet diese zusammen in eine Einheit des Bewußtseins, und liefert so Begriffe, oder er verbindet Begriffe zu Urtheilen, Urtheile zu Schlüssen. — Denken überhaupt heißt also diejenige Handlung des Gemüths (des Verstandes), wodurch Mannigfaltiges in eine Einheit des Bewußtseins verbunden wird. — Wir haben es uns also zum Zweck vorgesetzt, die Gesetze, nach welchen der Verstand Mannigfaltiges in eine Einheit des Bewußtseins verbindet, aufzusuchen. — Man kann also auch sagen, die Logik sei die Vernunftwissenschaft von den Gesetzen des Verstandes.

Ehe wir aber diese Aufsuchung der Gesetze des Verstandes selbst vornehmen, müssen wir zuerst untersuchen, ob es wirklich Gesetze des Verstandes, d. h. allgemeine und nothwendige Regeln gebe, nach welchen der Verstand handelt; damit wir nicht Gefahr laufen, zu suchen, wo nichts zu finden ist, und Mühe und Arbeit verlieren. Es läßt sich freilich hier ein Beweis aus der Natur des Denkens und Erkennens führen, daß der Verstand schlechterdings nach allgemeinen und nothwendigen Regeln handeln müsse, allein er erfordert zu viel Anstrengung und auch zu viel Vorerkenntnisse, als daß ich voraus setzen könnte, er werde für jeden meiner Leser sein; ich will daher lieber den kürzern Weg einschlagen, und eine solche nothwendige Regel aufstellen, wo niemand ableugnen kann, daß sie Gesetz sei. Offenbar ist es eine Regel, nach welcher der Verstand verknüpft: Keinem Gegenstand kömmt ein ihm (dem Gegenstande) widersprechendes Merkmal zu, diese Regel aber ist so allgemein, daß wir auch die Möglichkeit einer Ausnahme nicht einmal denken können. Es giebt also Gesetze des Verstandes.

ad

ad §. 12.

Die Vorstellungen, die der Verstand liefert, sind von dreifacher Art, Begriffe, Urtheile und Schlüsse Ein Begrif steht einer einzelnen Vorstellung entgegen, sie ist die Vorstellung, die mehrere andere Vorstellungen unter sich begreift. So ist die Vorstellung Mensch ein Begrif, denn sie begreift die weißen, schwarzen, gelben und kupferfarbnen Menschen unter sich. — Giebt man das Verhältniß mehrerer Begriffe oder eines Begrif und einer Anschauung zur Einheit des Bewußtseins an, so entsteht ein Urtheil Wenn ich z. B. sage, alle Menschen sind sterblich, so gebe ich an, daß die Begriffe Mensch und Sterblich sich in eine Einheit des Bewußtseins vereinigen lassen; oder wenn ich sage, Cajus ist kein Gelehrter, so sage ich, die Anschauung Cajus und der Begrif Gelehrter lassen sich nicht in eine Einheit des Bewußtseins vereinigen. Verbindet man endlich mehrere Urtheile zu einem, oder leitet aus gegebenen Urtheilen andere her, so entsteht ein Schluß. So ist folgendes ein Schluß: Alle Menschen sind sterblich, Cajus ist ein Mensch, also ist Cajus sterblich, weil das Urtheil, Cajus ist sterblich, aus den beiden andern: Alle Menschen sind sterblich, Cajus ist ein Mensch, hergeleitet worden ist; oder wenn ich aus dem Urtheile, alle Menschen sind sterblich, das Urtheil herleite, daß einige Menschen sterblich sind, so habe ich ebenfalls geschlossen.

ad §. 13.

Man kann nun das Vermögen der mittelbaren Vorstellungen oder den Verstand in weiterer Bedeutung eintheilen, in den Verstand (in engerer Bedeutung), in die Urtheilskraft und in die Vernunft. Verstand in engerer Bedeutung ist

B 4   das

das Vermögen, das Besondere im Allgemeinen
darzustellen; so ist der Verstand thätig, wenn er
aus den besondern Vorstellungen, Cajus, Titus,
Livius, den Begrif Mensch bildet. Die Urtheils=
kraft ist das Vermögen, das Besondere unter
das Allgemeine zu subsumiren; so ist z. B. die
Urtheilskraft thätig, indem sie in dem Schlusse:
Alle Menschen sind sterblich, Cajus ist ein Mensch,
also ist Cajus sterblich, durch das Urtheil, Cajus
ist ein Mensch, das Besondere den Cajus, un=
ter das Allgemeine Mensch bringt. Vernunft
endlich ist das Vermögen, das Besondere aus
dem Allgemeinen herzuleiten, oder mit andern
Worten, das Besondere im Allgemeinen zu er=
kennen; so ist die Vernunft thätig, wenn sie den
besondern Satz: Cajus ist sterblich, in dem all=
gemeinen Satz: Alle Menschen sind sterblich, er=
kennt und daraus herleitet.

§. 14. und 15. sind an sich leicht verständlich.
Jener warnt blos vor dem Irrthum, nicht zu
glauben, als handle der Verstand blos beim
Bilden der Begriffe, die Urtheilskraft beim Bil=
den der Urtheile, und die Vernunft beim Bilden
der Schlüsse. Man muß überhaupt die Vermö=
gen des Gemüths bei den Operationen nicht so
abgesondert sich vorstellen, wie der Philosoph sie
trennt, wenn er das Eigenthümliche eines jeden
auffinden will. — Dieser (§. 15.) giebt blos die
Eintheilung der Elementarlehre an die Hand, die
keine Schwierigkeiten hat.

Der

Der Elementarlehre der Logik
Erstes Kapitel,
welches
die Lehre von den Begriffen enthält.

ad §. 16. und 17.

Anschauung ist die unmittelbare Vorstellung eines Gegenstandes, Begrif die mittelbare; man kann Begriffe nur vermittelst der Anschauungen auf Gegenstände beziehen. Hieraus folgt freilich noch nicht, daß jeder Begrif vermittelst einer Anschauung auf einen Gegenstand bezogen werden kann, denn es giebt Begriffe, die keinen Gegenstand haben, auf den sie bezogen werden können, Begriffe ohne Inhalt, leere Begriffe; wir behaupten blos, daß wenn ein Begrif auf einen Gegenstand bezogen werden kann, dies nicht unmittelbar, sondern erst mittelbar, vermittelst der Anschauung, geschehen müsse. Ein Begrif begreift also mehrere Anschauungen unter sich (nicht in sich), oder kann sie wenigstens unter sich begreifen, er ist also die Vorstellung von einer Vorstellung des Objekts; denn selbst bei den leeren Begriffen täuscht man sich, und hält sie nur in sofern für Begriffe, als man glaubt, daß sie andere Vorstellungen unter sich enthalten, auf die sie bezogen werden können. — Auch kann man einen Begrif durch die Einheit erklären, durch welche Mannigfaltiges als verbunden vorgestellt wird. Der Begrif Mensch ist die Einheit, durch welche wir die Vorstellungen Cajus, Titus, Livius als verbunden denken.

ad

ad §. 18.

Dieser § zeichnet den systematischen Gang vor, den wir bei Abhandlung der Logik selbst zu nehmen haben, um die Gegenstände zu erschöpfen. Wir setzen nämlich voraus, was eigentlich in der Critik der reinen Vernunft bewiesen wird, daß man alles, was sich über einen jeden Gegenstand frei von aller Erfahrung sagen läßt, vollkommen erschöpfe, wenn man die Quantität, Qualität, Relation und Modalität desselben untersucht; einen Satz, der dadurch einigermaßen deutlich werden kann, wenn man bedenkt, daß alles, was sich über einen Gegenstand sagen läßt, in Urtheile gebracht werden muß, daß wenn ich, wie weiterhin bewiesen wird, ein Urtheil blos seiner Form nach betrachte, ich auf die vier genannte Stücke zu sehen habe, und so werden wir denn auch hier, da wir bei der reinen allgemeinen Logik von aller Erfahrung abstrahiren, auch bei jedem Gegenstand auf diese vier Stücke zu sehen haben.

Was den Ausdruck Modalität betrifft, so bezeichnet er das Verhältniß einer Vorstellung zum Erkenntnißvermögen, ob diese Vorstellung blos möglich, oder wirklich, oder nothwendig ist. Von der Revolution in Frankreich war die Vorstellung derselben blos möglich, jetzt ist sie wirklich.

Der Lehre von den Begriffen
Erste Abtheilung.
Von der Quantität der Begriffe.

ad §. 19.

Eine jede Quantität ist von doppelter Art, Quantität des Umfangs oder des Inhalts, extensive

tenſive oder intenſive Quantität; es wird alſo
auch die Quantität der Begriffe doppelt ſein müſſen, die Quantität des Umfangs eines Begrifs,
und die Quantität des Inhalts deſſelben. Bei
jener unterſucht man, wie viel Vorſtellungen ein
Begrif unter ſich, bei dieſen, wie viel er in ſich
enthält. Es wird alſo die Abtheilung von der
Quantität der Begriffe in zwei Abſchnitte zerfallen, wovon der eine den Umfang, der andere
den Inhalt betrift.

ad §. 20.

Ehe wir aber die Quantität der Begriffe ſelbſt
abhandeln, muß zuvörderſt eine Hülfsvorſtellung
erläutert werden, dies iſt die Vorſtellung Merkmal. Ein Merkmal iſt eine Theilvorſtellung, die
ein Erkenntnißgrund der ganzen Vorſtellung iſt.
Nicht jede Theilvorſtellung iſt ein Merkmal, nur
dann, wenn ſie dazu dient, die Vorſtellung ſelbſt
von andern zu unterſcheiden, erhält ſie dieſen
Namen, wo die Bezeichnung in unſerer Sprache
ſehr ausdrückend und angemeſſen iſt. So iſt z. B.
Vernunft ein Merkmal des Menſchen, d. h. eine
Theilvorſtellung von Menſch (worunter ich ein
Thier mit Vernunft verſtehe), die aber zugleich
dazu dient, den Begrif Menſch von den übrigen
Begriffen abzuſondern.

Ein Begrif enthält nun Vorſtellungen unter
ſich, wenn er in ihnen als Merkmal angetroffen
wird; in ſich, wenn ſie in ihm als Merkmal
angetroffen werden. Der Begrif Menſch enthält
die weißen, ſchwarzen, gelben und kupferfarbnen
unter ſich, denn alle haben das Merkmal Menſch
in ſich; ferner enthält der Begrif Philoſoph die
Vorſtellungen Kant, Ariſtoteles, Plato, Epikur
u. ſ. w. unter ſich, denn bei allen dieſen findet ſich
die Vorſtellung Philoſoph als Merkmal. Der
Begrif Menſch hingegen enthält die Vorſtellungen
Ver-

Vernunft und Thier in sich, weil sie in ihm als Merkmal angetroffen werden.

Die Vorstellungen, die ein Begrif unter sich begreift, bestimmen seinen Umfang (extensio), die er in sich faßt, seinen Inhalt (intensio). Je mehr Vorstellungen (Anschauungen oder Begriffe) ein Begrif unter sich begreift, desto größer ist sein Umfang, je mehr er in sich faßt, desto größer ist sein Inhalt.

I. Quantität des Umfangs der Begriffe.

ad §. 21. und 22.

Man theilte in den gewöhnlichen Logiken die Begriffe ihrem Umfange nach in einzelne, besondere und allgemeine, eine Eintheilung, die bei genauerer Untersuchung nicht Stich hält; denn erstlich giebt es keine einzelnen Begriffe; ein einzelner Begrif kann nur derjenige sein, der sich auf einen einzigen Gegenstand, d. h. auf eine einzige Anschauung bezieht. Nun ist aber ein Begrif eines Objekts jederzeit diskursiv, d. h. es werden aus einer gegebenen Anschauung Merkmale abgezogen und zusammen in eine Einheit des Bewußtseins verbunden; aber eben hieraus folgt, daß ein Begrif stets weniger Merkmale enthalten muß, als die Anschauung, von der er abgezogen worden ist, denn diese ist ganz durchgängig bestimmt, und hat also unendlich viel Merkmale. So viel Merkmale also auch immer ein Begrif enthalten mag, so wird er doch immer auf mehr als eine Anschauung passen müssen, weil man nicht bis ins Unendliche Merkmale verbinden kann. Es ist daher unmöglich, daß ein Begrif ein einzelner sei, schlechterdings auf einen und keinen andern Gegenstand passen könne. Die eigenthümlichen Namen (nomina propria) beweisen nichts gegen diese Behauptung, weil
sie

sie nicht Begriffe, sondern nur Bezeichnungen von Anschauungen sind. Zweitens fällt der Unterschied weg, der zwischen besondern und allgemeinen Begriffen gemacht worden ist. — Man nennt die Vorstellungen, die ein Begrif unter sich begreift, die Sphäre desselben. Man denkt sich die Sphäre gleichsam als ein Ganzes, wovon jede darin enthaltene Vorstellung als ein Theil angesehen wird. Nun begreift aber jeder Begrif alle Theile der Sphäre, die er bezeichnet, unter sich; folglich giebt es keine besondern Begriffe, sondern alle Begriffe sind allgemein.

ad §. 23.

Da alle Begriffe als solche in so fern einerlei Quantität des Umfangs haben, daß sie allgemein sind, d. h. alle Theile der durch sie bezeichneten Sphäre unter sich begreifen, so wird der Unterschied der Quantität der Begriffe nur dann gefunden werden, wenn man die Begriffe ihrer Sphäre nach untereinander vergleicht, wo denn demjenigen Begrif, der eine größere Sphäre hat, ein größerer Umfang beigelegt werden muß. — Ein Begrif, der einen andern unter sich begreift, wird in Beziehung auf diesen ein höherer, und dieser in Beziehung auf jenen ein niederer genannt. Der Begrif Thier begreift den Begrif Vogel unter sich. Ein Begrif aber ist unter dem andern entweder unmittelbar oder mittelbar enthalten. Unmittelbar ist Vogel unter Thier enthalten. Mittelbar Raubvogel. Ein Begrif, der mittelbar unter einem andern enthalten ist, wird vermittelst eines unmittelbar untergeordneten Begrifs, unter dem er enthalten ist, erst dem andern untergeordnet. In dem gegebenen Falle Raubvogel durch Vogel. Nun fällt in die Augen, daß der höhere Begrif von einem größern Umfange sein müsse, als der niedere, weil der niedere

Be=

Begrif nur einen Theil der Sphäre des höhern Begrifs einnimmt, und wenn also zwar alle die Vorstellungen, die unter dem niedern Begrif enthalten sind, auch unter dem höhern enthalten sein müssen, so werden doch umgekehrt unter dem höhern Begrif mehrere Vorstellungen stehen, die unter dem niedern Begrif nicht enthalten sind. So steht in dem gegebenen Beispiel die ganze Sphäre des Begrifs Vogel unter dem Begrif Thier, und macht einen Theil seiner Sphäre aus, aber die Sphäre des Begrifs Thier ist größer, denn darunter stehen noch Fische, Insekten, vierfüßige Thiere u. s. w.

Der höhere Begrif ist allemal in dem niedern als Merkmal enthalten; denn der niedere Begrif steht ganz unter dem höhern, und hat blos noch einige Merkmale mehr erhalten. Der Begrif Thier ist in dem Begrif Vogel ganz enthalten. Man wird also einen Begrif niedriger machen können, wenn man Merkmale hinzusetzt, und je mehr man hinzuthut, desto enger wird seine Sphäre werden. Da aber eine Anschauung nur einzeln ist, nur auf einen Gegenstand sich bezieht, diese aber eine unendliche Anzahl von Merkmalen enthält, so wird nie ein Begrif der absolut niedrigste sein können, weil es immer noch möglich sein wird, Merkmale hinzu zu thun, und die Sphäre des Begrifs zu verengen. — Ich setze zu dem Begrif Thier Merkmale hinzu und erhalte den Begrif Vogel, aus diesem durch Hinzusetzung von Merkmalen Raubvogel, aus diesem Adler, aus diesem Steinadler, und so kann ich das bis ins Unendliche fortsetzen. Freilich wird es zuweilen scheinen, als hätte ich nun schon alle Merkmale angegeben, wodurch ein Begrif allein auf Einen Gegenstand paßt, allein ich habe alsdann gewiß die noch fehlenden Merkmale nicht entdeckt, und es kann ein anderer dem

ge=

gegebenen Begriffe, doch noch eine andere Anschauung unterlegen, die von derjenigen verschieden ist, die ich ihm unterlege. Ein Begrif ist der absolut höchste, der unter keinem andern steht, in dem also kein anderer als Merkmal enthalten ist, d. h. der überhaupt weiter keine Merkmale enthält. Dies ist der Begrif eines Gegenstandes.

ad §. 24.

Ein höherer Begrif heißt Gattung, ein niederer Art. Der Begrif Thier ist Gattung, der Begrif Vogel Art. Die höchste Gattung ist diejenige, die keine Art einer andern Gattung ist. Es kann nun eine Gattung entweder absolut oder relativ die höchste sein. — Absolut ist sie die höchste, wenn alle möglichen Begriffe unter sie stehen müssen, und es überhaupt keinen Begrif giebt, dem sie untergeordnet wäre. Relativ ist eine Gattung die höchste, wenn unter einer bestimmten Art von Begriffen ein Begrif der höchste ist. — Die absolut höchste Gattung ist Gegenstand. — Eine relativ höchste Gattung ist z. B. der Begrif eines Mineralreichs, in Rücksicht auf unorganisirte Körper. Die Art ist die niedrigste, die nicht wieder als Gattung, in Rücksicht auf eine noch unter ihr enthaltene Art, angesehen werden kann. Aus dem obigen aber erhellet, daß wenn gleich in der Natur es doch im Denken keine Art giebt, die die absolut niedrigste genannt werden könnte, weil sich immer noch Merkmale zu einem gegebenen Begrif werden hinzu thun lassen, wodurch ihm eine Art verschaft wird.

ad §. 25.

Der im §. angegebene Unterschied zwischen einem weitern und engern Begrif ist leicht faßlich.

lich. Thier ist ein weiterer, Vogel ein engerer Begrif. Ich will hierbei blos noch anmerken, daß wenn man die Begriffe in Rücksicht ihres Umfangs vergleichen will, so kann man dies nur bei einander untergeordneten Begriffen thun, weil sich bei den Begriffen selbst nicht bestimmen läßt, wie viel einzelne Vorstellungen unter jedem gedacht werden können (nicht enthalten sind, denn die Logik handelt nur von der Möglichkeit der unter einem Begrif enthaltenen Vorstellungen, bekümmert sich um die Wirklichkeit nicht), und man kann also nur den größern oder weitern Umfang dadurch bestimmen, wenn man angiebt, daß die Sphäre des einen, ein Theil der Sphäre des andern Begriffes ist.

II. Quantität des Inhalts der Begriffe.

ad §. 26.

Wenn man nach der Quantität des Inhalt eines Begriffes frägt, so sieht man auf die Merkmale, die er in sich enthält, nicht auf die Vorstellungen, die er unter sich begreift, und giebt demjenigen eine größere Quantität des Inhalts, der mehrere, und dem eine kleinere, der weniger Merkmale in sich enthält. So hat der Begrif Thier eine kleinere Quantität des Inhalts als der Begrif Vogel.

ad §. 27.

Man theilt die Begriffe der Quantität des Inhalts nach in einfache und zusammengesetzte, jene enthalten keine Merkmale, diese enthalten dergleichen. Die Begriffe Sein, Einheit u. s. w. sind einfach, d. h. es lassen sich von ihnen keine Merkmale angeben. Der Begrif Mensch hinge= gen ist zusammengesetzt aus den Merkmalen Thier und Vernunft.

ad

ad §. 28.

Die Quantität des Umfangs eines Begrifs steht also mit der Quantität des Inhalts in einem umgekehrten Verhältniß, d. h. je größer der Umfang, desto kleiner ist der Inhalt eines Begrifs, und umgekehrt, je größer der Inhalt ist, desto kleiner ist der Umfang. Denn je mehrere Merkmale zu einem Begriffe hinzu kommen, desto bestimmter und eingeschränkter wird seine Sphäre. — Der Begrif Thier ist weiter wie der Begrif Vogel, enthält aber auch weniger Merkmale, wie er. Der allerhöchste Begrif enthält am meisten unter sich, am wenigsten in sich.

§. 29. bedarf keiner Erläuterung.

ad §. 30.

Dinge sind unterschieden, wenn sie nicht eben dieselben sind. Das, woran man erkennt, daß Dinge nicht dieselben sind, heißen Merkmale desselben. Spricht man nun vom Unterschied der Begriffe, in Rücksicht auf ihre Quantität des Inhalts, so versteht man darunter die Merkmale, woran man erkennt, daß die Begriffe nicht dieselben sind. — Dienen die Merkmale dazu, einzelne Gegenstände zu unterscheiden, so heißt der Unterschied individuell oder numerisch. So ist der Unterschied zwischen Cajus und Titus ein individueller. Unterscheidet man die Arten einer Gattung, so ist der Unterschied specifisch, z. B. wenn man Vögel und Fische, die beide unter der Gattung Thier stehen, unterscheidet, Der Unterschied der Gattungen unter einer höhern heißt endlich der generische Unterschied.

Ehe ich zur Lehre von der Qualität der Begriffe übergehe, will ich noch einige Kunstausdrücke, die bei der Quantität des Inhalts zu merken sind, angeben. Die nächste Art (species proxima) heißt derjenige niedere Begrif, der einem andern unmittelbar untergeordnet ist; das nächste Geschlecht (genus proximum), ein höherer Begrif, dem ein anderer unmittelbar untergeordnet ist; so ist Vogel die nächste Art von Thier, und Thier das nächste Geschlecht von Vogel. Entferntere Geschlechter genera remota) heißen höhere Begriffe, in Rücksicht der ihnen mittelbar untergeordneten Begriffe; so ist organisirtes Wesen ein entferntes Geschlecht von Vogel. Entferntere Arten species remotae) hinwiederum, sind niedere Begriffe in Beziehung auf die höhern, denen sie untergeordnet sind: z. B. Vogel in Rücksicht organisirter Wesen. Subalterngeschlechter und Subalternarten sind die Mittelglieder zwischen dem höchsten Geschlecht und der niedrigsten Art, wie Thiere, Vögel, Raubvögel, Adler zwischen organisirte Körper und Steinadler. Alle Gattungen, die unter einem Geschlechte stehen, aber nicht einander untergeordnet sind, heißen Nebengattungen (cospecies); so sind die Pflanzen und Thiere Nebengattungen, denn sie stehen unter dem Geschlechte der organisirten Körper, und sind einander nicht untergeordnet. — Dinge, die zu einem Geschlecht gehören, heißen gleichartig oder gleichschlechtig (homogenea); so wie diejenigen, die zu verschiedenen Geschlechtern gehören, ungleichartig oder ungleichschlechtig (heterogenea) genannt werden.

Der

Der Lehre von den Begriffen
Zweite Abtheilung.
Von der Qualität der Begriffe.

ad §. 31.

Unter Qualität der Begriffe verſteht man den Grad des Bewußtſeins, der mit ihnen ſelbſt oder mit ihren Merkmalen verknüpft iſt. Es kömmt hier nicht wie bei der intenſiven Quantität auf die Menge der Merkmale an, die in einem Be⸗ griffe ſich finden, ſondern ob und wie man ſich derſelben bewußt iſt.

ad §. 32. 33. und 34.

Eine Vorſtellung, deren wir uns gar nicht bewußt ſind, iſt für uns keine Vorſtellung, und es wird alſo eine jede Vorſtellung mit Bewußt⸗ ſein verknüpft ſein müſſen. Dieſes Bewußtſein iſt aber von doppelter Art, ein unmittelbares oder ein mittelbares; bei jenem iſt das mit der Vorſtellung verknüpfte Bewußtſein hinreichend, die Vorſtellung von andern zu unterſcheiden, bei dieſem iſt es zu ſchwach, als daß es mich in den Stand ſetzen ſollte, die Vorſtellung von andern zu unterſcheiden; es wird das Daſein einer ſol⸗ chen Vorſtellung blos durch ihre Wirkung erkannt, und man bringt es erſt durch einen Schluß her⸗ aus. Vorſtellungen, die nur ein mittelbares Bewußtſein bei ſich führen, heißen dunkle, die⸗ jenigen, die mit einem unmittelbaren Bewußt⸗ ſein verknüpft ſind, nichtdunkle Vorſtellungen. — Es tritt ein Fremder, den ich noch nie ſahe, in mein Zimmer, etwas (ein je ne ſais quoi ſagt der Franzoſe) zieht mich unwiderſtehlich an, ich liebe ihn, ohne mir irgend einen Grund davon angeben zu können. Dieſer Grund muß aber doch

vorhanden und eine Vorstellung sein, deren ich
mir aber nicht unmittelbar bewußt bin, sie ist
also dunkel. Der Mann hat vielleicht eben den
Bug der Nase, eben den Blick im Auge, eben
die Züge, die einer meiner liebsten Jugendfreun=
de hatte, nur ich kann dieß nicht angeben. So=
bald man sich dieser Vorstellung unmittelbar be=
wußt wird, so hört sie auf, dunkel zu sein.

Was ich hier so eben von der Eintheilung der
Vorstellungen in dunkle und nichtdunkle gesagt
habe, läßt sich leicht auf die Begriffe anwenden.
Begriffe heißen dunkel wenn sie nur ein mittelba=
res Bewußtsein, nichtdunkel, wenn sie ein unmit=
telbares Bewußtsein bei sich führen. Die dun=
keln Begriffe werden nicht weiter eingetheilt; die
nichtdunklen aber zerfallen in zwei Arten, in
deutliche und undeutliche. Ein Begrif ist deut=
lich, wenn man sich der Merkmale desselben be=
wußt ist, sie angeben kann; so habe ich z. B.
einen deutlichen Begrif vom Menschen, weil ich
sagen kann, er ist ein vernünftiges Thier, wo
ich also die beiden Merkmale, Vernunft und
Thier angeben kann, folglich mir derselben be=
wußt bin.

Bin ich mir aber keiner Merkmale eines Be=
grifs bewußt, und kann sie also auch nicht ange=
ben, so habe ich einen undeutlichen Begrif. So
hat der gemeine Mann einen undeutlichen Be=
grif von Recht und Unrecht; erzählt ihm, daß
ein Prinz eine große Menge Bosheiten verübte,
daß die Obrigkeit ihn aber deßhalb nie bestrafe,
weil er ein Prinz war, so werden alle schreien,
das ist Unrecht; fahrt fort zu erzählen, daß end=
lich das Volk zu heftig von ihm gedrückt, und
bis aufs schrecklichste gepeinigt, die Obrigkeit
gezwungen, ihn nach den Gesetzen zu richten,
und daß er gleich einem andern Missethäter be=
straft sei, so werden alle sagen, das ist Recht,
nun

nun aber fragt einmal den gemeinen Mann, was ist überhaupt Recht und Unrecht? so wird er sagen, Recht ist das — was Recht ist, und Unrecht — was Unrecht ist. Er ist sich also zwar der Begriffe von Recht und Unrecht unmittelbar bewußt, aber er kann keine Merkmale davon angeben.

Von den undeutlichen Begriffen kann man nun entweder deshalb keine Merkmale angeben, weil sie keine enthalten, d. h. weil sie einfach sind, dann heißen die Begriffe klare, oder es sind zwar Merkmale in dem Begriffe enthalten, aber man kann sie nicht im Bewußtsein von einander absondern und unterscheiden; dann heißen die Begriffe verworrene. So haben die Begriffe Einheit, Sein, Nichtsein u. s. w. Klarheit, ich bin mir ihrer zwar unmittelbar bewußt, aber ich kann keine Merkmale angeben, und das deshalb, weil sie keine in sich enthalten. Die Begriffe von Recht und Unrecht enthalten wirklich Merkmale, wenn also der gemeine Mann diese Merkmale nicht angeben kann, so kommt dies blos daher, weil er sie im Bewußtsein nicht unterscheidet.

Man kann dunkle Vorstellungen zu nichtdunkelen erheben, wenn man seine Aufmerksamkeit darauf richtet. Wie es eigentlich zugehe, daß eine dunkle Vorstellung aufhört dunkel zu sein, d. h. in das unmittelbare Bewußtsein aufgenommen wird, ist nicht erklärbar, aber es gehört dies auch nicht in die Logik, sondern in die Anthropologie. Umgekehrt aber werden auch viele nicht dunkle Vorstellungen dunkel, d. h. der Grad des Bewußtseins, der mit ihnen verknüpft ist, wird immer schwächer und schwächer, bis das Bewußtsein aufhört unmittelbar zu sein. Auch hier haben wir auf die Frage, wie geht die zu? keine Antwort zu geben, und von der Logik darf man

man auch keine Beantwortung dieser Frage erwarten. —

Die klaren Vorstellungen kann man nicht zu deutlichen machen, weil sie keine Merkmale enthalten, aber mit den verworrenen geht dies an, sobald man nur ihre Merkmale von einander absondert und ins Bewußtsein bringt. Wie man es anzufangen habe, verworrene Vorstellungen zu deutlichen zu erheben, muß in der angewandten allgemeinen Logik gezeigt werden.

Die §. 33. gelieferte Tabelle wird die Uebersicht der Eintheilung der Begriffe nach der Qualität erleichtern. Zur Erklärung derselben ist nichts hinzuzusetzen.

ad §. 35.

Ein Begrif kann eine doppelte Deutlichkeit haben, eine logische und ästhetische. Logisch ist ein Begrif deutlich, wenn ich seine Merkmale angebe, wie dies z. B. der Fall ist, wenn ich sage, der Mensch ist ein vernünftiges Thier. Diese Deutlichkeit ist discursiv, vom Verstande erzeugt, man nennt sie Deutlichkeit durch Begriffe. Ihr entgegen steht die ästhetische Deutlichkeit, Deutlichkeit durch Anschauung. Ein Begrif wird ästhetisch deutlich, wenn ich ihn in einer Anschauung darstelle; sie ist also intuitiv, und ein Werk der Einbildungskraft. Ich spreche über eine vollkommene Republik, und setze auseinander, was sie für Eigenschaften haben müßte, dann ist mein Begrif logisch deutlich; ästhetisch deutlich wird er, wenn ich ein Beispiel diesem Begrif unterlege, z. B. von der französischen Republik zeige, in wiefern sie diese Eigenschaft hat, und in wie fern nicht. Die Logik, die sich allein mit dem Denken und nicht mit dem Anschauen beschäftigt, kann nur die erstere zum Zweck haben.

ad

ad §. 36.

Die Deutlichkeit (wir reden immer nur von der logischen) eines Begrifs hat mehrere Grade. Ein Begrif hat Deutlichkeit vom ersten Grade, wenn ich seine unmittelbaren Merkmale, vom zweiten, wenn ich die Merkmale seiner Merkmale, vom dritten, wenn ich von diesen wiederum Merkmale u. s. w. angebe. So hat der Begrif Mensch Deutlichkeit vom ersten Grade, wenn ich sage, er ist ein vernünftiges Thier, löse ich die Merkmale vernünftig und Thier wieder in ihre Merkmale auf, und sage, ein Thier ist ein organisirtes Wesen, was mit dem Leben Empfindung verbindet, von innen wächst und sich nach Vorstellungen bewegt; vernünftig ist das, was ein thätiges Vorstellungsvermögen besitzt, so hat mein Begrif vom Menschen Deutlichkeit vom zweiten Grade. Und so könnte ich nun wiederum die Merkmale organisirter Wesen, Leben, Empfindung, wachsen, Bewegung u. s. w. auflösen, und dem Begriffe Mensch eine Deutlichkeit vom dritten Grade verschaffen.

ad §. 37.

Zur Deutlichkeit eines Begrifs vom ersten Grade gehört ein Urtheil, vom zweiten und höhern Graden ein Schluß. Es muß dieser Satz hier der Vollständigkeit wegen mitgenommen werden, ob er gleich erst dann vollkommen deutlich werden wird, wenn wir die Lehre von den Urtheilen und von den Schlüssen abgehandelt haben.

Ich unterscheide in einem Begriffe A die Merkmale b und c, so muß ich sagen A ist b, und A ist c, d. h. ich fälle über A ein Urtheil. Wenn ich in dem Begriffe Mensch die Merkmale Thier und Vernunft unterscheide, so fälle ich die beiden Urtheile, der Mensch ist ein Thier, und

C 4   der

der Mensch ist ein vernünftiges Wesen. Der Begrif, der deutlich gemacht wird, ist allemal das Subjekt des Urtheils (das, von dem etwas ausgesagt wird), und die Merkmale die Prädikate dieses Urtheils (das, was von diesem Begriffe ausgesagt wird).

Deutlichkeit vom zweiten Grade, wird durch einen Vernunftschluß herausgebracht. Denn man legt die mittelbaren Merkmale dem Begriffe bei, weil sie die unmittelbaren Merkmale von Merkmalen sind, die ihm unmittelbar beigelegt werden.

$$A \text{ ist } a$$
$$a \text{ ist aber } \alpha \text{ und } \beta$$

also ist A auch α und β
Der Mensch ist ein Thier.
Ein Thier ist ein organisirtes Wesen mit Empfindung u. s. w.

Also ist der Mensch ein organisirtes Wesen mit Empfindung u. s. w.

Bei der Deutlichkeit vom dritten und noch höhern Grade, werden bloß diese Schlüsse zusammengesetzte, wie dies jeder leicht einsehen wird.

ad §. 38.

Die dunklen Begriffe sind kein Gegenstand der Logik, sondern müssen in der angewandten Logik und in der Anthropologie abgehandelt werden; denn da man sich derselben nicht unmittelbar bewußt ist, so kann man sie auch nicht prüfen, ob sie den Gesetzen des Denkens gemäß sind. In der angewandten Logik muß gezeigt werden, wie man es anzufangen habe, sie ins unmittelbare Bewußtsein zu rufen, und in der Anthropologie muß man ihren Einfluß auf Erkenntniß,

Gefühl

Gefühl der Luſt und Unluſt, Begehrungsvermögen, auf den Körper u. ſ. w. zeigen.

    Klare und verworrene Begriffe, wo man nicht
auf Merkmale zu ſehen hat, giebt der Verſtand,
deutliche vom erſten Grade die Urtheilskraft,
vom zweiten und höhern Grade die Vernunft.

ad §. 39.

    Sieht man bei der Deutlichkeit der Begriffe
auf die Art, wie ſie deutlich geworden ſind, ſo
theilt man ſie in die analytiſche und ſynthetiſche
Deutlichkeit. Iſt mir der Begrif vorher gegeben,
und ſuche ich die in ihm enthaltenen Merkmale
auf, ſo heißt die Deutlichkeit, die dadurch hervorgebracht wird, analytiſche Deutlichkeit. Ich
habe z. B. den Begrif Charakter, und ich will
den Begrif deutlich machen; ſo ſehe ich unter
welchen Umſtänden ich jemand Charakter beilege,
und da findet ſich denn, daß dies nur geſchieht,
wenn die Regeln des Handels, die er ſich vor-
ſchreibt, dauernd und nicht wandelbar ſind; ich
ſehe alſo Charakter iſt handeln nach unwandel-
baren Maximen; der Begrif Charakter iſt alſo
deutlich, in ſo fern ich ihn aber, um ihn deutlich zu machen, auflöſen muß, heißt er analy-
tiſch deutlich. — Die Kunſt, gegebene Begriffe
bei andern deutlich zu machen, iſt der Zweck der
ſokratiſchen Methode. — Synthetiſch hingegen
wird ein Begrif deutlich, wenn er mit den Merkmalen zugleich gegeben wird. Dies iſt der Fall
bei allen willführlichen Begriffen, wenn ich ſage,
ich will unter tranſcendenter Vorſtellung diejenige
verſtehen, die über alle Erfahrung hinausliegt,
deren Gegenſtand in keiner Erfahrung gegeben
werden kann, ſo iſt dieſer Begrif ſynthetiſch
deutlich. Die Mathematik ſagt, ich nenne einen
Ausſchnitt den Theil des Cirkels, der von zwei
Halbmeſſern und einen Bogen begrenzt wird,

hier wird der Begrif mit den Merkmalen zugleich
gegeben. —

Alle Erfahrungserkenntnisse sind synthetisch
deutlich. Quecksilber ist flüßig, dann setzt die
Erfahrung hinzu, Metall, dann es verdampft
im Feuer, dann es giebt mit Schwefel vereinigt
Zinnober u. s. w., so daß der Begrif mit jedem
hinzugesetzten Merkmal vollständiger wird.

Auf diesen Unterschied der analytischen und
synthetischen Deutlichkeit beruhen die Redensar-
ten einen Begrif deutlich machen und einen
deutlichen Begrif erzeugen. Jenes geschieht
durch das Aufsuchen der Merkmale, die in der
Einheit des Begrifs als verbunden gedacht werden, ist Analysis, dieses, durch das Zusammenfassen der Merkmale in die Einheit des Begrifs,
und ist Synthesis.

Man kann keine Auflösung vornehmen, wenn
nicht eine Synthesis vorangegangen ist; und also
geschieht bei der analytischen Deutlichkeit der Begriffe eigentlich nichts, als daß die in eine Einheit verbundenen Merkmale eines Begriffes ins
Bewußtsein gebracht werden. Freilich ist man
sich einer solchen vorhergegangenen Synthesis oft
nicht unmittelbar bewußt. — Die Analysis ver-
mehrt die Erkenntnisse eigentlich nicht, aber es
vervollkommnet sie, und man kann zur Gründlichkeit der Erkenntniß der Analysis nicht entbehren.

ad §. 20.

Ist man sich aller Merkmale bewußt, die den
Begrif ausmachen, so heißt er ausführlich deutlich. Der Begrif von einem Ausschnitt, er ist
ein Theil eines Cirkels, den zwei Radien und
ein Bogen begrenzen, ist ausführlich deutlich;
nicht ausführlich würde er sein, wenn ich sagte,
ein Ausschnitt sei ein Stück des Cirkels; denn
alsdann mangeln noch mehrere zum Begrif ge-
hörige Merkmale.

Kömmt

Kömmt in einem solchen ausführlich deutli=
chen Begrif ein Merkmal zweimal vor, so ist er
nicht präcis, denn unter Präcision versteht man
diejenige Vollkommenheit, welche verhindert,
daß nicht zu viel Merkmale im Bewußtsein vor=
kommen. Sagt man z. B. ein Ausschnitt ist ein
Stück des Cirkels, der aus zwei gradlinigten
Halbmessern und aus einem krummen Bogen be=
steht, so ist der Begrif nicht präcis, denn in dem
Begriffe Halbmesser liegt, daß er eine gerade Li=
nie, und in dem Begriffe eines Bogens, daß er
eine krumme Linie ist. — Ein ausführlich deut=
licher und präciser Begrif heißt eine Definition.
Die Lehre von den Definitionen aber gehört in die
Methodenlehre.

Der Lehre von den Begriffen
Dritte Abtheilung.
Von der Relation der Begriffe.

ad §. 41.

Wenn man von der Relation der Begriffe
spricht, so kann dies auf eine dreifache Art ge=
schehen; man untersucht nämlich entweder 1) das
Verhältniß der Begriffe zu den Gesetzen des Den=
kens (formale, logische Wahrheit), oder 2) das
Verhältniß der Begriffe zu den Objekten, die sie
unter sich begreifen (materiale Wahrheit), oder
3) das Verhältniß der Begriffe untereinder. Ich
habe z. B. den Begrif einer Maschiene, wodurch
ich fliegen kann; da kann ich zuerst fragen, ist so
ein Begrif an und für sich den Gesetzen des Den=
kens gemäß (logisch) möglich, enthält er nicht
etwa einen Widerspruch, wie der eines vierecktig=
ten Cirkels; dann untersuche ich die logische
Wahrheit. Ferner kann ich untersuchen, ob es
wirk=

wirklich eine solche Maschiene giebt, und wenn
dies ist, ob mein Begrif, den ich von ihr habe,
mit ihr zusammen stimmt (materiale Wahrheit
hat); und endlich drittens kann ich noch fragen,
in welchem Verhältniß dieser Begrif zu den übri=
gen steht, und da werde ich denn z. B. finden,
daß er unter dem Begrif der Kunstprodukte, und
zwar der mechanischen, gehört u. s. w.

ad §. 42.

Die formale Wahrheit der Begriffe ist aller=
dings ein Gegenstand der Logik, da diese sich
mit den Gesetzen des Denkens beschäftigt, allein
wir wollen sie bei der Lehre von den Verstandes=
schlüssen, wo wir noch einmal auf diesen Gegen=
stand stoßen werden, abhandeln, und übergehen
sie also hier mit Stillschweigen. Was aber die
materiale Wahrheit, d. h. das Uebereinstimmen
des Begrifs mit den Objekten, die sie unter sich
begreifen, betrift, so ist sie kein Gegenstand der
allgemeinen Logik, weder der reinen noch der
angewandten, die von dem Unterschied der Ob=
jekte ganz und gar abstrahirt. Man kann aber
auch überhaupt kein allgemeines Kennzeichen
der materialen Wahrheit angeben, weil der Be=
grif eines allgemeinen Kennzeichens der materia=
len Wahrheit einen Widerspruch in sich schließt.
Denn materiale Wahrheit besteht in der Ueber=
einstimmung eines Begrifs mit bestimmten Ob=
jekten. Ein Begrif hat materiale Wahrheit, nicht
wenn er überhaupt einem Objekte zukommt, son=
dern wenn er mit einem bestimmten Objekte zu=
sammen stimmt; mein Begrif vom Menschen hat
materiale Wahrheit, wenn er wirklich auf den
Menschen paßt, nicht wenn er irgend einem Ob=
jekte angemessen ist. Ein allgemeines Kennzei=
chen der materialen Wahrheit wäre aber ein sol=
ches, was für alle Objekte ohne Unterschied gelte;
es

es ist also dies ein offenbarer Widerspruch. Also lassen sich keine allgemeinen Criteria der materialen Wahrheit angeben; in der Anthropologie werden zwar einige Regeln in Rücksicht derselben gegeben; sie bestimmen aber blos negativ, wenn einem Begriffe keine materiale Wahrheit beigelegt werden kann.

ad §. 43.

Verhältniß (relatio) ist ein Prädikat, was einem Dinge nicht an und für sich selbst zukommt, sondern ihm nur in so fern beigelegt werden kann, als noch etwas anders gesetzt wird. So ist z. B. größer ein Verhältniß, denn man kann von einem Dinge nur dann sagen, es sei größer, wenn noch etwas anders gesetzt wird, mit dem jenes in Rücksicht der Größe verglichen wird. Hieraus erhellet, daß, wenn man gleich das zu vergleichende Ding unverändert läßt, dasjenige aber, womit man es vergleicht, ändert, das Verhältniß doch geändert wird. Sokrates lebte später als Pythagoras und früher als Aristoteles. — Ein Begrif steht also mit einem andern in Verhältniß, wenn in ihm gewisse Bestimmungen ohne den andern nicht möglich sind. Wenn ein Begrif dem andern untergeordnet ist, so ist dies ein Verhältniß, denn dies kann nur statt finden, so bald beide gesetzt werden, und wenn der eine Begrif, dem ein anderer untergeordnet ist, aufgehoben wird, so wird das ganze Verhältniß aufgehoben. So ist z. B. der Begrif Vogel dem Begrif Thier untergeordnet, da es hingegen im Verhältniß mit dem Begriffe Adler, den letztern unter sich enthält.

ad §. 44.

Die Verhältnisse überhaupt sind von doppelter Art, entweder die der Vergleichung, oder der Ver-

Verknüpfung. Unterfucht man, ob und in wie
fern die Vorstellungen in einem Bewußtsein zufammenfallen oder nicht, so vergleicht man die
Vorstellungen. Z. B. wenn ich fage, ein Hund
ist kleiner als ein Elephant, so vergleiche ich die
Größe des Hundes mit der Größe des Elephan-
ten, und fehe, in wie fern sie zufammenfallen. —
Unterfucht man, wie sich zwei Vorstellungen zur
Einheit des Mannigfaltigen im Bewußtsein erhalten, ob sie sich in einem Bewußtsein verknüpfen
laffen oder nicht, so erhält man ein Verhältniß
der Verknüpfung.

ad §. 45. und 46.

Verhältniffe der Vergleichung der Begriffe.
Diefe sind Einerleiheit und Verfchiedenheit.
Begriffe sind einerlei (identisch), wenn sie in
einem Bewußtsein zufammenfallen; verfchieden,
wenn sie nicht in einem Bewußtsein zufammenfallen. Gefchieht die Vergleichung nicht mit einfachen, sondern mit zufammengefetzten Begriffen,
fo sind die Begriffe einerlei, wenn sie gleiche;
verfchieden, wenn sie verfchiedene Merkmale haben. So ist ein Dreieck und eine dreifeitige Figur einerlei; ein Dreieck und eine vierfeitige Figur verfchieden.

Die identifchen Begriffe sind nun wieder entweder ganz oder zum Theil einerlei, im erften
Fall haben sie alle Merkmale mit einander gemein,
wie z. B. Dreieck und dreifeitige Figur, im zweiten aber haben sie nur einige Merkmale mit einander gemein, wie z. B. Thier und Vogel. Begriffe, die vollkommen identifch sind, laffen sich
einer für den andern fetzen, wie Dreieck und
dreifeitige Figur, und sie erhalten daher den Namen Wechfelbegriffe (conceptus reciproci).

ad

ad §. 47.

Man versteht unter der Sphäre eines Begrifs alle die Vorstellungen, die ein Begrif unter sich faßt. Vorstellungen nun, die eine gleiche Sphäre haben, heißen gleichgeltend. Folglich werden alle ganz identische Begriffe gleichgeltend sein müssen, und umgekehrt, alle gleichgeltende Begriffe sind Wechselbegriffe. Unter Dreieck stehen eben so viel Vorstellungen, als unter dreiseitige Figur.

ad §. 48.

Begriffe, die unter der Sphäre eines andern enthalten sind, nennt man subordinirt; wie z. B. Thier und Vogel. Sie sind nun entweder unmittelbar oder mittelbar subordinirt. Unmittelbar, wenn sie nicht erst wieder einem andern Begriffe untergeordnet sind, der unter dem ersten steht, mittelbar, wenn dies der Fall ist. So sind Thier und Vogel unmittelbar, Thier und Adler mittelbar subordinirt. — Begriffe, die zusammengenommen entweder die Sphäre eines Begrifs, oder den Begrif selbst bestimmen, heißen coordinirt. So ist Vogel und Fisch coordinirt, denn sie sind beide Theile der Sphäre des Begrifs Thier; ferner Kenntniß und Rechtschaffenheit, die beide in dem Begriffe eines schätzenswerthen Mannes verbunden (als Merkmale) gedacht werden können.

ad §. 49.

Subordinirte Begriffe sind nicht vollkommen, sondern nur zum Theil identisch: denn der Begrif, dem der andere untergeordnet ist, ist in dem letztern zwar enthalten, aber jener enthält noch mehrere Merkmale. Der Begrif Thier ist in dem Begrif Vogel ganz enthalten, und in so fern

sind

sind beide identisch; aber sie sind nicht Wechselbegriffe, weil in dem Begriffe Vogel ausser dem
Begriffe Thier mehrere Merkmale enthalten sind.
Daß subordinirte Begriffe nicht Wechselbegriffe
sind, erhellet auch schon daraus, weil der subordinirte Begrif eine kleinere Sphäre hat, als
derjenige, dem er untergeordnet ist, sie also
beide nicht gleichgeltend sind, welches doch erforderlich ist, wenn Begriffe ganz identisch sein
sollen.

Ein Begrif, der eine kleinere Sphäre hat,
als ein anderer heißt enger, der eine größere
hat weiter. Folglich ist ein Begrif jederzeit
weiter als der ihm untergeordnete, und der subordinirte jederzeit enger als der, denen er untergeordnet ist. Der Begrif Thier ist weiter als der
Begrif Vogel, und der Begrif Adler enger als
der Begrif Vogel, denn dem Begrif Thier ist
der Begrif Vogel, und der Begrif Adler dem
Begrif Vogel untergeordnet.

ad §. 50.

Die coordinirten Begriffe sind von doppelter
Art, entweder sie machen zusammen genommen
die Sphäre eines Begrifs aus, dann heißen sie
disjunkte Begriffe, oder es sind verschiedene
Merkmale eines Begrifs, dann heißen sie disparate. So sind vernünftige und unvernünftige
Thiere disjunkte Begriffe, denn sie bestimmen
zusammen die Sphäre des Begrifs Thier. Gerecht und flug aber sind disparate Begriffe, in
so fern man sie als Merkmale des Begrifs eines
vollkommenen Menschen anzusehen hat. — Disjunkte und disparate Begriffe können nur zum
Theil, nicht ganz identisch sein; jene nicht, weil
sie als verschiedene Theile einer Sphäre verschieden sein müssen, sie sind nur in so fern identisch,
als in ihnen der Begrif, dem sie untergeordnet
sind,

sind, als Merkmal vorkommt. Vogel, Fisch, vierfüßig Thier, Insekt u. s. w., die zusammengenommen die Sphäre des Begrifs Thier bestimmen, sind nur in so fern identisch, als in ihnen der Begrif Thier als Merkmal angetroffen wird; aber jedem kömmt doch für sich ein besonderes Merkmal zu, was ihn von den übrigen unterscheidet, und wodurch es fähig wird, ein besonderes Glied der Vorstellungen zu sein, die die Sphäre des Begrifs Thier ausmachen.

Aber auch die disparaten Begriffe können nicht völlig identisch sein; sie sollen den Begrif selbst ausmachen, müssen also an sich verschieden sein, weil sie sonst tavtologisch wären, und nichts zum Begriffe beitrügen; sie sind ganz verschieden, und haben blos Zusammenstimmung dadurch, daß man sie als Merkmale Eines Begrifs zu betrachten hat. — Der oben angeführte Fall von gerecht und klug, als Merkmale des Begrifs eines vollkommenen Menschen, kann auch hier zum Beispiele dienen.

ad §. 51.

Außer dem Verhältnisse der Vergleichung giebt es noch Verhältnisse der Verknüpfung Vorstellungen nun, die sich in Ein Bewußtsein verknüpfen lassen, heißen einhellig, zusammenstimmend, verträglich; so läßt sich die Vorstellung einer Figur mit drei Winkeln, und die Vorstellung einer Figur, die gerade Linien zu Seiten hat, sehr wohl in ein Bewußtsein verknüpfen, hier in der Vorstellung eines geradlinigten Dreiecks. Vorstellungen, die aber nicht zu einer Einheit zusammenstimmen, heißen entgegengesetzt, wie z. B. vernünftig und unvernünftig. — Die Verhältnisse der Verknüpfung geben also die Vorstellung der Einstimmung und des Widerstreits. Was hier von den Vorstel-

D

lungen überhaupt gesagt ist, läßt sich ganz leicht auf die Begriffe anwenden, wenn nur in den gegebenen Erklärungen jedesmal statt Vorstellung der Ausdruck Begrif gebraucht wird. So sind die Begriffe heilig, gütig und gerecht zusammenstimmend, sie lassen sich in der Idee der Gottheit als in einem Bewußtsein vereinigen. Die Begriffe von sterblich und unsterblich sind einander entgegengesetzt; sie lassen sich nicht zusammen in Ein Bewußtsein vereinigen.

ad §. 52.

Die Verhältnisse der Verknüpfung sind entweder logisch oder real; es giebt eine logische und eine reale Einhelligkeit, eine logische und eine reale Entgegensetzung. Bei dem logischen Verhältnisse sehe ich nur auf die Form der Begriffe, und nehme auf ihren Inhalt keine Rücksicht; beim realen Verhältnisse hingegen sehe ich auf den Inhalt, auf die Materie des Begrifs. Begriffe sind logisch einhellig, wenn sie sich in ein Bewußtsein verknüpfen lassen; real einhellig, wenn sie zusammen verknüpft die Vorstellung vermehren. Logisch entgegengesetzt sind Begriffe, wenn sie sich nicht in Ein Bewußtsein verbinden lassen; real entgegengesetzt, wenn sie zusammen genommen einander entweder ganz oder zum Theil aufheben. Die logische Entgegensetzung heißt Widerspruch, für die reale sollte man den Ausdruck Widerstreit aufbewahren. Zwei widersprechende (logisch entgegengesetzte, contradictorie opposita) Prädikate können nicht einem und demselben Objekte beigelegt werden; zwei widerstreitende (real entgegengesetzte, contrait opposita) Prädikate können einem und demselben Objekte beigelegt werden, obgleich eins aufhebt, was durch das andere gesetzt wird. So sind z. B. bewegt werden und nicht bewegt werden wider-
der-

derfprechend; aber nach Morgen bewegt werden
und nach Abend bewegt werden widerftreitend.
Jenes beides kann man nicht Einem Objekte beilegen, diefes kann man ihm beilegen, wenn gleich
das Setzen des einen die Folge des Setzens des
andern aufhebt.

Wir übergehen hier die reale Einftimmung und
den realen Widerftreit, weil die Logik auf den
Inhalt (die Materie) des Erkenntniffes nicht
fieht. Wer über den Unterfchied der logifchen
und realen Oppugnanz mehr nachzulefen wünfcht,
fehe Kants Verfuch, den Begrif der negativen
Größen in die Weltweisheit einzuführen.
Logifche Entgegenfetzung bezeichnet man durch
A und nonA, reale Entgegenfetzung durch † A
und — A.

ad §. 53.

Ein Begrif, durch welchen Etwas gefetzt wird,
heißt ein bejahender Begrif, fo wie derjenige,
durch welchen Etwas gefetztes aufgehoben wird,
ein verneinender Begrif genannt wird. Da die
Logik fich nun nicht um den Inhalt der Begriffe
bekümmern kann, fo kann es fich zutragen, daß
ein Begrif logifch bejahend ift, der doch, was
die Materie betrift, eigentlich eine Verneinung
enthält (dem Inhalte nach verneinend ift). Z. B.
ift der Begrif des Schattens logifch bejahend,
dem Inhalte nach hingegen verneinend, denn er
ift Mangel des Lichts; und fo kann umgekehrt
dem Inhalte nach ein Begrif bejahend fein, der
der Form nach verneinend ift, z. B. wenn man
der Seele Nicht-Sterblichkeit beilegt. — Ein
bejahender Begrif heißt eine Realität, ein verneinender eine Negation. Die Realität und
Negation kann nun, nach dem was oben gefagt
ift, doppelt fein, entweder der Form oder dem
Inhalte nach. — Wir drücken in unferer Sprache

die logische Verneinung durch das Wort nicht aus. —

Logische Realität und Negation eines und desselben Begrifs sind einander entgegengesetzt, denn man kann (der Natur unsers Verstandes nach) nicht dasselbe Ding setzen, und das Gesetzte aufheben. — Man kann nicht sagen, der Mensch ist sterblich und der Mensch ist nicht sterblich. —

Hieraus ergiebt sich ferner, daß allemal erst die Realität gedacht werden müsse, ehe man die Negation denkt, denn die Negation sagt bloß aus, daß man Etwas, was gesetzt worden (eine Realität, die also schon gedacht sein muß) aufheben solle. — Um Nicht = Sterblich zu denken, muß man vorher Sterblich gedacht haben. — So bald man aber eine Realität gedacht hat, kann man auch die ihr correspondirende Negation denken; mit andern Worten, von einem jeden bejahenden Begriffe läßt sich eine Verneinung denken.

ad §. 54.

Unter logischer Vereinigung versteht man das Zusammenfassen des Mannigfaltigen in der Einheit des Bewußtseins (in einem Begriffe.) Wenn ich z. B. Allmacht, Allwissenheit, Güte, Gerechtigkeit, Heiligkeit u. s. w. zusammenfasse in die Einheit des Begrifs der Gottheit, so ist eine logische Vereinigung vorgegangen. Da nun der logischen Bejahung nur die Verneinung entgegensteht, so werden sich alle Bejahungen logisch vereinigen lassen; denn man kann zu dem Gesetzten immer noch etwas hinzusetzen, und so nach und nach eine Einheit hervorbringen, die deshalb entstehen kann, weil keine Realität logisch die andre aufhebt. — Wenn zwei widersprechende Begriffe gegeben sind, so muß der eine von ihnen jedesmal eine logische Bejahung, der andere eine logische Verneinung sein. Ein Satz, der schon

ganz

ganz in dem, was vorhin gesagt wurde, ent=
halten ist.

ad §. 55.

Wenn ein Begrif sich findet, der nur Vernei=
nungen als Merkmale enthält, so ist er ein ver=
neinender Begrif (ens priuatiuum); so ist z. B.
der Begrif Finsterniß, von dem man nichts be=
jahendes aussagt, ein verneinender Begrif. Da
nun aber durch einen solchen verneinenden Be=
grif eigentlich nichts erkannt wird, so heißt er
leer, und weil man durch solche Negationen den
Begrif eigentlich blos ausschließt aus einer ge=
wissen Sphäre, und ihn unter die unendliche
Anzahl der noch übrigen Dinge versetzt, folglich
einem solchen Begriffe unendlich viel dergleichen
Merkmale beigelegt werden können, ohne daß
von ihm etwas ausgesagt wird, so heißt ein sol=
cher verneinender Begrif auch unendlich.

ad §. 56.

Ein Merkmal, was einem Begriffe nur in so
fern beigelegt wird, als man denselben in Ver=
hältniß mit andern Begriffen betrachtet, heißt
ein äußeres Merkmal, ihm entgegen steht das
innere Merkmal, welches einem Begriffe an und
für sich selbst beigelegt werden kann, ohne daß
man ihn im Verhältniß mit andern Begriffen be=
trachtet. So ist z. B. das Merkmal der Vernunft,
was man den Menschen beilegt, ein inneres
Merkmal; daß sie mehr Geschicklichkeit besitzen,
als die Thiere, ein äußeres Merkmal.

ad §. 57.

Diejenige Merkmale, die man nicht aufheben
kann, ohne den Begrif zu zerstören, die zu dem=
selben nothwendig gehören, heißen wesentliche
Stücke in weiterer Bedeutung, essentialia, und

so

so fern sie, wenn der Begrif nicht aufgehoben werden soll, unveränderlich sind, heißen sie **un-veränderliche Merkmale.** — Diese unveränderlichen, nothwendigen Merkmale müssen **innere Merkmale** sein; denn alle äußern Merkmale eines Begrifs können verändert werden, ohne daß der Begrif selbst verändert oder aufgehoben wird, wenn man diejenigen Begriffe, mit denen der gegebene Begrif verglichen wird, verändert; so kommt den Menschen das Merkmal des schnelleren Laufens zu, wenn man sie mit der Schildkröte vergleicht, und dies Merkmal wird abgeändert, und in das entgegengesetzte verwandelt, ohne daß der Begrif der Menschen verändert wird, wenn man sie mit den Pferden in Vergleichung bringt. — Den nothwendigen Merkmalen stehen die zufälligen, außerwesentlichen, veränderlichen entgegen, die nicht in dem Begriffe nothwendig enthalten sein müssen, die verändert werden können, ohne daß der Begrif selbst geändert wird. Vernunft ist ein nothwendiges Merkmal des Menschen; gelehrt sein, ein zufälliges Merkmal.

ad §. 58.

Unter **Wesen** versteht man dasjenige, was nothwendig zur Vorstellung eines Dinges, unter **Natur,** was nothwendig zur Existenz desselben gehört. Man muß vom Wesen eines Begrifs, eines Urtheils, einer Vorstellung u. s. w. und von der Natur der Pferde reden. Das Wesen eines Begrifs gehört in die Logik. Das logische Wesen eines Begrifs ist der Inbegrif der innern Merkmale desselben, wodurch er sich von allen andern unterscheidet, und worauf alle andern beruhen; so ist das logische Wesen des Begrifs Mensch, daß er ein Thier mit Vernunft ist. Diese innern Merkmale, die allen übrigen zum

Grunde

Grunde liegen, und wovon alle übrigen abgeleitet werden können, heißen grundweſentliche
Stücke (eſſentialia conſtitutiua), oder auch weſentliche Stücke in engerer Bedeutung. Dergleichen ſind in dem gegebenen Beiſpiel des Begrifs Menſch: die Merkmale Thier und Vernunft. —

Diejenigen innern Merkmale hingegen, die
aus den grundweſentlichen nothwendig folgen,
und aus ihnen abgeleitet werden können, heißen
Attribute oder eſſentialia conſecutiua. So folgt
z. B. aus dem Merkmale Thier, das dem Begriffe Menſch beigelegt werden muß, daß der
Menſch ein organiſirter Körper iſt, daß er Empfindung hat u. ſ. w. Aus dem Merkmale Vernunft folgt, daß er Begriffe bildet, urtheilt,
ſchließt, Zwecke ſich vorſetzt u. ſ. w. Alle dieſe
abgeleiteten Merkmale nun, die ebenfalls innere
ſind, und auch Nothwendigkeit bei ſich führen,
als organiſirter Körper, Empfindung haben, Begriffe bilden, urtheilen, ſchließen, Zwecke ſich
vorſetzen u. ſ. w., heißen Attribute, eſſentialia
conſecutiua. — Die grundweſentlichen Stücke
ſowohl, als die Attribute, ſind wieder von doppelter Art, entweder hat der Begrif ſie mit mehrern einer Gattung gemein, oder ſie kommen ihm
eigenthümlich zu, im erſten Fall heißen ſie ge-
meinſame, communia, im andern eigenthümliche, propria. So iſt es ein attributum com-
mune des Menſchen, daß er ein organiſirtes Weſen iſt, ein attributum proprium, daß er ſchließt.

ad § 59.

Die zufälligen Beſchaffenheiten zerfallen wieder in zwei Theile, in modi und relationes. Jenes ſind innere, dies äußere Merkmale. So
iſt gelehrt ſein eine zufällige Beſchaffenheit des
Menſchen, aber ein inneres Merkmal, ein mo-

dus,

dus, Vater sein auch eine zufällige Beschaffenheit, aber ein äußeres Merkmal, eine Relation. —

Folgende Tafel wird die Uebersicht des §. 56. bis §. 59. Gesagten erleichtern.

Merkmale eines Begrifs.

nothwendige, wesentliche				zufällige	
grundwesentliche		Attribute		innere	äußere
gemein= same,	eigen= thümliche.	gemein= same,	eigen= thümliche.	modi.	relationes.

Der Lehre von den Begriffen
Vierte Abtheilung.
Von der Modalität der Begriffe.

ad §. 60.

Man versteht unter Modalität einer Vorstellung, das Verhältniß derselben zum Vorstellungs= vermögen. Man untersucht nicht, wie die Vor= stellung selbst beschaffen ist, sondern nur wie sie sich zum Vorstellungsvermögen verhält. — Unter Modalität eines Begrifs also versteht man das Verhältniß desselben zum Verstande (als dem Vermögen der Begriffe). Begriffe werden nun durch einen Aktus des Verstandes hervorge= bracht, welcher Mannigfaltiges in eine Einheit verknüpft. Dieser Aktus kann nun entweder vorgenommen werden, dann ist der Begrif mög= lich, oder er ist vorgenommen worden, dann ist der Begrif wirklich, oder er muß vorgenommen werden, dann ist der Begrif nothwendig. — Ich bitte den Leser, was hier über die Modalität der Begriffe gesagt wird, nicht mit der Modalität

der

der Erkenntniß zu verwechseln. Eine Erkenntniß
ist (logisch) möglich, wenn die Vorstellung blos
gedacht wird, der Begrif sich davon vorfindet,
so habe ich eine mögliche Erkenntniß von einer
vollkommenen Republik; sie wird wirklich, wenn
der Vorstellung ein Gegenstand entspricht, d. h.
wenn der Begrif in einer Anschauung dargestellt
wird, und nothwendig endlich, wenn der Gegenstand durch die Vorstellung selbst gegeben
wird. — So haben wir eine wirkliche Erkenntniß von dem Saße, daß Quecksilber im Feuer
verdampft, und wir legen der Gottheit nothwendige Erkenntnisse bei. —

ad §. 61.

Ein Begrif ist möglich, wenn seine Merkmale
sich in einer Einheit des Bewußtseins vereinigen
lassen, die Merkmale, die verknüpft werden
sollen, sich nicht widersprechen; unmöglich hingegen, wenn die Merkmale desselben sich nicht
vereinigen lassen, sondern einander widersprechen. So ist der Begrif eines Menschen möglich, denn die Merkmale Thier und Vernunft
lassen sich in Einem Bewußtsein verknüpfen. Der
Begrif eines viereckigen Cirkels ist unmöglich,
denn viereckigt und Cirkel läßt sich nicht vereinigen. — Ist die Vereinigung der Merkmale schon
vor sich gegangen, so ist der Begrif wirklich. Für
den Hottentotten ist der Begrif der Philosophie
möglich, für uns wirklich. — Ist ein Begrif von
der Art, daß er, so bald der Verstand gebraucht
werden soll, ihn bilden muß, und seine Existenz
also mit dem Gebrauche des Verstandes selbst
genau und unzertrennlich zusammenhängt, und
durch ihn gegeben wird, so wird er nothwendig
genannt. So ist der Begrif der Ursach ein nothwendiger Begrif, d. h. der Verstand muß, wenn
er verknüpft, nach diesen Begriffen verknüpfen.

D 5   Den

Den nothwendigen Begriffen stehen die zufälligen entgegen. Diese hängen von der Erfahrung ab, da jene hingegen durch das Erkenntnißvermögen selbst gegeben sind: so ist der Begrif eines Menschen, eines Pferdes u. s. w. durch die Erfahrung gegeben und also zufällig.

In der ersten Anmerkung zu diesem §. wird darauf aufmerksam gemacht, daß man die Nothwendigkeit eines Begrifs mit der Nothwendigkeit der daraus gegebenen Säße nicht verwechsele. Der Saß: jede Veränderung hat ihre Ursache, ist nothwendig, obgleich der Begrif der Veränderung, der in ihm vorkommt, nicht nothwendig, sondern zufällig ist. So ist der Saß: alle Menschen sind lebendige Wesen, nothwendig (weil er analytisch ist), aber die Begriffe Mensch und lebendiges Wesen sind zufällig.

Die zweite Anmerkung trägt eine Eintheilung der Begriffe vor, die eigentlich nicht in die reine allgemeine Logik gehört, thut dies aber blos zu dem Behuf, um die Lehre von der Modalität der Begriffe noch etwas zu erweitern, und sie muß daher blos als beiläufig betrachtet werden. Ein a priori gegebener Begrif ist z. B. der Begrif einer Ursach, oder der einer Substanz u. s. w. Ein a posteriori gegebener der Begrif Mensch. Ein gemachter Begrif, der eines Dreiecks. Die Geseße, nach welchen der Verstand verknüpft, werden bei der Lehre von den Schlüssen, wo von der formalen Wahrheit die Rede ist, dargelegt werden.

Der

Der Elementarlehre der Logik
Zweites Kapitel,
welches
die Lehre von den Urtheilen enthält.

ad §. 62. und 63.

Das zweite Hauptstück der Elementarlehre der
reinen allgemeinen Logik ist die Lehre von den Urtheilen. Es entsteht also zuerst die Frage, was
ist ein Urtheil? Die gewöhnliche Antwort, die
die Logiker auf diese Frage geben, ist: Ein Urtheil ist die Vorstellung des Verhältnisses zweier
Begriffe; allein diese Erklärung hat zwei Fehler,
einmal ist sie zu eng, und dann ist sie zu unbestimmt. Sie ist zu eng, denn in einem Urtheile
wird nicht blos das Verhältniß zweier Begriffe
angegeben. In dem Urtheile, Cajus ist ein Gelehrter, ist Cajus eine Anschauung (eine unmittelbare Vorstellung); ferner in dem Urtheil, wenn
Freiheit eine Chimäre ist, so giebt es keine Tugend, finden sich zwei Urtheile, Freiheit ist eine
Chimäre, und es giebt keine Tugend. Man wird
also in der gegebenen Erklärung eines Urtheils
den Ausdruck Vorstellung, welcher Anschauung,
Begrif und Urtheil unter sich begreift, statt des
Ausdrucks Begrifs, der zu enge ist, brauchen
müssen. Aber selbst nach dieser Abänderung ist
die Erklärung noch nicht fehlerfrei, denn sie ist
noch zu unbestimmt, da sie das Verhältniß der
Vorstellungen, die in einem Urtheile enthalten
sind, und welches das Urtheil angiebt, nicht bestimmt. Auch durch die reproduktive Einbildungskraft können Vorstellungen in eine Verbindung gebracht werden, das Verhältniß aber,
was

was dadurch entsteht, wird von dem Verhältniß der Vorstellungen, welches durch ein Urtheil gegeben wird, sehr verschieden sein. So reproducirt z. B. die Einbildungskraft, nach dem Gesetze der Association der Vorstellungen, bei dem Orte, den ein Gegenstand einnahm, die Vorstellung des Gegenstandes, der sich an diesem Orte fand, aber die Verknüpfung wird blos als für das Subjekt, bei welchem diese Verknüpfung sich findet, als geltend angesehen. — Wir haben dieser Unbestimmtheit §. 62. dadurch abzuhelfen gesucht, daß wir dieses Verhältniß der Vorstellungen, welches durch das Urtheil gegeben wird, bestimmt angegeben haben. Unserer Erklärung nach ist ein Urtheil die Vorstellung des Verhältnisses mehrerer Vorstellungen untereinander, welche zur Deutlichkeit einer Erkenntniß erfordert wird. So kurz die Erklärung auch an und für sich selbst ist, so wird sie doch, wenn sie gehörig verstanden und gefaßt werden soll, etwas mehr auseinander gesetzt werden müssen.

Die erste Frage ist, was wird zur Deutlichkeit einer Erkenntniß erfordert? Eine Erkenntniß wird deutlich genannt, wenn man von ihr Merkmale angeben kann. Deutlichkeit ist das Bewußtsein des Mannigfaltigen, als zu Einer Vorstellung gehörig. Wenn also ein Urtheil das Verhältniß mehrerer Vorstellungen unter einander, wodurch eine deutliche Erkenntniß möglich wird, angeben soll, so wird es darthun, ob die gegebenen Vorstellungen sich in eine Einheit des Bewußtseins vereinigen lassen oder nicht; es wird zeigen, ob eine solche Synthesis des Mannigfaltigen in eine Einheit möglich ist oder nicht. In dem Urtheile, Cajus ist gelehrt, finden sich die beiden Vorstellungen Cajus und gelehrt, das Urtheil sagt mir, ob gelehrt ein Merkmal vom Cajus ist oder nicht, es giebt mir das Verhält-

niß

niß des Merkmals gelehrt zur Vorſtellung Cajus,
alſo ein Verhältniß, das zur Deutlichkeit der
Vorſtellung Cajus erfordert wird. — Es zeigt
mir, ob die Vorſtellungen Cajus und gelehrt ſich
in eine Einheit des Bewußtſeins verbinden laſ=
ſen oder nicht. — In dem Urtheile: Wenn Ca=
jus tugendhaft iſt, ſo lügt er nicht, wird das
Verhältniß der beiden Vorſtellungen (Urtheile),
Cajus iſt tugendhaft und Cajus lügt nicht, in ſo
fern das letztere ein Merkmal des erſteren ſein
kann, angeben; es wird gezeigt, daß das tu=
gendhaft ſein des Cajus, und daß er lüge, ſich
nicht in ein Bewußtſein verbinden laſſen. — Die
identiſchen Urtheile z. B. Cajus iſt Cajus, kön=
nen hier einige Schwierigkeiten machen, weil
hier wirklich die Erkenntniß nicht deutlicher ge=
macht wird, allein unſere Erklärung der Urtheile
behauptet nicht, daß ein Urtheil wirklich deutli=
che Erkenntniß erzeuge (welches auch bei den
verneinenden Urtheilen der Fall nicht iſt), ſon=
dern es beſtimmt blos, wie das Verhältniß be=
ſchaffen ſei, welches das Urtheil zwiſchen gege=
benen Vorſtellungen angiebt. Wenn gleich in
dem Urtheile, Cajus iſt Cajus kein beſonderes
Merkmal, das zur Deutlichkeit diente, angege=
ben wird, ſo ſtehen doch in demſelben die Vor=
ſtellungen Cajus und Cajus in dem Verhältniſſe,
welches der Form nach erfordert wird, um eine
Erkenntniß deutlich zu machen.

Aber auch der Ausdruck Erkenntniß, in der
von uns gegebenen Erklärung eines Urtheils,
darf nicht überſehen werden. Etwas erkennen
heißt ſeine Vorſtellung auf ein Objekt beziehen.
Die Vorſtellung wird alſo bei einer Erkenntniß ob=
jektiv betrachtet. In ſo fern die Vorſtellung ob=
jektiv betrachtet wird, ſetzen wir ſie den ſubjek=
tiven entgegen; was objektiv gültig iſt, muß von
jedermann eben ſo erkannt werden. Soll alſo
ein

ein Urtheil das Verhältniß mehrerer Vorstellungen angeben, in so fern es zur Deutlichkeit einer Erkenntniß erfordert wird, so wird die Verbindung der Vorstellungen in einem Urtheil objektiv, nicht subjektiv sein müssen, d. h. ich gebe durch das Urtheil zu verstehen, daß die Verknüpfung allgemein gültig und nothwendig ist; nicht blos von der individuellen Beschaffenheit eines jeden abhängt, wie dies der Fall bei der Verbindung der Vorstellungen sein würde, die durch die reproduktive Einbildungskraft nach dem Gesetze der Association zu Stande gebracht wird. Wenn ich z. B. sage, Cajus ist gelehrt, so behaupte ich nicht, daß es blos in mir liegt, daß ich die Vorstellungen, Cajus und gelehrt, mit einander verbinde (bei dem negativen Urtheile nicht verbinde), sondern daß dies objektiv, für jedermann gültig sei. Wenn ich hingegen bei der Vorstellung eines Hauses an seinen verstorbenen Besitzer mich erinnere, und so beide Vorstellungen mit einander verbinde, so muthe ich diese Verbindung nicht allen zu, erkläre sie nicht für objektiv, sondern nur für subjektiv gültig. — Die problematischen Urtheile, die blos die Möglichkeit einer Verbindung aussagen, scheinen eine Ausnahme zu machen; allein selbst bei diesen wird die Möglichkeit nicht blos als für uns (subjektiv) möglich, sondern als möglich überhaupt, möglich für jedermann, objektiv möglich angegeben. Um nun zu bestimmen, ob eine solche Verbindung des Mannigfaltigen des Urtheils in eine Einheit des Bewußtseins möglich ist, muß man die zu verbindenden Vorstellungen mit einander vergleichen, und dies führt uns auf diejenigen Stücke, die ein Urtheil als Urtheil (der Form nach, ohne auf seinen Inhalt zu sehen) enthalten muß.

ad

ad §. 64.

Ein jedes Urtheil also giebt das Verhältniß an, in welchem zwei oder mehrere Vorstellungen mit einander stehen, in so fern durch sie eine deutliche Erkenntniß zu Stande gebracht werden kann. Hieraus fließt nun, daß in einem jeden Urtheile folgende drei Stücke sich finden müssen: 1) die Vorstellung, mit der man eine andere im Verhältniß als Merkmal setzt, die mit einer andern verglichen werden soll, um zu bestimmen, ob die andere ein Merkmal von ihr abgiebt oder nicht, das Subjekt des Urtheils. 2) Die Vorstellung, mit der das Subjekt verglichen wird; von der man aussagt, ob sie ein Merkmal des erstern abgebe, das Prädikat des Urtheils. 3) Die Vorstellung, die da anzeigt, in welchem Verhältniß Subjekt und Prädikat zur Einheit des Bewußtseins stehen, die Kopula. In dem Urtheile Cajus ist gelehrt, ist Cajus das Subjekt, d. h. die Vorstellung, von der man bestimmen will, ob sich die Vorstellung gelehrt von ihr als Merkmal angeben läßt. Gelehrt ist das Prädikat, d. h. die Vorstellung, von der man untersucht, ob sie sich mit der erstern in eine Einheit des Bewußtsein verknüpfen läßt; — die man als Merkmal von Cajus betrachten will. Ist ist die Kopula, und zeigt an, daß eine Synthesis des Mannigfaltigen des Urtheils (des Subjekts und Prädikats) in eine Einheit des Bewußtseins möglich ist.—In dem Urtheile: Wenn Cajus tugendhaft ist, so lügt er nicht; ist das Urtheil, Cajus ist tugendhaft, das Subjekt, er lügt nicht, das Prädikat, und die Kopula liegt in Wenn und so. — In dem Urtheile: die Seele ist entweder sterblich oder nicht sterblich, ist Seele das Subjekt, sterblich und nicht sterblich das Prädikat, und ist und entweder—oder die Kopula.

Aus

Aus dem Gesagten ergiebt sich, daß das Subjekt und das Prädikat nicht immer Begriffe, sondern auch Anschauungen, ja selbst Urtheile sein können.

Da wir aus der Erklärung eines Urtheils hergeleitet haben, daß in ihm die drei genannten Stücke, Subjekt, Prädikat und Kopula sich finden müssen, so sind diese Stücke wesentlich, gehören zur Form des Urtheils, und sie müssen in einem jeden Urtheile, unangesehen seines Inhalts sich finden, wenn sie auch nicht mit Worten ausgedruckt sein sollten. So ist z. B. der Ausspruch: der Hund bellet, ein Urtheil, wo die Kopula versteckt ist, regulär ausgedrückt, würde es heißen, der Hund ist ein bellendes Ding. Man nennt die Urtheile, bei denen alle drei Stücke sich finden, vollständige (propositiones logice perfectae), wo eins dieser Stücke fehlt, unvollständige oder versteckte (propositiones logice imperfectae oder crypticae). Die Alten nannten ein Urtheil, wo das Subjekt fehlte, propositio omissi subjecti, z. B. es regnet, statt der Himmel regnet; wo das Prädikat fehlte, propositio omissi praedicati, z. B. Gott ist, statt Gott ist existirend, wo die Kopula fehlte, propositio omissae copulae. — Ein vollständiges Urtheil nannten sie enuntiatum tertii adjecti, war die Kopula im Prädikat enthalten, wie in dem Urtheil, der Hund bellt, so hieß das Urtheil enuntiatum secundi adjecti.

ad §. 65.

Die reine allgemeine Logik sieht nicht auf den Inhalt (die Materie) der Urtheile, sondern betrachtet nur die Form derselben. Wir werden daher zu untersuchen haben, wie vielerlei Arten von Urtheile es geben kann, wenn wir blos auf die drei genannten Stücke sehen, denn diese drei
Stücke

Stücke müssen in einem jeden Urtheile sich finden,
gehören zum Wesen desselben, und machen also
die Form desselben aus. — Diesem scheint die
Behauptung der Philosophen zu widersprechen,
daß Subjekt und Prädikat eigentlich die Materie
des Urtheils ausmachten, und die Form nur
durch die Kopula gegeben sei. So fern man unter Subjekt und Prädikat die wirklich gegebenen
und zu verbindenden Vorstellungen, und unter
Copula nicht blos das Wort, was mir die Qualität des Urtheils angiebt (ist oder ist nicht),
sondern die ganze Verbindung der Vorstellungen
versteht, so hat man Recht. Wir aber widerstreiten dieser Behauptung gar nicht, sondern verstehen auch unter der Form des Urtheils blos dasjenige, wodurch die zu einem Urtheil gehörigen
Vorstellungen zu einem Urtheil verbunden werden; dazu gehört aber offenbar die Vorstellung
eines Subjekts, eines Prädikats (nicht der Inhalt derselben) und einer Copula.

ad §. 66.

Ein Urtheil giebt das Verhältniß zweier oder
mehrerer Vorstellungen zur Einheit des Bewußtseins an; es werden also in einem jeden Urtheile
sich Vorstellungen finden müssen, von denen das
Urtheil bestimmt, ob sie sich in eine Einheit des
Bewußtseins vereinigen lassen. Sie sind das zu
vereinigende Mannigfaltige. Beim Mannigfaltigen giebt es der Form nach (ohne auf den Inhalt zu sehen) nichts als den Umfang zu betrachten,
Quantität des Urtheils. — Ferner kann man bei
einem jeden Urtheile darauf sehen, ob das Mannigfaltige desselben zu einer Einheit verbunden
werden kann oder nicht, Qualität des Urtheils.—
Dann kann man noch untersuchen, in welchem
Verhältniß die zu verknüpfenden Vorstellungen
eines Urtheils stehen, auf welche Art (in wie
E   fern)

fern) durch das Setzen der einen (des Subjekts) das Setzen oder Nichtsetzen des andern (des Prädikats) geschieht, Relation des Urtheils; und endlich kann man noch darauf sehen, in welchem Verhältniß das ganze Urtheil zu unserm Erkenntnißvermögen steht, mit welchem Grade der Gewißheit das ganze Urtheil ausgesprochen wird, Modalität des Urtheils. Mehr als diese vier Gesichtspunkte kann es bei Abhandlung der Urtheile ihrer Form nach nicht geben, und man wird also, wenn man die Urtheile der Quantität, der Qualität, der Relation und der Modalität nach betrachtet hat, die Lehre von denselben, so fern sie in die reine allgemeine Logik gehört, vollkommen erschöpft haben.

Alles aber, was hier über die Urtheile gesagt ist, und eigentlich blos die Funktionen des Verstandes beim Bilden derselben betrift, bezieht sich blos auf die einfachen Urtheile. Man nennt ein Urtheil einfach wenn der Aktus des Verstandes, der zum Hervorbringen desselben erfodert wird, nur einer ist; zusammen gesetzt, wenn mehrere Aktus vorgegangen sind, die aber doch in eins zusammenfließen. Letztere lassen sich aus den erstern leicht herleiten. So ist es z. B. ein einfaches Urtheil: Gott ist allmächtig; ein zusammengesetztes Urtheil: Nur Gott ist allmächtig; denn dies besteht aus den beiden Sätzen, Gott ist allmächtig, und kein anderes Wesen außer Gott ist allmächtig.

Was in der Anmerkung zu §. 66. gesagt ist, betrift eine historische Bemerkung über den Vortrag der Lehre von den Urtheilen. Sie ist leicht verständlich, und wir wollen uns daher bei ihr nicht verweilen.

————

Der

Der Lehre von den Urtheilen

Erste Abtheilung.

Von der Quantität der Urtheile.

ad §. 67.

Nach dem §. 66. vorgezeichneten Plan werden wir also mit der Lehre von der Quantität der Urtheile den Anfang zu machen haben. Wenn man von der Quantität eines Urtheils redet, so versteht man darunter den Umfang, den die in einer Einheit des Bewußtseins zu verbindenden Vorstellungen eines Urtheils haben. Die in einem Urtheile zu verbindenden Vorstellungen sind das Subjekt und das Prädikat. Es scheint also, als könnte man bei der Quantität der Urtheile auf den Umfang des Subjekt und auf den Umfang des Prädikats sehen; aber das Prädikat wird eigentlich als ein Merkmal betrachtet, das man dem Subjekte beilegen will, man sieht es also als eine Einheit an, unter die man die Vorstellung des Subjekts subsumiren will, um darnach zu bestimmen, ob sich beide in eine Einheit des Bewußtseins vereinigen lassen oder nicht (das erstere giebt bejahende, das andere verneinende Urtheile). Z. B. in dem Urtheile: Alle Menschen sind sterblich, betrachtet man das Merkmal sterblich, als eine Einheit, unter welche man die Vorstellung alle Menschen subsumiren will, um darnach zu bestimmen, ob das Prädikat sich mit dem Subjekte verbinden läßt oder nicht; geht die Subsumtion an, so läßt sich das Prädikat mit dem Subjekte in eine Einheit des Bewußtseins vereinigen, geht sie nicht an, so kann auch diese Verknüpfung nicht statt finden. — Hieraus ergiebt sich aber, daß man das Prädikat

stets

stets als eine Einheit zu betrachten, folglich, wenn von der Quantität eines Urtheils die Rede ist, auf daſſelbe nicht zu ſehen habe; nur auf den Umfang des Subjekts kömmt es an, wie viel Vorſtellungen daſſelbe enthält, die alſo durch die Subſumtion unter dem Prädikat in eine Einheit verbunden gedacht werden ſollen.

ad §. 68. und 69.

Man beſtimmt alſo die Quantität eines Urtheils nach dem Umfange des Subjekts. Dies iſt nun entweder eine einzelne Vorſtellung, dann heißt das Urtheil ein einzelnes, oder es ſind mehrere Vorſtellungen einer Sphäre, dann heißt es ein beſonderes (partikuläres), oder es ſind alle Vorſtellungen einer Sphäre, dann erhält es den Namen eines allgemeinen Urtheils. Cajus iſt gelehrt, iſt ein einzelnes, individuelles Urtheil. Einige Menſchen ſind kupferfarben, ein partikuläres Urtheil; alle Menſchen ſind ſterblich, ein allgemeines Urtheil. — Im erſten wird das Prädikat gelehrt einem Individuo beigelegt, im zweiten wird von einem Theil der Sphäre des Begrifs Menſch ausgeſagt, daß ſie kupferfarben ſind, im dritten wird von der ganzen Sphäre des Begrifs Menſch ausgeſagt, daß ihm das Merkmal ſterblich zukomme.

ad §. 70.

In dem einzelnen Urtheile wird eben ſowohl wie im allgemeinen von einer ganzen Vorſtellung, von allen dem, was ſie in ſich faßt, von ihrer ganzen Sphäre, etwas ausgeſagt, das einzelne Urtheil Cajus iſt ſterblich, leidet eben ſo wenig eine Ausnahme, als das allgemeine, alle Menſchen ſind ſterblich, und daher kann man in dieſer Rückſicht die einzelnen Urtheile in der Logik wie allgemeine behandeln. Demungeachtet aber

durfte

durfte man in der Eintheilung der Urtheile der
Quantität nach, die einzelnen Urtheile nicht übergehen, weil sonst derselben das erste Erforderniß einer guten Eintheilung, die Vollständigkeit
der Glieder gemangelt haben würde.

ad §. 71.

Dieser §. gehört, ganz streng genommen, nicht
in eine reine allgemeine Logik, da er sich mit der
Bezeichnung der Urtheile beschäftigt, kann aber
als Anmerkung mitgenommen werden. Man
kann die Urtheile der Quantität nach, in bezeichnete und unbezeichnete (judicia definita und indefinita) eintheilen. Jene enthalten eine Bezeichnung der Quantität, diese nicht. Es giebt
in jeder Sprache Wörter, wodurch man anzeigt,
welche Quantität das gegebene Urtheil hat, und
diese Wörter erhalten den Namen der Quanti-
tätszeichen (signa quantitatis). Für die einzelnen Urtheile sind es die nomina propria, oder die
pronomina demonstratiua, diese, jene u. s. w. —
Cajus ist gelehrt. Dieser Mann ist mein Freund.—
Für die besondern Urtheile die Wörter einige,
manche, viele rc. Einige Menschen sind gelehrt. — Für die allgemein bejahenden Urtheile,
alle, jeder u. s. w. Alle Menschen sind sterblich.—
Für die allgemein verneinenden Urtheile, keiner,
niemand u. s. w. Kein Mensch ist heilig.

Unbezeichnete (indefinita) heißen Urtheile,
wenn in ihnen das Zeichen der Quantität fehlt,
wie z. B. in dem Urtheile, der Mensch ist ein
Thier mit Vernunft. Wenn es regnet, wird es
naß u. s. w. Solche Urtheile aber gelten für allgemeine.

Man unterscheidet in den Logiken die bezeichneten und unbezeichneten (definita und indefinita)
Urtheile von den bestimmten und unbestimm-
ten (determinata und indeterminata). Ein Ur-

theil

theil heißt bestimmt, wenn durch das Subjekt desselben zugleich der Grund angegeben wird, warum dem Subjekt ein Prädikat beigelegt oder abgesprochen wird. So ist z. B. das Urtheil, einige Vierecke sind Parallelogramme, unbestimmt, es wird aber bestimmt, wenn ich sage, alle Vierecke, deren gegenüberstehende Seiten parallel sind, sind Parallelogramme. Hieraus ergiebt sich ganz leicht, daß ein jedes bestimmtes Urtheil allgemein, und jedes unbestimmtes Urtheil besonders ist; dann ist der Grund, warum ein Prädikat einem Subjekte entweder beigelegt oder abgesprochen wird, mit dem Subjekte selbst gegeben, und gehört also zum Subjekt, so wird dies von der ganzen Sphäre des Subjekts gelten; wenn hingegen das Subjekt nichts in Ansehung des Setzens oder Nichtsetzens des Prädikats bestimmt, so ist das Urtheil besonders, denn es können auch Fälle vorhanden sein, wo man das Prädikat grade umgekehrt setzt oder nicht setzt.

In der Lehre von der Qualität der Urtheile werden noch die unendlichen (infinita) vorkommen; die man mit den unbezeichneten (indefinita) nicht verwechseln muß.

Der Lehre von den Urtheilen
Zweite Abtheilung.
Von der Qualität der Urtheile.

ad §. 72.

Die zweite Frage, die man bei einem Urtheile, der Form nach, aufwerfen kann, betrifft die Qualität desselben. Man frägt nämlich, ob und in wie fern sich das Subjekt mit dem Prädikat eines Urtheils in ein Bewußtsein verbinden läßt. Aus
der

der Definition eines Urtheils erhellet ganz leicht, daß jedes Urtheil eine Qualität haben müſſe, denn ein jedes Urtheil beſtimmt das Verhältniß zweier oder mehrerer Vorſtellungen zur Einheit des Bewußtſeyns. Da die Kopula anzeigt, ob eine Verbindung zwiſchen den gegebenen Vor= ſtellungen Statt findet, ſo wird man alſo an ihr die Qualität des Urtheils erkennen können.

ad §. 73.

Die Urtheile werden der Qualität nach in zwei Arten zerfallen, in bejahende und in ver= neinende, jene beſtimmen, daß Subjekt und Prädikat ſich wirklich in eine Einheit des Bewußt= ſeyns verbinden laſſen, dieſe erklären, daß dieſe Verbindung nicht angehe. So ſind z. B. die Urtheile: Alle Menſchen ſind ſterblich; wenn es regnet, ſo wird es naß, bejahende Urtheile. — Hingegen die Urtheile: Cajus iſt nicht krank; wenn Titus auch tugendhaft iſt, ſo folgt noch nicht, daß er nie ſündigt, ſind verneinend.

ad §. 74.

Aus dem §. 72. aufgeſtellten Satz, daß die Qualität eines Urtheils durch die Kopula aus= gedrückt werden muß, ergiebt ſich, daß in ver= neinenden Urtheilen die Kopula (der Form nach) die Negation enthalten muß, wie z. B. in dem Urtheil: Cajus iſt nicht krank. Allein zuweilen findet ſich die Negation im Zeichen der Quantität, wie z. B. in dem Urtheile: Kein Menſch iſt ewig, aufgelöſt: Alle Menſchen ſind nicht ewig. Da die Logik nicht auf den Inhalt der in einem Ur= theile vorkommenden Vorſtellungen ſieht, ſo nimmt ſie auch darauf nicht Rückſicht, ob das Prädikat eine bejahende oder verneinende Vor= ſtellung iſt; und die Verbindung wird alſo ſtets bejahend ſein, ſo bald die Kopula keine Negation

ent=

enthält; und nur verneinend, wenn in ihr diese
Negation sich findet. Der Form nach ist das
Prädikat unangesehen seines Inhalts immer die
Einheit, unter die man das Subjekt bringen will,
sie mag also bejahend oder verneinend sein, so
hat dies, wenn gleich auf die Materie, doch auf
die Form des Urtheils keinen Einfluß.

ad §. 75.

Da man, ehe Kant darauf aufmerksam machte, bei dem Vortrage der Logik nicht sorgfältig
genug absonderte, was zur Materie des Denkens
gehört, von dem, was dem Denken als Denken
(seiner Form nach) zukömmt, so findet man in
den gewöhnlichen Logiken noch, bei der Lehre von
der Qualität der Urtheile, die limitirenden oder
unendlichen Urtheile erwähnet; die aber deßhalb
nicht in die reine allgemeine Logik gehören, weil
man bei ihnen auf den Inhalt des Prädikats sehen muß. Man nennt ein Urtheil limitirend
oder unendlich, wenn die Form desselben zwar
bejahend ist (d. h. die Kopula keine Verneinung
enthält), das Prädikat aber eine Negation in
sich schließt, wie z. B. die Seele ist unsterblich.
Sie heißen unendlich, weil es zwar scheint, als
bestimmten sie etwas über das Merkmal, was
einem Gegenstand zukommt, sie es aber blos in
die unendliche Sphäre von Dingen, denen ein
gewisses Merkmal nicht zukömmt, versetzen, ohne
doch nun zu bestimmen, welches Merkmal ihm
beigelegt werden müsse. So wird in dem vorhin
angeführten Urtheile: die Seele ist unsterblich,
die Seele blos von der Klasse der Dinge ausgeschlossen, denen das Prädikat des Sterblichseins
zukommt; und es wird nun unter die unendliche
Anzahl derjenigen versetzt, die nicht sterblich sind.
Es können von einem Gegenstande eine unendliche Menge unendlicher Urtheile gefällt werden,
ohne

ohne daß dadurch etwas von ihm erkannt wird. — Limitirend heißen sie hingegen, weil sie aus der Menge von Prädikaten, die einem Gegenstande zukommen können, eins ausschließen, und also die Sphäre der Prädikate, die ihm zukommen können, einschränken. Wenn ich z. B. sage: Queckſilber iſt nicht roth, ſo ſchließe ich das Rothſein von ihm aus. — Der Form nach gehören ſie zu den bejahenden Urtheilen, und werben in der reinen allgemeinen Logik auch als ſolche behandelt. Sie unterſcheiden ſich hingegen dem Inhalte nach (von dem die Logik aber abſtrahirt) dadurch von ihnen, daß das Prädikat eine Negation enthält, und also durch ſie eigentlich nichts geſetzt und erkannt wird. — Von den negativen Urtheilen unterſcheiden ſie ſich dadurch, daß der Verſtand wirklich etwas ſetzt, wirklich ſubſumirt, was freilich durch den Inhalt des Prädikats wieder aufgehoben wird, und nichts zur Erkenntniß beiträgt. Eine weitläuftigere Auseinanderſetzung gehört in die transſcendentale Logik.

Der Lehre von den Urtheilen
Dritte Abtheilung.
Von der Relation der Urtheile.
ad §. 76.

Bei der Qualität der Urtheile ſieht man auf das Verhältniß, welches die Vorſtellungen in demſelben zur Einheit des Bewußtſeins haben; bei der Relation hingegen ſieht man auf das Verhältniß der Vorſtellungen unter einander. Ein jedes Verhältniß iſt entweder ein inneres oder ein äußeres. — Vorſtellungen ſtehen in einem innern Verhältniß, wenn die eine als in der andern enthalten, mit ihr und in ihr gesetzt, vorgestellt werden soll. So steht z. B. Vernunft mit dem Begrif Mensch in einem innern Verhältniß, denn es wird als in demselben enthalten vorgestellt. Eine Vorstellung, die als in einer andern enthalten vorgestellt wird, heißt ein Merkmal, wenn also durch ein Urtheil bestimmt wird, ob eine Vorstellung ein Merkmal der andern sei oder nicht, so ist das Verhältniß dieser Vorstellung ein inneres, und das Urtheil heißt kategorisch; im ersten Fall ist es nämlich bejahend, im andern verneinend. Alle Menschen sind sterblich, ist ein kategorisches Urtheil, denn es bestimmt, daß man sterblich als ein Merkmal von Mensch betrachten könne. Cajus ist nicht gelehrt, ist ebenfalls ein kategorisches Urtheil, denn es bestimmt, daß man gelehrt nicht als ein Merkmal von Cajus betrachten könne.

Vorstellungen stehen hingegen in einem äußern Verhältniß, wenn sie sich zwar unter einander bestimmen; eine durch die andere, aber doch nicht mit der andern, in der andern gesetzt wird. Und bei diesen äußern Verhältnissen giebt es zwei Fälle: das Setzen der einen Vorstellung bestimmt entweder blos das Setzen oder Nichtsetzen der andern, ohne daß doch das Setzen der erstern durch das Setzen der letztern selbst wieder bestimmt wird; oder das Setzen der einen bestimmt das Setzen oder Nichtsetzen der andern, und wird wechselseitig durch das Setzen der andern wieder bestimmt. Die erstern Urtheile heißen hypothetische, die andern disjunctive. So ist es z. B. ein hypothetisches Urtheil, wenn es regnet, so wird es naß; denn die Vorstellungen, es regnet und es wird naß, stehen in einem äußern Verhältniß, weil man das naß werden nicht als mit und in dem, sondern durch den Regen gegeben, betrachten muß; ferner wird zwar da-

durch,

durch, daß man setzt, es regnet, auch gesetzt,
daß es naß wird; aber umgekehrt wird nicht,
wenn man setzt, daß es etwas naß wird, auch
gesetzt, daß es regne, weil das naß werden auch
von andern Gründen herrühren kann. Oder,
um ein Beispiel eines negativen hypothetischen
Urtheils zu geben, wenn ich das Urtheil: Wenn
Cajus tugendhaft ist, so lügt er nicht, ausspreche,
so habe ich ein hypothetisches Urtheil gefällt.
Es ist richtig, daß wenn ich setze, Cajus ist tugendhaft, so muß ich auch setzen, er lügt nicht;
aber nicht umgekehrt, wenn ich setze, daß Cajus
nicht lügt, so folgt daraus noch nicht, daß er
tugendhaft ist, er kann ja auch zu dumm sein,
um eine Lüge zu erfinden. — Bei einem hypothetischen Urtheil ist die Ordnung der Abfolge.

Wenn das Setzen der einen Vorstellung, das
Setzen der andern bestimmt, und durch diese
wieder bestimmt wird, so sagt man, die Vorstellungen stehen in Gemeinschaft. Zur Gemeinschaft gehört Einheit und Mannigfaltiges, die
Einheit giebt das Bindemittel ab, wodurch das
Mannigfaltige in Gemeinschaft gebracht wird.
Diese Einheit ist dem disjunctiven Urtheil das
Subjekt, das Mannigfaltige ist das Prädikat,
das also schlechterdings aus mehrern Vorstellungen bestehen muß. Cajus ist entweder krank oder
nicht krank, ist ein disjunctives Urtheil, denn die
Vorstellungen krank und nicht krank stehen mit
einander in Gemeinschaft, in so fern sie zusammen die Sphäre der Merkmale ausmachen, die
dem Cajus in Rücksicht seines Gesundheitszustan-
des beigelegt werden können. So fern krank
und nicht krank Theile einer Sphäre, coordinirte
Begriffe sind, bestimmen sie sich unter einander,
denn so bald das eine (krank) gesetzt wird, kann
keins von den übrigen (hier das übrige nicht krank)
gesetzt werden, und umgekehrt, wenn das eine

(krank)

(krank) nicht gesetzt wird, muß eins der übrigen (hier das noch übrige nicht krank) gesetzt werden.

ad §. 77.

Aus §. 76. und der im vorhergehenden gegebenen Erläuterung desselben ergiebt sich ganz leicht, was §. 77. gesagt ist. In einem kategorischen Urtheile stehen Subjekt und Prädikat im Verhältniß eines Merkmals zur Theilvorstellung (eines Subjekts zum Prädikat), die Qualität desselben mag sein wie sie will. Denn ist das Urtheil bejahend, so sagt es aus, es komme einem Gegenstande ein Merkmal zu; ist er verneinend, so sagt es aus, es müsse dem Gegenstande ein Merkmal abgesprochen worden.

ad §. 78.

Man versteht unter Grund diejenige Vorstellung, woraus man erkennt, daß ein Gegenstand (dies Wort logisch genommen, wo es mit Vorstellung gleichbedeutend ist) so und nicht anders ist; was man aber aus dem Grunde erkennt, heißt die Folge. Aus dem Regen erkenne ich, daß die Erde naß wird, folglich ist der Regen der Grund des naß werdens, und das naß werden ist die Folge des Regens. Wenn ich daher den Grund setze, muß ich auch das setzen, was ich aus dem Grunde erkenne, d. h. die Folge; aber nicht umgekehrt, wenn ich die Folge setze, muß ich auch immer einen und denselben Grund setzen, denn es kann ja eine und dieselbe Sache aus mehreren Gründen hergeleitet werden, mit andern Worten, der Grund bestimmt die Folge, aber die Folge nicht immer den Grund. — Das Verhältniß des Subjekts und Prädikats in einem hypothetischen Urtheil ist also das des Grundes und der Folge. In dem hypothetischen Urtheil, wenn es regnet, wird es naß, ist regnen der

der Grund, naß werden die Folge. Es ist leicht einzusehen, daß das Subjekt jedesmal der Grund, das Prädikat jedesmal die Folge sein muß, denn es soll von dem Subjekte etwas ausgesagt werden, von ihm etwas erkannt werden; woraus aber etwas erkannt werden soll, heißt der Grund, und was daraus erkannt werden soll, die Folge. — Nun nennt man das Subjekt eines hypothetischen Urtheils den Vordersatz (antecedens, hypothesis, conditio, prius), das Prädikat den Nachsatz (consequens, consequentia, thesis, posterius), folglich enthält der Vordersatz eines hypothetischen Urtheils jedesmal den Grund, der Nachsatz die Folge. Wir drücken im Deutschen die Verknüpfung des Vordersatzes mit dem Nachsatze durch wenn und so aus, und wenn und so machen also hier die Copula. Auf das Urtheil selbst, in Rücksicht auf die Relation, hat es keinen Einfluß, ob es bejahend oder verneinend ist.

Man hat bei Untersuchung der Richtigkeit eines hypothetischen Urtheils gar nicht auf die Wahrheit oder Falschheit des Vordersatzes oder des Nachsatzes, sondern einzig und allein auf die Verknüpfung beider, als Grund und Folge, zu sehen. Wenn Cajus tugendhaft ist, so lügt er nicht, ist ein richtiges hypothetisches Urtheil, ob gleich beides, Subjekt und Prädikat, an und für sich falsch sein kann; es kann falsch sein, daß Cajus tugendhaft ist, und es kann falsch sein, daß er nicht lügt, denn es kömmt hier blos auf die Abfolge an, es wird blos ausgesagt, wenn man annehme, daß Cajus tugendhaft ist, so müsse man auch annehmen, daß Cajus nicht lügt.

ad §. 79.

In einigen Logiken nimmt man den Ausdruck der

der disjunktiven Urtheile (Trennungsurtheile)
in einer weitern Bedeutung, als wir nach der §.
76. gegebenen Erklärung sie genommen wissen wollen: man versteht nämlich darunter diejenigen
Urtheile, in welchen entweder mehrere Prädikate
mit einem Subjekte, oder mehrere Subjekte mit
einem Prädikate, vermittelst der Trennungswör-
ter, mit einander verbunden sind. — Zum Beispiel der ersten Art dienet, die Menschen sind
entweder sterblich oder nicht sterblich, wo sterblich und nicht sterblich die mehreren Prädikate
sind, von denen eins mit dem Subjekte verbunden werden muß, diese Prädikate aber sind nicht
untereinander verbunden (wie etwa in dem Urtheile, Cajus ist tugendhaft und gelehrt), sondern getrennt. Zum Beispiele der andern Art
dient, weder Menschen noch Thiere sind unsterblich: wo mehrere Subjekte mit dem Merkmale
unsterblich als nicht vereinbar gedacht werden. —
Betrachtet man aber diese letztern Urtheile genauer, so findet man, daß sie blos zusammenge-
zogene kategorische Urtheile sind, denn das gegebene Beispiel, weder Menschen noch Thiere
sind unsterblich, läßt sich in folgende zwei leicht
auflösen: Kein Mensch ist unsterblich, kein Thier
ist unsterblich. Da wir aber hier blos die einfachen Funktionen des Verstandes untersuchen, so
übergehen wir diese Art der Urtheile, die auch
im strengen Verstande den Namen der disjunktiven Urtheile nicht verdienen.

Die Prädikate, die mit einander in Gemeinschaft stehen, und disjunktiv verbunden sind,
heißen Trennungsstücke (membra disjuncta),
die Wörter, die diese Trennung anzeigen (parti-
culae disjunctivae), sind im Deutschen entweder — oder. — So sind in dem Urtheile: Cajus
ist entweder gelehrt oder nicht gelehrt, die Begriffe gelehrt und nicht gelehrt die Trennungsstücke.

ſtücke. — Soll ein disjunktives Urtheil der Form nach richtig ſein, ſo müſſen die Trennungsſtücke zuſammen genommen eine Sphäre vollſtändig beſtimmen, ferner müſſen die Glieder in Gemeinſchaft ſtehen, nicht ſubordinirt, ſondern coordinirt ſein. So iſt z. B. das disjunktive Urtheil, ein jedes Dreieck iſt entweder gleichſeitig oder gleichſchenklicht, nicht richtig, weil die Trennungsſtücke gleichſeitig und gleichſchenklicht, noch nicht die ganze Sphäre der Prädikate, die einem Dreiecke zukommen können, in ſo fern man die Seiten deſſelben untereinander vergleicht, erſchöpft, ſondern das ungleichſeitige noch hinzu gethan werden muß; und alſo das disjunktive Urtheil, ein jedes Dreieck iſt entweder gleichſeitig oder gleichſchenklicht, oder ungleichſeitig iſt vollſtändig.

Alle logiſche Eintheilungen der Sphäre eines Begrifs ſind zweigliedrig (dichotomiſch), und geſchehen nach dem Satze des ausſchließenden dritten, wie ſich dies in der Folge noch deutlicher ergeben wird, ein jedes Ding iſt entweder A oder non A. Der Menſch iſt entweder ſterblich oder nicht ſterblich; und wenn alſo bei einem disjunktiven Urtheile nur eine logiſche Eintheilung gebraucht wird, ſo wird man in der Vollſtändigkeit deſſelben nicht fehlen können. Weit mehrere Schwierigkeiten macht die Vollſtändigkeit eines disjunktiven Urtheils, wenn man bei der Eintheilung der Sphäre eines Begrifs auf die Materie deſſelben ſehen und nicht blos logiſch verfahren will. So iſt die Vollſtändigkeit des disjunktiven Urtheils, der Menſch iſt entweder weiß oder nicht weiß, leicht einzuſehen, weil ihm eine logiſche Eintheilung zum Grunde liegt. Schwieriger iſt es, wenn man ſagt: der Menſch iſt entweder weiß (wozu auch die durch Kälte oder Hitze braun gewordenen gehören) oder ſchwarz, oder olivenfarben, oder kupferroth, wo immer die

Mög=

Möglichkeit eines fünften, noch unbekannten Theils der Sphäre der Prädikate, die dem Menschen in Rücksicht der Farbe seiner Haut beigelegt werden können, übrig bleibt.

Ferner müssen die gegebenen Trennungsglieder coordinirt und nicht subordinirt sein, denn nur coordinirte, nicht subordinirte Prädikate schließen einander aus. Das Urtheil: Cajus ist entweder gelehrt, oder ein Theologe oder nicht gelehrt, ist falsch, weil die Prädikate gelehrt und Theologe sich einander nicht ausschließen, sondern der Theologe dem Gelehrten untergeordnet ist, so daß Cajus gelehrt und Theologe sein kann.

§. 80. bedarf keiner weitern Auseinandersetzung, denn die darin vorkommenden Sätze, daß in einem hypothetischen Urtheile die Vorstellungen in der Abfolge, und bei disjunktiven in Gemeinschaft stehen, sind in den Anmerkungen zu §. 76. und 79. hinlänglich erläutert.

ad §. 81.

Die kategorischen Urtheile sind entweder identisch oder nicht. Im ersten Fall sind Subjekt und Prädikat Wechselbegriffe, im andern nicht. So ist das Urtheil: Alle Dreiecke sind dreiseitige Figuren, identisch, denn Dreieck und dreiseitige Figur sind Wechselbegriffe. — Das Subjekt eines kategorischen Urtheils wird entweder eine Anschauung oder ein Begrif sein müssen, denn er wird als eine Vorstellung betrachtet, der man ein Merkmal beilegen will. So ist z. B. in dem Urtheil: Cajus ist reich, das Subjekt Cajus eine Anschauung; hingegen in dem Urtheile: Alle Menschen sind sterblich, das Subjekt alle Menschen ein Begrif. — Das Prädikat kann nur Anschauung sein, in bejahenden identischen Urtheilen, wo das Subjekt selbst eine Anschauung ist, z. B.

z. B. in dem Urtheile, Livius iſt Livius; und
auch in verneinenden Urtheilen, z. B. Livius iſt
nicht Cajus. In allen bejahenden kategoriſchen
Urtheilen, die nicht identiſch ſind, muß das Prädikat immer ein Begrif ſein; denn es ſoll als
Merkmal im Subjekt enthalten ſein, folglich iſt
ihm das Subjekt ſubordinirt, und da außer dem
gegebenen Merkmal im Subjekt ſich noch mehrere
Merkmale finden können, und es alſo mehrere
verſchiedene Subjekte geben kann, die alle das
gegebene Prädikat als Merkmal enthalten, ſo iſt
das Prädikat ein Begrif (d. h. eine Vorſtellung,
die mehrere Vorſtellungen unter ſich begreift).
Wenn ich ſage, Cajus iſt gelehrt, ſo iſt gelehrt
ein Merkmal vom Cajus, es können aber Titus,
Livius, Sempronius u. ſ. w. gelehrt ſein, folglich ſtehen unter gelehrt mehrere Vorſtellungen,
es iſt alſo ein Begrif.

Was man aber auch zum Subjekt eines kategoriſchen Urtheils machen mag, ſo wird daſſelbe
doch immer nur als eine Vorſtellung, in der
Merkmale enthalten ſein ſollen, eingeſehen werden müſſen. Wenn ich z. B. ſage: Der Schluß,
alle Menſchen ſind ſterblich, Cajus iſt ein Menſch,
alſo iſt er ſterblich, iſt richtig: ſo betrachte ich
den ganzen Schluß: alle Menſchen ſind ſterblich
u. ſ. w., nur als Eine Vorſtellung, der ich das
Prädikat beilege, daß ſie richtig iſt.

Man kann nun freilich die kategoriſchen Urtheile noch in einfache und zuſammengeſetzte
eintheilen: jene enthalten nur Ein Subjekt und
Ein Prädikat; dieſe mehrere Subjekte oder mehrere Prädikate. So iſt: Cajus iſt gelehrt, ein
einfaches Urtheil; Cajus und Livius ſind gelehrt
und tugendhaft, ein zuſammengeſetztes Urtheil. —
Ein ſolches zuſammengeſetztes Urtheil entſteht
eigentlich aus dem Zuſammenziehen mehrerer einfachen Urtheile, z. B. das gegebene Urtheil,

F　　　　Cajus

Cajus und Livius sind gelehrt und tugendhaft, ist aus den vier Urtheilen, Cajus ist gelehrt, Cajus ist tugendhaft, Livius ist gelehrt, Livius ist tugendhaft, zusammengezogen. — Diese zusammengesetzten Urtheile aber lassen sich leicht aus den einfachen herleiten.

Da es, wie in der Folge gezeigt werden wird, ein Gesetz des Verstandes ist, daß jede Verbindung oder Nichtverbindung eines Subjekts und eines Prädikats einen Grund haben muß, so wird sich jedes kategorische Urtheil in ein hypothetisches verwandeln lassen, man wird den Grund der Verknüpfung oder Nichtverknüpfung als Vorderfatz, und das gegebene Urtheil als Nachsatz brauchen müssen. Wenn z. B. der Grund, warum ich sage, Cajus redet die Wahrheit, ist, weil er tugendhaft ist, so kann ich das gegebene kategorische Urtheil, Cajus ist tugendhaft, in folgendes hypothetische verwandeln: Wenn Cajus tugendhaft ist, so redet er die Wahrheit.— Ferner das verneinende kategorische Urtheil: Cajus lügt nicht, läßt sich aus demselben Grunde in folgendes hypothetische verwandeln: Wenn Cajus tugendhaft ist, so lügt er nicht.

ad §. 82.

In einem jeden hypothetischen Urtheile wird Subjekt und Prädikat ein kategorisches Urtheil sein müssen, denn das Urtheil sagt aus, daß wenn etwas sei oder nicht sei (Vorderfatz), auch etwas anders gesetzt oder nicht gesetzt werden müsse (Nachsatz). Folglich wird sowohl im Vorderfatz als im Nachsatz das Sein oder Nichtsein ausgesagt, also ein kategorisches Urtheil gefällt. So wird in dem Urtheile: Wenn Cajus tugendhaft ist, so redet er die Wahrheit, im Vorderfatz gesetzt: Cajus ist tugendhaft, im Nachsatz: er redet die Wahrheit. — Zuweilen scheint es aber,

aber, als wäre der Vorderſatz oder der Nachſatz
eines hypothetiſchen Urtheils kein kategoriſches
Urtheil; allein dann liegt es blos daran, daß
man dem kategoriſchen Urtheil nicht die gewöhnliche logiſche Form gegeben hat; vergleiche Anmerkung zu §. 64. So z. B. in dem Urtheile,
wenn es regnet, wird es naß; wo man dem
Vorderſatz und dem Nachſatz leicht die logiſche
Form eines kategoriſchen Urtheils geben kann:
Wenn der Himmel das iſt, was regnet, ſo iſt
die Erde das, was naß wird.

Allein aus dem Umſtande, daß ein hypothetiſches Urtheil die Verknüpfung zweier kategoriſchen enthält, läßt ſich nicht ſchließen, daß das
hypothetiſche Urtheil blos ein zuſammengeſetztes
kategoriſches ſei; denn der Verſtand braucht einen ganz beſondern Aktus, um ein hypothetiſches
Urtheil zu Stande zu bringen, der von dem Aktus, den er beim Bilden eines kategoriſchen Urtheils vornimmt, ganz verſchieden iſt. Es iſt
etwas ganz anders, wenn ich ſage: Wenn Cajus
tugendhaft iſt, ſo redet er die Wahrheit; und
wenn ich ſage: Cajus iſt tugendhaft, und Cajus
redet die Wahrheit, oder zuſammen gezogen, Cajus
iſt tugendhaft und redet die Wahrheit; denn in dem
hypothetiſchen Urtheile wird angegeben, daß wenn
man ſetzt, Cajus ſei tugendhaft, ſo müſſe man
auch ſetzen, er rede die Wahrheit; es ſagt das
hypothetiſche Urtheil die Verknüpfung des Vorderſatzes und Nachſatzes (deren jedes es als
eine Einheit betrachtet) als Grund und Folge aus.
Ferner ſetzt das kategoriſche Urtheil wirklich etwas, das hypothetiſche nur bedient. Wenn ich
ſage: Cajus iſt tugendhaft und Cajus redet die
Wahrheit, ſo ſetze ich ſowohl feſt, daß Cajus
tugendhaft iſt, als daß er die Wahrheit redet.
Beim hypothetiſchen Urtheile: Wenn Cajus tugendhaft iſt, ſo redet er die Wahrheit, ſetze ich

　　　　　blos

blos fest, daß man setzen müsse, Cajus redet die Wahrheit, so bald man festgestellt hat, er sei tugendhaft; aber man läßt es unentschieden, ob gesetzt werden könne, Cajus sei tugendhaft, und also auch unentschieden, ob es an und für sich gelten könne, daß er die Wahrheit rede. — In so fern man also bei einem hypothetischen Urtheile bloß auf die Verbindung des Vordersatzes und des Nachsatzes zu sehen hat, findet sich in demselben nur Ein Subjekt (Vordersatz) und Ein Prädikat :Nachsatz'.

Man kann aber auch die hypothetischen Urtheile, wie die kategorischen, in einfache und zusammengesetzte eintheilen, allein diese letztern lassen sich leicht auf einfache zurückführen. So läßt sich z. B. das zusammengesetzte hypothetische Urtheil: wenn Cajus tugendhaft ist, so redet er die Wahrheit und stiehlt nicht, in folgende zwei auflösen: Wenn Cajus tugendhaft ist, so redet er die Wahrheit, und wenn Cajus tugendhaft ist, so stiehlt er nicht. Finden sich in dem Vordersatze eines hypothetischen Urtheils zwei oder mehrere kategorische, die durch und verbunden sind, so kann man das hypothetische Urtheil nicht als zusammengesetzt betrachten, denn alsdann werden die im Vordersatze verbundenen kategorischen Urtheile als Einheit betrachtet, und nur, wenn alle diese Bedingungen vorhanden sind, der Nachsatz gesetzt. Z. B. wenn ich sage: Wenn in Frankreich weniger Despotismus geherrscht, und weniger Aufklärung gewesen wäre, so würde es seine monarchische Regierungsverfassung nicht in eine demokratische verwandelt haben. Hier fällt in die Augen, daß ich nicht sagen will: Wenn weniger Despotismus geherrscht hätte, so würde Frankreich nicht frei geworden sein, oder wenn weniger Aufklärung gewesen wäre, so würde Frankreich nicht frei geworden sein; sondern,

wenn

wenn beides zusammengenommen, weniger Despotismus und weniger Aufklärung gewesen wäre, so würde Frankreich die Monarchie nicht in eine Demokratie verwandelt haben.

Finden sich hingegen in dem Vordersaße eines hypothetischen Urtheils mehrere kategorische Urtheile, die durch oder getrennt sind, so wird das Urtheil als zusammengesetzt zu betrachten sein, und sich in einfache Urtheile auflösen lassen; z. B. das Urtheil, wenn ein Kaufmann sittlich gut ist, oder sich auch auf seinen wahren Vortheil versteht (wirklich klug ist), so wird er die Käufer nicht betrügen; wird sich in folgende zwei zerlegen lassen: Wenn ein Kaufmann sittlich gut ist, so wird er nicht betrügen; wenn ein Kaufmann klug ist, so wird er nicht betrügen.

Hypothetische Urtheile, bei denen disjunkte Prädikate sich finden, sind von gemischter Art, theils hypothetisch, theils disjunktiv, und nehmen also die Natur beider Urtheile an, wie z. B. das Urtheil: wenn Cajus klug ist, so wird er entweder gar nicht betrügen, oder er wird es nicht offenbar thun.

ad §. 83.

Der in diesem §. vorgetragene Satz, daß in einem jeden disjunktiven Urtheile sich mehr als zwei Vorstellungen (Anschauungen, Begriffe oder Säße) finden müssen, fließt aus der gegebenen Erklärung eines solchen Urtheils sehr leicht. Ein Urtheil ist disjunktiv, wenn dasselbe bestimmt, daß von der Sphäre von Prädikaten, die einem Gegenstande in gewisser Rücksicht beigelegt werden können, diesem Gegenstande eins zukommen müsse, folglich müssen in jedem disjunktiven Urtheile wenigstens zwei Prädikate sein. Da die Prädikate hier nicht mit dem Subjekte identisch sein können, so müssen sie Merkmale desselben,

§ 3   d. h.

d. h. Begriffe sein, obgleich das Subjekt eine Anschauung sein kann, wie dies z. B. in dem Urtheile, Cajus ist entweder gelehrt oder nicht gelehrt, der Fall ist. Es kömmt nun bei einem disjunktiven Urtheile blos auf das Feststellen der Theile der Sphäre der Prädikate eines Gegenstandes an; nicht, welches von den gegebenen Prädikaten dem Gegenstande wirklich zukomme; so ist es z. B. bei dem Urtheile, Cajus ist entweder gelehrt oder nicht gelehrt, es wird gar nicht bestimmt, welches Prädikat von beiden, gelehrt oder nicht gelehrt, ihm zukomme, sondern nur, daß wenn in Rücksicht der Gelehrsamkeit etwas vom Cajus ausgesagt werden solle, eins von beiden ihm beigelegt werden müsse. Es liegen also einem jeden disjunktiven Urtheile mehrere kategorische zum Grunde, von denen dasselbe blos bestimmt, daß nur eins gesetzt und für wahr erkannt werden könne; so sind in dem gegebenen Falle die beiden kategorischen Urtheile: Cajus ist gelehrt und Cajus ist nicht gelehrt, von denen das disjunktive Urtheil nun bestimmt, daß eins das andere ausschließt, d. h. wenn das eine gesetzt wird, das andere nicht gesetzt werden kann, und umgekehrt. Folglich hat man die disjunktiven Urtheile nicht als zusammengesetzte kategorische zu betrachten.

Es findet aber auch bei den disjunktiven Urtheilen die Eintheilung in einfache und zusammengesetzte statt. Ein disjunktives Urtheil ist zusammengesetzt, wenn in ihm mehrere Subjekte oder Prädikate vorkommen, die durch und verbunden sind: z. B. der Mensch und das Thier ist entweder erschaffen oder nicht erschaffen; dies Urtheil läßt sich in die beiden: der Mensch ist entweder erschaffen oder nicht erschaffen, und das Thier ist entweder erschaffen oder nicht erschaffen, auflösen; oder wenn ich sage, der Mensch ist entweder

weder

weder erſchaffen oder nicht erſchaffen, und ſterblich oder nicht ſterblich.

Kant unterſcheidet in ſeinen metaphiſiſchen
Anfangsgründen der Naturwiſſenſchaft die disjunktiven Urtheile von den alternativen und dis-
tributiven. Ein Urtheil heißt alternativ, wenn
man von zwei Urtheilen, die objektiv gleich gelten (in Beziehung auf den zu erkennenden Gegenſtand gleich ſind), ſubjektiv (in Beziehung
auf das urtheilende Subjekt) aber einander entgegengeſetzt ſind, das Eine zur Beſtimmung blos
annimmt. So iſt z. B. das Urtheil, A bewegt
ſich gegen B, und B bewegt ſich gegen A (wenn beide allein vorgeſtellt werden) objektiv gleichbedeutend, es giebt dieſelbe Erſcheinung, man mag
annehmen, was man will; beſtimme ich aber,
B bewege ſich gegen A, und A ruhe, ſo habe ich
ein alternatives Urtheil gefällt.

Diſtributiv heißt ein Urtheil, wenn man ein
Prädikat, was man objektiv einem von zweien
oder mehreren Dingen beilegen könnte, aus ſub-
jektiven Gründen unter beiden vertheilt; wie z.
B. wenn man in dem oben gegebenen Falle die
Bewegung unter A und B vertheilte. —
Ich habe dieſe Erklärung der alternativen und
diſtributiven Urtheile, die eigentlich, weil dabei aufs Subjekt Rückſicht genommen wird, nicht
in die reine allgemeine Logik gehört, blos für die
Kenner der kantiſchen Schriften, denen ſie auch
blos völlig verſtändlich ſein kann, hier mit beige-
bracht; diejenigen alſo, die nicht zu dieſen gehören, und Schwierigkeiten finden ſollten, ſie zu
verſtehen, können ſie dreiſt übergehen, da ſie blos
als eine beiläufige Anmerkung zu betrachten iſt,
die nicht zum Syſtem der reinen allgemeinen Logik gehört, weshalb ich ſie auch in dem voran-
geſchickten kurzen Abriß nicht mitgenommen habe.

§. 84. bedarf keiner Erläuterung, daß in ihm gesagte ist durch die Anmerkungen zu den vorhergehenden §§. vollkommen deutlich.

Der Lehre von den Urtheilen
Vierte Abtheilung.
Von der Modalität der Urtheile.

ad §. 85.

Man versteht unter Modalität einer Vorstellung das Verhältniß derselben zum vorstellenden Subjekte, also unter Modalität eines Urtheils, das Verhältniß desselben zu unserm Vorstellungsvermögen. Durch die Modalität eines Urtheils wird also gar nichts in Ansehung des Inhalts eines Urtheils bestimmt, sondern blos die Art festgesetzt, wie das ganze Urtheil gedacht wird. Die Verbindung oder Nichtverbindung des Subjekts mit dem Prädikat in die Einheit des Selbstbewußtsein wird entweder 1) blos als möglich betrachtet; dann heißt das Urtheil problematisch, z. B. Cajus kann gelehrt sein, wo man blos aussagt, es sei möglich, daß die Vorstellungen Cajus und gelehrt sich in eine Einheit des Selbstbewußtseins verbinden ließen; oder 2) als wirklich geschehen (assertorisches Urtheil), wenn ich sage, Cajus ist gelehrt, oder 3) als nothwendig (apodiktisches Urtheil). Cajus muß gelehrt sein. Jedes von dieser Art Urtheilen hat sein Correlatum, möglich — unmöglich; wirklich — nicht wirklich; nothwendig — nicht nothwendig. Bei einem problematischen Urtheile stellt der Verstand es der Willkühr frei zu verknüpfen, bei den assertorischen stellt er die Verknüpfung als vorgegangen vor, bei den apodiktischen, daß die

die Verknüpfung durch die Geseze des Verstandes
selbst bestimmt sei, das leztere ist z. B. der Fall
in dem Schlußsaze eines Vernunftschlusses. —
Die problematischen Urtheile sind für den Ver=
stand, als dem Vermögen der Möglichkeit der
Verbindung, die assertorischen für die Urtheils=
kraft, in so fern wirklich subsumirt ist, die apo=
diktischen für die Vernunft, als dem Vermö=
gen der Erkenntniß aus Prinzipien. Man pflegt
die Urtheile, in so fern man auf ihre Modalität
Rücksicht nimmt, Modalsätze zu nennen.

ad §. 86.

Wir bezeichnen die Modalität der Urtheile,
wenn sie kategorisch sind, durch besondere Worte,
die problematischen durch kann, die assertorischen
durch ist, die apodiktischen durch muß. In ei=
nem jeden hypothetischen Urtheile ist der Vorder=
saz problematisch, der Nachsaz assertorisch, die
Konsequenz apodiktisch. Wenn es regnet, wird
es naß, hier ist das Urtheil, daß es regnet,
problematisch, naß werden, assertorisch, die
Konsequenz aber, daß wenn man das regnen sezt,
auch das naßwerden gesezt werden muß, apodik=
tisch. — Jedes einzelne Urtheil im disjunktiven
Urtheile ist problematisch, nur daß eins von die=
sen Urtheilen statt finden müsse, ist apodiktisch. —
Man nennt nur die assertorischen (und folglich
auch die apodiktischen) Urtheile Säze, folglich
wird man die problematischen und disjunktiven
Urtheile nicht Säze nennen können.

Anhang zu der Lehre von den Urtheilen.

ad §. 87.

Wir haben eben §. 66. aus dem Wesen der Ur=
theile gezeigt, daß man bei einem jeden derselben
F 5   fragen

fragen kann, was es für eine Quantität, was für eine Qualität, was für eine Relation, und was für eine Modalität es habe? und daß ein jedes Urtheil in diesen vier Rücksichten muß bestimmt werden können. So ist z. B. das Urtheil: Alle Menschen sind sterblich, der Quantität nach allgemein, der Qualität nach bejahend, der Relation nach kategorisch, der Modalität nach assertorisch. — Ferner das Urtheil: Wenn Cajus tugendhaft ist, so lügt er nicht, ist der Quantität nach einzeln, der Qualität nach verneinend, der Relation nach hypothetisch, und der Modalität nach problematisch.

ad §. 88.

Betrachtet man die Quantität und Qualität eines Urtheils zugleich, und theilt die Urtheile in dieser Rücksicht ein, so sind die Urtheile entweder allgemeine oder besondere (die einzeln nimmt man hier für besondere, in so fern sie auch nur einen Theil der Sphäre eines allgemeinen Begrifs ausmachen), die allgemeinen sind wieder entweder allgemeinbejahende oder allgemeinverneinende, und die besondern theilt man wieder in besondersbejahende und in besondersverneinende. Alle Menschen sind sterblich, ist allgemeinbejahend; Kein Mensch ist allmächtig, allgemeinverneinend; Einige Menschen sind Gelehrte, besonders bejahend; Einige sind nicht Mathematiker, besondersverneinend. Man bezeichnete die allgemeinbejahenden Urtheile mit a, die allgemeinverneinenden mit e, die besondersbejahenden mit i, die besondersverneinenden mit o; eine Bezeichnung, die wir in der Lehre von den Schlüssen noch einmal brauchen werden. Um diese Bezeichnungen desto leichter dem Gedächtniß einzuverleiben, findet man in den alten Logiken folgenden lateinischen Vers:

Asserit

Aſſerit A, negat E, ſed univerſaliter ambae,
Aſſerit I, negat O, ſed particulariter ambo.

und Gottſched verdollmetſchte dies durch folgende
klägliche Reime:

Das A bejahet allgemein,
Das E ſpricht auch von allen nein!
Das I bejaht doch nicht von allen,
So läßt auch O das Nein erſchallen.

ad §. 89.

So könnte man mehrere Benennungen einfüh-
ren, wenn man bei Betrachtung der Urtheile auf
mehrere der §. 87. angeführten Stücke zugleich
Rückſicht nehmen wollte; allein dieſe Benennungen würden von keinem ſonderlichen Nutzen ſein.
So giebt es z. B. kategoriſchbejahende und ka-
tegoriſchverneinende Urtheile, allgemeine kategoriſche und beſonders kategoriſche. Wir übergehen
ſie aber aus dem oben angeführten Grunde, und
jeder Leſer kann für ſich ſelbſt dieſe Modifikationen
herausbringen. Unſer Hauptzweck war nur die
einfachen Urtheile jeder Art vollſtändig darzule-
gen; nun ſcheint es aber, als hätten wir bei Eintheilung der Urtheile, der Relation nach, gegen
dieſen unſern Hauptzweck einen Verſtoß began-
gen, indem wir die hypothetiſchen und disjunktiven Urtheile, wo eigentlich die Verknüpfung
mehrerer Urtheile angegeben wird, und die alſo
ſchon die kategoriſchen Urtheile vorausſetzen, als
einfache Urtheile aufgeführt haben. Allein wir
ſehen, wenn wir die Urtheile in einfache und zuſammengeſetzte eintheilen, nicht auf die Materie
deſſelben, ſondern auf den Aktus des Verſtandes, der erfordert wird, ein ſolches Urtheil zu
Stande zu bringen (auf die Form deſſelben).
Iſt dieſe Handlung des Verſtandes, wodurch er
das Urtheil zu Stande bringt, einfach, ſo iſt
das

das Urtheil auch einfach. Dies ist aber bei den
reinen hypothetischen und disjunktiven Urtheilen
offenbar der Fall, denn es ist das Setzen der
Konsequenz und das Bestimmen der Sphäre nur
eine einfache Handlung, eben so einfach als das
Setzen der Verhältnisse eines Merkmals zu dem
Begrif, zu dem er gehören soll. Denn wollte
man die Urtheile nach der Materie (Inhalt) in
einfache und zusammengesetzte theilen, so wür=
den selbst diejenigen kategorischen Urtheile, die
Begriffe enthielten, wie z. B. Cajus ist ein Mensch,
zusammengesetzt sein, denn bei dem Begriffe
(Mensch) ist schon eine Handlung des Verstan=
des, die Verbindung des Mannigfaltigen in eine
Einheit, vor sich gegangen.

ad §. 90.

Wir sollten nun nach vollendeter Darstellung
der einfachen Urtheile noch die zusammengesetzten
betrachten, allein theils lassen sie sich leicht in die
einfachen Urtheile auflösen, aus denen sie zusam=
mengesetzt sind, theils sind mehrere von ihnen
schon beiläufig mitgenommen worden. Diejeni=
gen, die noch einige Schwierigkeiten machen
könnten, wollen wir kürzlich betrachten. Wir
haben §. 90. der exponiblen und hypothetischdis=
junktiven Sätze gedacht. Ein Urtheil heißt expo=
nibel, entweder wenn einem Subjekte mit Aus=
schließung anderer ein Prädikat beigelegt wird,
wie z. B. in dem Urtheil, Gott allein ist allmäch=
tig; dies Urtheil besteht eigentlich aus den beiden
Urtheilen: Gott ist allmächtig, und kein anderes
Wesen, Gott ausgenommen, ist allmächtig;
oder, wenn man einem gegebenen Subjekte ein
Prädikat beilegt, und die andern ausschließt,
wie z. B. Cajus ist nur Geschichtsforscher, wel=
ches aus den beiden Urtheilen besteht: Cajus ist
Geschichtsforscher und Cajus ist nicht Philosoph,
nicht

nicht Mathematiker u. s. w. — Man sieht leicht
ein, daß ein exponibles Urtheil eine Bejahung
und eine Verneinung in sich schließt.

Ein Urtheil ist hypothetisch = disjunktiv,
wenn der Vordersatz eine Bedingung, der Nachsatz aber disjunkte Prädikate enthält, wie z. B.
in dem Urtheile: Wenn es eine Vorsehung giebt,
so ist diese entweder eine allgemeine oder eine
besondere. Dies besteht aus den Urtheilen: Es
ist möglich, daß es eine Vorsehung giebt, aber
auch möglich, daß es keine giebt. Giebt es eine Vorsehung, so ist diese entweder eine allgemeine oder eine besondere.

Der Elementarlehre der Logik
Drittes Kapitel,
welches
die Lehre von den Schlüssen enthält.

ad §. 91.

Es bleibt uns nun, nachdem wir die Lehre von
den Begriffen und Urtheilen vorgetragen haben,
nur noch die Lehre von den Schlüssen abzuhandeln übrig.

Schließen heißt die Wahrheit oder Falschheit
eines Urtheils aus einem andern erkennen.
Wenn ich die Wahrheit des Satzes: Einige
Menschen sind sterblich, aus dem Satze: Alle
Menschen sind sterblich, erkenne, so habe ich geschlossen. Wenn ich aus den beiden Sätzen: Alle
Menschen sind sterblich, Cajus ist ein Mensch, den
Satz, Cajus ist sterblich, herleite, so habe ich
ebenfalls geschlossen. Ein Schluß also ist diejenige Handlung des Verstandes (in weiterer Be-
deu-

deutung), wodurch man die Wahrheit oder Falschheit eines Urtheils aus einem andern herleitet.

ad §. 92.

In der §. 91. gegebenen Erklärung des Schlie-
ßens und des Schlusses kommt der Ausdruck
Wahrheit und Falschheit vor, und man wird
also, ehe man die gegebenen Erklärungen völlig
brauchen kann, sich zuvörderst auf die Fragen einlassen müssen, was ist Wahrheit? und in wiefern
ist sie ein Gegenstand der Logik? — Wahrheit
überhaupt ist Uebereinstimmung einer Erkenntniß
mit dem Gegenstande. Jede Wahrheit setzt also
eine Vorstellung voraus, und so dann, daß diese
Vorstellung mit dem Gegenstande übereinstimmt.
— Jede Vorstellung muß mit den Gesetzen des
Vorstellungsvermögens übereinstimmen, sonst kann
sie nicht einmal meine Vorstellung sein, vielweni-
ger sich auf einen Gegenstand beziehen. Uebereinstimmung einer Vorstellung mit den Gesetzen
des Vorstellungsvermögens heißt formale Wahrheit, Uebereinstimmung einer Vorstellung mit
dem Gegenstande selbst materiale Wahrheit.
Die Vorstellung eines viereckigten Cirkels hat
keine formale Wahrheit, weil es den Gesetzen
meines Verstandes widerspricht, viereckigt und
Cirkel zusammen in eine Einheit des Bewußtseins
zu verbinden. Daß Cajus gelehrt ist, hat zwar
formale Wahrheit, d. h. es widerstreitet den Gesetzen unsers Erkenntnißvermögens nicht, die
Vorstellungen, Cajus und gelehrt, zusammen in
eine Einheit des Bewußtseins zu verbinden; aber
daraus folgt nicht, daß das Urtheil, Cajus ist
gelehrt, materiale Wahrheit hat, d. h. daß Cajus
wirklich gelehrt ist, der Gegenstand mit meinem
Urtheil zusammenstimmt. Es wird also die Wahrheit überhaupt in die formale und materiale
zerfallen.

ad

ad §. 93.

Aus der §. 92. gegebenen Erklärung der formalen und materialen Wahrheit ergiebt sich ganz leicht, daß die formale Wahrheit der materialen schlechterdings immer vorangehen muß, daß sie die nothwendige Bedingung (conditio sine qua non) der materialen Wahrheit ist, ob sie gleich die materiale Wahrheit selbst nicht ausmacht. — Weniger gelehrt ausgedrückt: Aus der gegebenen Erklärung erhellet, daß eine Vorstellung, die materiale Wahrheit haben soll, schlechterdings formal wahr sein muß, aber daß nicht jede Vorstellung, die formal wahr ist, deshalb schon material wahr sein müsse. — Die formale Wahrheit geht deshalb der materialen Wahrheit voraus, und macht die nothwendige Bedingung derselben, weil jede Vorstellung, wenn sie unsere Vorstellung sein soll, mit den Gesetzen unseres Erkenntnißvermögens übereinstimmen muß.

Der Richter untersucht bei der Aussage eines Zeugen zuerst, ob das, was er sagt, auch unter sich übereinstimmt, ob er sich nicht selbst widerspricht, ob sein Zeugniß formale Wahrheit hat, und nur dann erst, wenn diese sich findet, untersucht er, ob sein Zeugniß mit dem, was er bezeugt, mit dem Gegenstande desselben, übereinstimmt, materiale Wahrheit hat. — Es würde ungereimt sein, dies letztere zu untersuchen, ehe man das erstere außer Zweifel gesetzt hat, und der Richter wird den Zeugen verlachen, der widersprechende Dinge aussagt, und doch behauptet, daß sie sich zugetragen hätten.

ad §. 94.

Welche von beiden Arten der Wahrheit ist aber nun der Gegenstand der Logik? — Daß die materiale es nicht sein kann, ergiebt sich aus dem

Be-

Begriffe der Logik selbst; sie muß, da sie blos die Form des Denkens betrachtet, von der Materie desselben, von den Gegenständen, die gedacht werden, gänzlich abstrahiren, folglich kann sie auch nichts über das Uebereinstimmen der Vorstellungen mit den Gegenständen selbst festsetzen. Sie wird also blos mit der formalen Wahrheit sich beschäftigen. — Da sie aber von unsern Vorstellungsvermögen nur den Verstand betrachtet und seine Gesetze (die Gesetze des Denkens) aufsucht, so wird sie auch nur die formale Wahrheit der Erkenntnisse, in so fern die Vorstellungen, die gegeben werden, Verstandesvorstellungen sind, betrachten können. — Die im §. beiläufig gemachte Anmerkung, daß es keine allgemeine Kennzeichen der materialen Wahrheit geben könne, ist in der Erläuterung des kurzen Abrisses ad §. 42. dargethan worden, und wir verweisen also unsere Leser auf das dort Gesagte.

ad §. 95.

Um zu prüfen, ob eine Erkenntniß formale Wahrheit habe, muß man sie an die Gesetze des Denkens halten, und untersuchen, ob sie diesen Gesetzen gemäß ist oder nicht. — Denken heißt gegebenes Mannigfaltige in eine Einheit des Bewußtseins vereinigen. Wird diese Vereinigung selbst dargestellt, das Verhältniß mehrerer Vorstellungen zur Einheit des Bewußtseins gesucht, so entsteht ein Urtheil. — Da die formale Wahrheit blos das Verhältniß der Erkenntniß zum Erkenntnißvermögen betrifft, so werden die Gesetze für die formale Wahrheit, nach der Modalität der Urtheile, d. h. nach dem Verhältnisse derselben zum Erkenntnißvermögen sich richten. Die Urtheile sind der Modalität nach problematische, assertorische und apodiktische; folglich auch die Erkenntnisse der Modalität nach problematische,

asser-

aſſertoriſche und apodiktiſche. — Und es wird alſo Geſetze der formalen Wahrheit für die problema- tiſchen, aſſertoriſchen und apodiktiſchen Urtheile geben, mit andern Worten, es wird Geſetze ge- ben, welche der Verſtand bei Bildung jeder dieſer drei Arten von Urtheile befolgt, und ein Urtheil, was dieſen Geſetzen gemäß iſt, wird formale Wahrheit haben.

ad §. 96.

Ein problematiſches Urtheil iſt nur möglich (hat formale Wahrheit), wenn es den Geſetzen des Verſtandes beim Bilden der problematiſchen Urtheile, ein aſſertoriſches, wenn es den Geſe- tzen des Verſtandes beim Bilden der aſſertori- ſchen Urtheile, ein apodiktiſches, wenn es den Geſetzen des Verſtandes beim Bilden der apo- diktiſchen Urtheile gemäß iſt. — Die Geſetze der formalen Wahrheit ſind alſo Geſetze für die Mög- lichkeit der Erkenntniſſe überhaupt. Ein Satz, aus dem die Möglichkeit anderer Erkenntniſſe er- kannt wird, heißt in Rückſicht auf dieſe ein Grundſatz (principium). So iſt z. B. der Satz: Alle Menſchen ſind ſterblich, in Rückſicht der da- raus abgeleiteten, Einige Menſchen ſind ſterblich, auch der tugendhafteſte Menſch iſt ſterblich, Ca- jus iſt ſterblich u. ſ. w. ein Grundſatz. — Iſt dieſer Satz aber ſelbſt nicht erſt wieder von andern abgeleitet, ſondern der erſte, ſo heißt er der oberſte Grundſatz. Da nun die Geſetze für die formale Wahrheit im Verſtande ſelbſt liegen müſſen, da ſie die Operationen des Verſtandes ſelbſt in Rückſicht aller Erkenntniſſe betreffen, und alſo nicht erſt von andern abgeleitet werden kön- nen, ſo ſind ſie die oberſten Grundſätze. — Es folgt aber aus dem Weſen eines oberſten Grund- ſatzes, daß er nicht wieder abgeleitet, alſo auch nicht bewieſen werden kann, folglich wird man

G die

die Gesetze für die formale Wahrheit nicht beweisen können. Sie werden blos einer Erläuterung bedürfen, und sie werden sodann von jedem, der sie versteht, auch für richtig anerkannt werden. Es würde also unnütze Mühe sein, und nur einen Cirkel im Beweise geben, wenn man sich bemühen wollte, die Gesetze für die formale Wahrheit zu beweisen. Diese Grundsätze für die formale Wahrheit werden, weil sie im Verstande selbst liegen, ein auszeichnendes Kennzeichen in Rücksicht ihrer Gültigkeit haben müssen, sie werden nämlich strenge Allgemeinheit und Nothwendigkeit bei sich führen. Denn da sie im Verstande selbst gegründet sind, so wird sie auch jedes denkende Wesen als Grundgesetze des Denkens anerkennen müssen; und ihre Allgemeingültigkeit leugnen, hieße das Denken überhaupt aufheben.

ad §. 97.

Zuerst also das Gesetz der formalen Wahrheit für die problematischen Urtheile. Ein problematisches Urtheil sagt uns, daß die Verbindung oder Nichtverbindung des Subjekts und Prädikats in einem Urtheil möglich oder nicht möglich sei. Sie zerfallen also in bejahende und verneinende problematische Urtheile: der Grundsatz für die bejahenden problematischen Urtheile ist:

Jedem Subjekt kommt das Prädikat zu, das mit ihm übereinstimmt.

Für die verneinenden problematischen Urtheile:

Keinem Subjekt kommt ein Prädikat zu, das ihm widerspricht.

Der erste dieser Sätze heißt der Satz der Einstimmung (principium identitatis), der zweite der Satz des Widerspruchs (principium contradictionis). Jeder Versuch, diese Grundsätze zu beweisen, würde vergebliche Mühe sein, weil der

Be-

Beweis den Grundsatz immer wieder vorausseßen würde. — Man sagt z. B. übereinstimmen heißt in ein Bewußtsein verbunden werden können; ein Merkmal stimmt also mit seinem Gegenstande überein, wenn es mit ihm in ein Bewußtsein verbunden werden kann. Zukommen heißt beigelegt werden können: ein Merkmal kommt einem Gegenstande zu, oder kann ihm beigelegt werden, wenn es mit ihm in ein Bewußtsein verbunden werden kann. Folglich würde der Saß der Identität: Jedem Gegenstande kommt ein Merkmal zu, das mit ihm übereinstimmt, auch so ausgedrückt werden können: Jeder Gegenstand kann mit einem Merkmal, das mit ihm in einem Bewußtsein verbunden werden kann, in einem Bewußtsein verbunden werden. Man glaubt nun durch diese Analysis des Saßes der Identität, wodurch man ihn auf einen identischen Saß zurückgeführt hat, denselben bewiesen zu haben; allein man vergißt, daß der identische Saß, den man durch die Auflösung herausgebracht hat, das Prinzip der Identität selbst wieder voraus seßt.

Eben dieselbe Bewandtniß hat es mit dem Beweise, den man gewöhnlich für den Saß des Widerspruchs führt. Widersprechen heißt, nicht in ein Bewußtsein vereinigt werden können. Ein Merkmal widerspricht einem Gegenstande, wenn sie beide nicht in eine Einheit des Bewußtseins verbunden werden können. Nicht zu kommen, heißt nicht in eine Einheit des Bewußtseins verbunden werden können. Dieser Zergliederung zufolge würde alsdann der Saß des Widerspruchs in folgenden Saß aufgelöst werden: Es kann mit keinem Gegenstande ein Merkmal in ein Bewußtsein verbunden werden, das nicht mit ihm in ein Bewußtsein verbunden werden kann; ein Saß, dessen Wahrheit den Saß des Widerspruchs selbst voraus seßt. Also einen Beweis kann man für diesen Grundsatz nicht geben, aber erläutern kann man ihn doch. Diese Erläuterung ist schon im vorhergehenden in der Auflösung der darin vorkommenden Worte gegeben; wir wollen zum Ueberfluß noch zwei Beispiele hinzufügen. — Ein Dreieck hat drei Ecken, ist dem Satze der Identität gemäß. — Ein Dreieck ist nicht viereckig, dem Satze des Widerspruchs.

ad §. 98.

Welchen von den beiden Sätzen man auch als den ersten ansehen mag, so läßt sich der andere leicht herleiten. Kömmt jedem Gegenstande ein Merkmal zu, das mit ihm übereinstimmt, so kömmt keinem Gegenstande ein Merkmal zu, das nicht mit ihm übereinstimmt, d. h. ihm widerspricht. — Umgekehrt hingegen setzt man fest, Keinem Gegenstande kommt ein Merkmal zu, das ihm widerspricht, so folgt daraus: Jedem Gegenstande kommt ein Merkmal zu, das ihm nicht widerspricht, d. h. mit ihm übereinstimmt. *) —

Ob nun aber gleich jeder dieser beiden Sätze den andern unmittelbar in sich schließt, und man folglich einen eben so gut als den andern nennen könnte, so nennt man doch gewöhnlich den Satz des Widerspruchs, weil da er das Gegentheil als unmöglich bezeichnet, die Nothwendigkeit zugleich mit ausdrückt: denn nothwendig ist alles das, dessen Gegentheil unmöglich ist.

Sonst drückt man in den gewöhnlichen Logiken das Prinzip des Widerspruchs so aus: ein Ding kann unmöglich zu gleicher Zeit sein und nicht sein. So wahr dieser Satz auch ist, so kann er doch

---

*) Wir wollen hier ein für allemal anmerken, daß wir den Ausdruck Gegenstand in der logischen Bedeutung d. h. mit dem Ausdruck Vorstellung als gleichbedeutend, nehmen.

doch nicht so ausgedrückt als der oberste Grundsatz des Denkens angesehen werden. Es ist schon
überflüßig, daß man die Nothwendigkeit des
Satzes, die sich von selbst versteht und in dem
Satze selbst liegt, durch den Ausdruck unmöglich noch bezeichnet. — Aber ein weit größerer
Fehler ist der, daß man die Zeitbedingung mit
eingemischt hat, wodurch man ihn, als für jeden
Verstand geltend, untauglich machte, denn er
gilt alsdann nur für die Vorstellungen, an denen
die Bedingung der Zeit haftet, also nicht für jeden Verstand, nicht für jedes Denken überhaupt,
welches doch der eigentliche Gegenstand der Logik
ist. Nimmt man nun aber die Zeitbedingung
aus dem Satze weg, so bleibt übrig, ein Ding
kann nicht sein und nichtsein, und dies ist offenbar falsch. Cajus kann reich und nicht reich sein,
wenn man ihn zu verschiedenen Zeiten betrachtet.
Der ganze Fehler liegt darin, daß man zuvörderst
ein Merkmal eines Gegenstandes von dem Begriffe desselben absondert, und nachher sein Gegentheil mit diesem Prädikate verknüpft, welches
niemals einen Widerspruch mit dem Subjekte,
sondern nur mit seinem Prädikate, das mit ihm
synthetisch verbunden war, abgiebt, und zwar
nur dann, wenn das erste und zweite Prädikat
zu gleicher Zeit gesetzt worden. Sage ich ein
Mensch der ungelehrt ist, ist nicht gelehrt, so
muß die Bedingung zugleich dabei stehen, denn
der, der zu einer Zeit ungelehrt ist, kann zu einer andern Zeit gelehrt sein. Sage ich aber,
kein ungelehrter Mensch ist gelehrt, so bedarf ich
die Bedingung zugleich nicht, denn der Begrif
ungelehrt liegt nun im Subjekt, und schließt das
Merkmal gelehrt aus.

ad §. 99.

Daß der Satz der Einstimmung und des Widerspruchs blos für die problematischen Urtheile (mögliche Erkenntnisse) gilt, erhellet daraus, daß er blos ein Gesez für die Möglichkeit oder Nichtmöglichkeit einer Verbindung überhaupt an die Hand giebt. Da aber die problematischen Urtheile vor den assertorischen und apodiktischen (die möglichen Erkenntnisse vor den wirklichen und nothwendigen) voraus gehen müssen, so wird das Prinzip der Identität und Widerspruchs unter den Gesetzen der formalen Wahrheit zuerst genannt werden müssen. — Ich kann aber logisch blos durch die Auflösung der Vorstellung des Subjekts wissen, ob ein Merkmal dem Gegenstande zukommt oder widerspricht; folglich wird das Prinzip der Identität und des Widerspruchs als das Grundgesez für alle analytischen Urtheile, und folglich auch für alle analytischen Erkenntnisse anzusehen sein.

ad §. 100.

In einem assertorischen Urtheile wird ein Prädikat einem Subjekte wirklich beigelegt oder ihm abgesprochen. Der formalen Wahrheit der assertorischen Urtheile, und also auch der assertorischen Erkenntnisse, liegt folgendes Prinzip zum Grunde.

Wenn man einem Subjekte ein Prädikat beilegt oder abspricht, so muß dies seinen zureichenden Grund haben.

Es erhält dieser Saz den Namen des Sazes des zureichenden Grundes (principium rationis sufficientis). Grund ist alles das, woraus etwas erkannt wird; jeder Grund ist entweder logisch oder real. Ein logischer Grund ist eine Vorstellung, woraus man das Dasein einer andern Vorstellung erkennet, so ist die Vorstellung Mensch der Grund, woraus ich erkenne, daß Cajus sterblich ist. Ein realer Grund (Ursach)

ist

ist dasjenige, wodurch, wenn es gesetzt wird, etwas anders nothwendig auch gesetzt werden muß. So ist das Abschießen einer Pistole die Ursach des Knalls. — Man muß also das Prinzip des zureichenden Grundes mit dem Prinzip der Kaussalität nicht verwechseln, jenes ist logisch, dies metaphysisch. Jenes behauptet blos, daß wenn man einem Subjekte ein Prädikat beilegt, dies in irgend einer Vorstellung gegründet sein müsse, betrift also blos die Form der Erkenntnisse; dieses beschäftigt sich hingegen mit den Gegenständen der Erkenntnisse, und sagt aus: Alles, was geschieht, hat eine Ursache. Den Satz des zureichenden Grundes, der blos die Form der Erkenntnisse betrift, ohne allen Beweis auf die Gegenstände selbst anwenden, und in das Prinzip der Kaussalität verwandeln, heißt die Logik, die nur ein bloßer Kanon ist, als ein Organon brauchen, und also dialektisch verfahren.

Was nun aber den Beweis für das Prinzip des zureichenden Grundes betrift, so würde es vergebliche Mühe sein ihn zu versuchen, denn er ist ein Grundsatz des Verstandes, liegt also unmittelbar in ihm selbst, und ist nicht von andern erst abgeleitet. — Alle Versuche also, ihn aus irgend einem Satze, auch selbst aus dem Satze des Widerspruchs, abzuleiten, sind nicht gelungen. Man sagt gewöhnlich, wenn ich sage A ist B, so muß dies seinen zureichenden Grund haben; denn gesetzt es hätte nicht seinen zureichenden Grund, so könnte A auch non B sein; nun aber ist es unmöglich, daß A, in dem B als Merkmal angetroffen wird, auch non B sei, folglich muß der Satz, A ist B seinen zureichenden Grund haben. — Allein dieser Beweis setzt den Satz vom zureichenden Grunde schon voraus, und enthält also einen Cirkel. Denn der Satz, wenn das Urtheil A ist B seinen zureichenden Grund

G 4 hätte,

hätte, so könnte man auch sagen, A ist non B,
setzt voraus, daß wenn man sagt, A ist B, dies
einen zureichenden Grund hat. Wir begnügen
uns also, eine Erläuterung des Grundsatzes hin=
zuzusetzen, die Wahrheit des Grundsatzes selbst
muß jeder, der ihn versteht, augenblicklich zuge=
stehen. Wenn ich sage: Cajus ist gelehrt, so
muß ein Grund vorhanden sein, warum ich dem
Cajus das Prädikat gelehrt beilege, und eben
dies gilt auch, wenn ich sage, Cajus ist nicht
reich, also feststelle, daß die Vorstellungen Cajus
und reich sich nicht in eine Einheit des Bewußt=
seins vereinigen lassen.

ad §. 101.

Für die apodiktischen Urtheile, die die Ver=
bindung oder Nichtverbindung zweier Vorstellun=
gen als nothwendig aussagen (also auch für die
Form nothwendiger Erkenntnisse), gilt das
Prinzip des ausschließenden dritten, von zwei
einander widersprechenden (logischentgegengesetz=
ten) Prädikaten, das principium exclusi tertii
(oder medii) inter duo contradictoria, das auch
Kürze halber oft das Prinzip des ausschließenden
dritten, oder das principium exclusi medii ge=
nannt wird. Es heißt:

Von zwei einander entgegengesetzten Prä=
dikaten muß eins dem Subjekte schlechter=
dings zukommen.

Daß dieses Prinzip für die apodiktischen Ur=
theile und nothwendigen Erkenntnisse gilt, ist
leicht einzusehen. Denn nothwendig ist alles das,
dessen Gegentheil unmöglich ist, zeige ich also,
daß von zwei einander entgegengesetzten Prädika=
ten eins dem Gegenstande nicht zukommt, so muß
ihm das andre nothwendig beigelegt werden.

Auch dieses Prinzip kann nicht weiter bewie=
sen werden, sondern seine Wahrheit leuchtet so=
gleich

gleich ein, so bald man es verstanden hat. Man
will es freilich gewöhnlich so beweisen: Gesetzt,
es komme A weder B noch non B zu, so sei das
dritte, was ihm zukommt, C, dies C ist nun entweder B und non B zugleich, dies ist aber dem
Satze des Widerspruchs entgegen, oder es ist
weder B noch non B; d. h. es ist nicht B und nicht
non B, mit andern Worten non B und B, welches der Satz des Widerspruchs nicht zuläßt.
Dieser Beweis aber, der da bestimmt, daß C
entweder B und non B, oder nicht B und nicht
non B ist, setzt eben dadurch das principium exclusi tertii voraus.

Uebrigens gesteht gewiß jeder Leser die Wahrheit dieses Satzes augenblicklich zu, so bald er
ihn verstanden hat. Wer wird läugnen, daß
Cajus entweder krank oder nicht krank ist. —
Doch muß man sich, wenn man dieses Prinzip
zur Bestimmung der Erkenntnisse braucht, hüten,
daß man nicht Prädikate, die nur kontrarie oder
subkontrarie entgegengesetzt sind, für kontradiktorisch entgegengesetzt hält. Die logische Entgegensetzung (Kontradiktion) wird durch das hin-
zugesetzte Nicht (non) hervorgebracht. A ist entweder B oder Nicht B (non B).

Erläuterung der zu diesem §. gehörigen Anmerkung.

Ich habe diese Anmerkung eigentlich nur für
diejenigen hergesetzt, die mit der Kantischen
Kritik der reinen Vernunft vertrauter sind, und
sie kann von denjenigen meiner Leser, die dies
nicht sind, ohne Nachtheil übergangen werden.
Wenn man diese drei Gesetze für die formale
Wahrheit mit den Kategorien der Relation vergleicht, so findet man, daß im Grundsatz der
Identität und des Widerspruchs, die Form vom

Sub-

Subjekt und Prädikat; im Grundsatz des zureichenden Grundes, die Form von Grund und
Folge; und im Grundsatz des ausschließenden
dritten, die Form der Gemeinschaft, zum Grunde liegt. Freilich erhalten die Kategorien, die
diese Formen auf wirkliche Gegenstände anwenden, andere Namen, Substanz und Accidenz,
Ursach und Wirkung, und Gemeinschaft (Wech-
selwirkung), aber ihnen liegen diese logische Formen, wie jeder leicht einsieht, zum Grunde. Woher diese Uebereinstimmung? — Gewiß blos aus
dem Grunde, weil in der formalen Wahrheit die
Relation einer Erkenntniß zum Verstande selbst
angegeben wird. Auch ist leicht einzusehen, daß
alle diese drei Gesetze darauf beruhen, daß der
Verstand das Vermögen ist, Mannigfaltiges in
eine Einheit des Bewußtseins zu verknüpfen.

ad §. 101.

Nach dieser Auseinandersetzung, in wie fern
Wahrheit der Gegenstand der Logik ist, was formale Wahrheit sei, und welches die Gesetze derselben, kehren wir zu der §. 91. gegebenen Erklärung zurück. Schließen heißt, wie dort gezeigt, die Wahrheit oder Falschheit eines Urtheils aus andern erkennen. Schließen setzt also
Selbstthätigkeit voraus. Das in uns sich fin-
dende selbstthätige Vermögen nennen wir Verstand in engerer Bedeutung. Also ist Schließen
ein Aktus des Verstandes. — Der Verstand in
weiterer Bedeutung zerfiel nach §. 12. in drei
Theile, in Verstand, Urtheilskraft und Vernunft;
nun zeigt es sich, daß jedes dieser Vermögen
eigenthümliche Schlüsse hervorbringt, und wir
werden also bei unserer Abhandlung von den
Schlüssen eine dreifache Abtheilung machen müssen, erst von den Schlüssen des Verstandes,

dann

dann von den Schlüſſen der Urtheilskraft, und endlich von den Vernunftſchlüſſen reden.

ad §. 102.

Man theilt die Schlüſſe in unmittelbare und mittelbare (conſequentiae immediatae und mediatae). Ein Schluß heißt unmittelbar, wenn die Wahrheit oder Falſchheit eines Urtheils aus einem andern gefolgert wird, ohne daß dabei ein von dem vorigen verſchiedenes Urtheil zu Hülfe genommen werden muß. Mittelbar wird hingegen ein Schluß genannt, wenn der Schlußſatz nicht unmittelbar aus dem gegebenen Urtheil folgt, ſondern wenn man, um die Folge einzuſehen, noch ein anderes von dem vorigen verſchiedenes Urtheil hinzuthun muß.

Wenn man aus dem Urtheile: Alle Menſchen ſind ſterblich, den Satz herleitet, einige Menſchen ſind ſterblich, ſo hat man geſchloſſen, aber dieſer Schluß war unmittelbar, denn es wurde kein anderes vermittelndes Urtheil erfordert, um ihn herzuleiten. — Ferner iſt es ein unmittelbares Urtheil, wenn man aus den tauſend angeſtellten Verſuchen, daß die Luft ſich zuſammen drücken läßt, ſchließt, daß die Luft überhaupt elaſtiſch iſt. — Aber es iſt ein mittelbarer Schluß, wenn man aus dem Urtheile: Alle Menſchen ſind ſterblich, den Schlußſatz herleitet, daß auch Livius ſterblich iſt, denn um die Folge einzuſehen, muß man noch das Urtheil hinzufügen, daß Livius ein Menſch iſt. —

In der Folge wird ſich ergeben, daß die Verſtandesſchlüſſe und die Schlüſſe der Urtheilskraft unmittelbare, die der Vernunft aber mittelbare Schlüſſe ſind.

Der Lehre von den Schlüssen
Erste Abtheilung.
Von den Verstandesschlüssen.

ad §. 103.

Unter einen Verstandesschluß versteht man diejenige Handlung des Verstandes, wodurch man die Wahrheit oder Falschheit eines Urtheils unmittelbar aus einem gegebenen Urtheil erkennt, ohne daß irgend ein anderes vermittelndes Urtheil dazu nöthig wäre, so daß es blos darauf ankömmt, die Gesetze der formalen Wahrheit anzuwenden. So ist z. B. der Schluß: Alle Menschen sind sterblich, also sind auch einige Menschen sterblich, ein Verstandesschluß, denn es wird der Schlußsatz, einige Menschen sind sterblich, unmittelbar aus dem gegebenen Urtheil, alle Menschen sind sterblich, hergeleitet. Es hat nämlich der Verstand bei der Verknüpfung der Vorstellungen des Urtheils, Alle Menschen sind sterblich, auch die Vorstellung, Einige Menschen sind sterblich, haben müssen. Er kann den Ausspruch, alle Menschen, nicht thun, ohne zugleich, einige Menschen, zu sagen. Die Wahrheit oder Falschheit eines Verstandesschlusses wird also durch die Verbindung eingesehen und durch sie gegeben, die der Verstand bei Bildung des Grundurtheils anstellte; daher heißt ein solcher Schluß auch ein Verstandesschluß.

Weil man in den bisherigen Logiken die Schlüsse der Urtheilskraft (durch die Induktion und durch die Analogie) nicht bei Abhandlung der Schlüsse überhaupt mitnahm, sondern derselben gewöhnlich nur beiläufig erwähnte, so kam es auch, daß man die Benennung der unmittelbaren

baren Schlüsse, die man auch wohl auf die Schlüsse der Urtheilskraft anwenden kann, wenn man sie so definirt, wie wir es §. 102. gethan, blos auf Verstandesschlüsse anwandte, und diese ausschließend unmittelbare Schlüsse (consequentiae immediatae) nannte.

ad §. 104.

Man kann freilich, wenn man will, die Verstandesschlüsse dadurch in mittelbare verwandeln, daß man ein vermittelndes Urtheil hinzusetzt: aber identisch und überflüßig dies ist. So kann man z. B. den Verstandesschluß: Alle Menschen sind sterblich, also sind auch einige Menschen sterblich, dadurch in einen mittelbaren Schluß verwandeln, daß man als vermittelndes Urtheil hinzusetzt: Einige Menschen sind Menschen, ein Urtheil, welches identisch und völlig überflüßig ist, weil der Verstand, wie oben gesagt, bei Bildung des Urtheils: alle Menschen sind sterblich, sich auch den Satz denken mußte, daß einige Menschen sterblich sind.

Auch scheint es kann man jeden Verstandesschluß (wie einige Logiker wollen) in einen hypothetischen Vernunftschluß verwandeln, wenn man das gegebene Urtheil zur Bedingung, den Schlußsatz zum Bedingten macht. Z. B. der Verstandesschluß, alle Menschen sind sterblich, also sind einige Menschen sterblich, läßt sich in folgenden hypothetischen Vernunftschluß verwandeln:

Wenn alle Menschen sterblich sind, so sind auch einige Menschen sterblich
Nun sind alle Menschen sterblich

Also sind auch einige Menschen sterblich.

Da das gegebene Urtheil eines Verstandesschlusses mit dem gefolgerten Urtheil immer als Grund und Folge zusammen hängt, so scheint es frei-

freilich, als ginge eine solche Verwandlung an; allein man vergißt, daß wenn man das gegebene Urtheil mit dem gefolgerten als Grund und Folge verbinden will, ein Verstandesschluß schon voraus gegangen sein muß, welcher mir anzeigt, daß durch das Setzen des gegebenen Urtheils auch die Wahrheit oder Falschheit des gefolgerten gesetzt werde.

ad §. 105.

Man hat bisher immer ganz irrig behauptet, daß nur kategorische Urtheile Verstandesschlüsse zuließen, allein es lassen auch die hypothetischen und disjunktiven Urtheile dergleichen zu. So schließe ich z. B. aus dem Urtheile: Wenn es regnet, wird es naß, daß es falsch ist, wenn einer sagt, wenn es regnet, wird es nicht naß. Allein die Regeln für die hypothetischen und disjunktiven Verstandesschlüsse lassen sich aus dem, was über die kategorischen Verstandesschlüsse gesagt werden wird, leicht herleiten.

ad §. 106.

Wir werden auch bei Abhandlung der Verstandesschlüsse den gewöhnlichen Gang nehmen, und sie in Rücksicht der Quantität, Qualität, Relation und Modalität betrachten.

Der Lehre von den Verstandesschlüssen
Erster Abschnitt:
Von der Quantität der Verstandesschlüsse.

ad §. 107.

Wenn man ein Urtheil unmittelbar aus dem andern herleitet, und das abgeleitete Urtheil von dem

dem gegebenen sich nur in Rücksicht der Quantität unterscheidet, so hat man einen Verstandes-schluß der Quantität nach gemacht. So ist z. B. der Schluß: Alle Menschen sind sterblich, also sind auch einige Menschen sterblich, ein Verstan-desschluß der Quantität nach, denn das gefol-gerte Urtheil: Einige Menschen sind sterblich, ist blos der Quantität nach von dem gegebenen Ur-theil: Alle Menschen sind sterblich, unterschieden.

ad §. 108.

Ist ein allgemeines Urtheil wahr, so ist auch das unter ihm enthaltene besondere und einzelne Urtheil wahr. Man schließt hier vom Allgemeinen aufs Besondere, kann aber nicht umgekehrt vom Besondern aufs Allgemeine schlie-ßen. Wenn es wahr ist, daß alle Menschen sterblich sind, so ist es auch wahr, daß einige Menschen sterblich sind. Man kann aber nicht umgekehrt schließen, wenn es wahr ist, daß ei-nige Menschen tugendhaft sind, so ist es auch wahr, daß alle Menschen tugendhaft sind. Der Schlußsatz behält die Qualität des gegebenen Ur-theils, ist dieses bejahend, so ist auch er beja-hend; ist dieses verneinend, so ist auch er ver-neinend. Aus dem bejahenden Urtheil: Alle endliche Wesen streben nach Glückseligkeit, folgt der bejahende Schlußsatz: Einige endliche We-sen streben nach Glückseligkeit; ferner aus dem verneinenden Urtheil: Kein Mensch ist allmäch-tig, folgt der verneinende Schlußsatz: Einige Menschen sind nicht allmächtig. — Man nennt dies per judicia subalternata schließen. Die all-gemeine Formel ist: Alle A sind B, folglich sind auch einige A, B. Kein A ist C, also sind auch einige A nicht C. — Hierbei ist doch noch zu bemerken, daß das Subjekt des Schlußsatzes von der Art sein muß, daß man, ohne daß es eines

eines neuen Urtheils bedurfte, einsieht, daß es
unter dem gegebenen Urtheile enthalten ist; weil
der Schluß, wenn dies nicht statt fände, zu den
Vernunftschlüssen gehören würde. So ist z. B.
in dem Schlusse: Alle Menschen sind sterblich,
also ist auch Cajus sterblich, der Schlußsatz zwar
der Quantität nach blos vom gegebenen Urtheil
unterschieden, und ein judicium subalternatum,
aber der Schluß ist ein mittelbarer, weil man
zur Subsumtion noch das Urtheil: Cajus ist ein
Mensch, nöthig hat.

ad §. 109.

Der Beweis für die §. 108. gegebene Regel ist
leicht. Was von der ganzen Sphäre eines Begrifs ausgesagt wird, muß von jedem Theile derselben ausgesagt werden, denn die ganze Sphäre
ist nur durch die Theile derselben möglich. Man
schließt hier nach dem Saße der Identität. In
dem Urtheile: Alle Menschen sind endliche Wesen,
ist offenbar einige Menschen ein Theil der Sphäre
des Begrifs alle Menschen, und was also von
der ganzen Sphäre gilt, muß auch von jedem
Theile derselben gelten.

- Was aber von einem Theile der Sphäre ausgesagt wird, von dem kann man nicht schließen,
daß es der ganzen Sphäre beigelegt werden müße:
d. h. man kann von der Wahrheit eines besondern Urtheils nicht auf die Wahrheit des allgemeinen, worunter das Besondere subsumirt werden kann, schließen. Man kann nicht schließen,
weil einige Menschen gelehrte sind, müssen es
alle sein. Allgemein ausgedrückt: Aus dem
Saße: Einige A sind B, folgt nicht, daß alle A
B sind.

ad §. 110.

Ist uns hingegen gegeben, daß ein besonderes

deres Urtheil (wozu wir im Gegensatz gegen
die allgemeinen Urtheile auch die einzelnen
rechnen) falsch ist, so folgt daraus, daß das
allgemeine Urtheil, worunter das besondere
subsumirt werden kann, auch falsch ist. Wenn
das Urtheil: Einige Menschen sind allmächtig,
falsch ist, so folgt daraus, daß das allgemeine
Urtheil: alle Menschen sind allmächtig, auch
falsch sein muß. Allgemein ausgedrückt: Wenn
es falsch ist, daß einige A, B sind, so ist auch
das Urtheil falsch, alle A sind B.

Der §. 111. gegebene Beweis ist an und für
sich leicht verständlich, und bedarf keiner Erläuterung.

ad §. 112.

Umgekehrt hingegen kann man nicht von der
Falschheit eines allgemeinen Urtheils auf die
Falschheit der besondern unter ihm enthaltenen
schließen; denn das allgemeine Urtheil kann blos
deshalb falsch sein, weil man von der ganzen
Sphäre eines Begrifs etwas aussagt, was doch
nur von einem Theile derselben gilt. Es ist zwar
falsch, daß Alle Menschen Gelehrte sind, aber
das Urtheil, Einige Menschen sind Gelehrte, ist
demungeachtet wahr. In dem Urtheile: Alle
Menschen sind Gelehrte, liegt der Grund der
Falschheit nämlich nicht darin, daß der Begrif
Gelehrter dem Begrif Mensch überhaupt widerstreitet, sondern das man ihn von der ganzen
Sphäre des Begrifs Mensch ausgesagt hat, da
er doch nur von einem Theile derselben gilt. —
Allgemein ausgedrückt, man kann nicht schließen;
weil es falsch ist, daß alle A B sind, so ist das
Urtheil: Einige A sind B, auch falsch; oder wenn
es falsch ist, daß Kein A B ist, daß es auch falsch
ist, daß einige A nicht B sind.

Der Lehre von den Verstandesschlüssen
Zweiter Abschnitt.
Von der Qualität der Verstandesschlüsse.

ad §. 113.

Ist der Schlußsatz, den man bei einem Verstandesschlusse herausgebracht hat, von dem gegebenen Urtheile der Qualität nach verschieden, so heißt der Verstandesschluß ein Verstandesschluß der Qualität nach. Wenn es wahr ist, daß alle Menschen endliche Wesen sind, so ist das Urtheil, einige Menschen sind nicht endliche Wesen, falsch; dieser Schluß ist ein Verstandesschluß der Qualität nach, denn der Schlußsatz, einige Menschen sind nicht endliche Wesen, ist verneinend, da das gegebene Urtheil, alle Menschen sind endliche Wesen, bejahend war. — Man nennt die Handlung des Verstandes, die er bei den Verstandesschlüssen der Qualität vornimmt, per judicia opposita schließen.

ad §. 114.

Urtheile können auf dreifache Art entgegengesetzt sein, kontradiktorisch, kontrarie und subkontrarie. Zwei Urtheile sind einander kontradiktorischentgegengesetzt (widersprechend), wenn eins das andre völlig aufhebt. Z. B. Kein Mensch ist unsterblich, und Einige Menschen sind unsterblich. Alle Menschen sind endlich, einige Menschen sind nicht endlich. Kontradiktorischentgegengesetzt sind das allgemeinbejahende Urtheil dem besondersverneinenden, und das allgemeinverneinende dem besondersbejahenden (nach der §. 88. angegebenen Bezeichnung a und o, e und i), wenn beide einerlei Subjekt und Prädi-

kat

kat haben. Dem Urtheil: Alle Menschen sind
sterblich, ist kontradiktorisch entgegengesetzt, ei=
nige Menschen sind nicht sterblich (allgemein aus=
gedrückt, dem Urtheil, alle A sind B, ist entge=
gengesetzt, einige A sind nicht B). Ferner dem
Urtheil, kein Mensch ist allmächtig, ist entgegen=
gesetzt, einige Menschen sind allmächtig (allgemein
ausgedrückt, dem Urtheil, kein A ist B, ist ent=
gegengesetzt, einige A sind nicht B).

Daß a und o, e und i kontradiktorisch ent=
gegengesetzt sind, läßt sich leicht zeigen. In ei=
nem allgemein bejahenden Urtheile wird von der
ganzen Sphäre eines Begrifs etwas ausgesagt,
das Gegentheil davon, welches das vorige Ur=
theil ganz aufhebt, ist offenbar, wenn ich von
einem Theile der Sphäre, von dem in dem allge=
meinen Urtheil etwas bejahet worden ist, eben
dasselbe Prädikat verneine, denn das gleiche Ge=
gentheil von dem: allen kommt ein Prädikat zu,
ist: Nicht allen kommt es zu, d. h. einigen
kommt es nicht zu. Eben so verhält sich es mit
den allgemeinverneinenden Urtheilen. Ein allge=
meinverneinendes Urtheil sagt aus, daß einer
ganzen Sphäre von Dingen, ohne Ausnahme,
ein Prädikat nicht zukomme; das gleiche Gegen=
theil davon ist unstreitig, daß es wirklich eine
Ausnahme gebe, daß einem Theil der genann=
ten Sphäre dies Prädikat beigelegt werden könne.
Hieraus fließt nun folgender Satz:

Von zwei kontradiktorischeinanderentge=
gengesetzten Prädikaten muß das eine wahr,
das andere falsch sein.

Von den kontradiktorischentgegengesetzten Ur=
theilen: Alle Menschen sind sterblich und einige
Menschen sind nicht sterblich; und Kein Mensch
ist allmächtig und einige Menschen sind allmäch=
tig; muß eins wahr das andere falsch sein.
Beide können nicht wahr sein, denn sonst könnte

man einem Subjekte ein Prädikat beilegen, was
ihm widerspricht. Denn aus dem Urtheil, alle
A sind B, fließt, wo ich A setze, muß ich auch B
setzen, folglich kann ich in dem Urtheile: Einige
A sind nicht B, auch sagen, Einige A, die B sind,
sind nicht B, welches dem Satze des Widerspruchs
entgegen. Oder bei den verneinenden Urtheilen
folgt aus dem Urtheile: Kein A ist B, daß wo
man A setzt, B nicht gesetzt werden kann, folglich würde, wenn das Urtheil: Einige B sind A,
auch wahr wäre, folgendes Urtheil fließen: Einige B, die nicht A sind, sind A, welches dem
Prinzip der Kontradiktion ebenfalls zuwider ist.

Aber beide kontradiktorisch entgegengesetzten
Urtheile können auch nicht falsch sein, denn sonst
müßte es ein drittes geben, welches aussagte,
daß A weder B noch non B wäre, was dem Prinzip des ausschließenden dritten widerspricht. —
Da nun bei den kontradiktorisch entgegengesetzten Prädikaten nicht beide weder wahr oder falsch
sein können, so folgt daraus, daß, wenn das
eine wahr ist, das andere falsch sein müsse. Ist
a wahr, so ist o falsch, ist a falsch, so ist o wahr;
ist e wahr, so ist i falsch, ist e falsch, so ist i wahr.

Bei kontradiktorisch entgegengesetzten Urtheilen kann man also von der Wahrheit des einen
auf die Falschheit des andern, und von der
Falschheit des einen auf die Wahrheit des andern schließen.

ad §. 115.

Urtheile sind kontrarie entgegengesetzt (wi-
derstreitend), wenn das eine das andre nicht
blos aufhebt, sondern noch etwas neues behauptet. Wenn ein allgemeinbejahendes und ein all-
gemeinverneinendes Urtheil einerlei Subjekt und
Prädikat haben, so sind sie kontrarie entgegengesetzt, denn das eine hebt nicht blos das andre
auf

auf (dies thut nämlich nach §. 114. bei einem allgemeinbejahenden Urtheile ſchon das beſondersverneinende [a und o], und bei dem allgemeinverneinenden das beſondersbejahende [e und i]),
ſondern behauptet noch etwas neues. Dem allgemeinbejahenden Urtheile: Alle Menſchen ſind
ſterblich, ſteht das allgemeinverneinende: Kein
Menſch iſt ſterblich, kontrarie entgegen, denn das
allgemeinbejahende Urtheil wird ſchon durch das
beſondersverneinende: Einige Menſchen ſind ſterblich, aufgehoben, und das allgemeinverneinende
Urtheil: Kein Menſch iſt ſterblich, ſagt nicht
blos aus, daß es falſch iſt: Alle Menſchen ſind
ſterblich, ſondern behauptet auch zugleich, daß
kein Menſch ſterblich ſei. Allgemein ausgedrückt
ſind die beiden Urtheile: Alle A ſind B und kein
A iſt B, kontraire Urtheile; denn das Urtheil:
Alle A ſind B, wird ſchon durch das beſondere:
Einige A ſind nicht B, aufgehoben; offenbar aber
liegt in dem Urtheil: Kein A iſt B, noch mehr als
in dem: Einige A ſind nicht B; folglich hebt es
das erſtere nicht blos auf, ſondern behauptet
noch etwas anders. Auf eben die Art läßt ſich
zeigen, daß das allgemeinverneinende Urtheil den
allgemeinbejahenden kontrarie entgegengeſetzt iſt.
Dem allgemeinverneinenden Urtheile: Kein
Menſch iſt ewig, ſteht ſchon das beſondersbejahende: Einige Menſchen ſind ewig, entgegen;
das allgemeinbejahende aber: Alle Menſchen ſind
ewig, enthält noch mehr, als das beſondere:
Einige Menſchen ſind ewig, folglich iſt es dem
allgemeinverneinenden kontrarie entgegengeſetzt.
Allgemein ausgedrückt wird das Urtheil: Kein A
iſt B, durch das Urtheil: Einige A ſind B, ſchon
aufgehoben, folglich iſt das Urtheil: Alle A ſind
B, ihm kontrarie entgegengeſetzt. Beſondersbejahende und beſondersverneinende Urtheile,
mit gleichem Subjekt und Prädikat, heben ein-

H 3   ander

ander nicht auf, wie z. B, einige Menschen sind
gelehrt, und, Einige Menschen sind nicht gelehrt;
sie sind also einander nicht kontrarie entgegen=
gesetzt. S §. 117. Also sind nur a und e kon=
träre Urtheile.

ad §. 116.

Die Regel für die Schlüsse aus kontráren Ur=
theilen ist folgende:

Wenn von zwei kontráren Urtheilen das
eine wahr ist, so muß das andre falsch
sein.

Wenn das Urtheil: Alle Menschen sind sterb=
lich, wahr ist, so ist das Urtheil: Kein Mensch
ist sterblich, falsch, und wenn das Urtheil: Kein
Mensch ist ewig, wahr ist, so ist das Urtheil:
Alle Menschen sind ewig, falsch. Ist es wahr,
daß alle A B sind, so ist es falsch, daß kein A
B ist, und umgekehrt, ist es wahr, daß kein A
B ist, so ist es falsch, daß alle A B sind. Ist a
wahr, so ist e falsch, und ist e wahr, so ist a falsch.

Der Beweis für diesen Satz läßt sich leicht
führen: Ist a wahr, so ist nach §. 114. o falsch,
ist o falsch, so ist nach §. 111. e noch mehr falsch.
Ist es wahr, daß alle A B sind, so ist es falsch
(nach § 114.), daß einige A nicht B sind; ist es
falsch, daß einige A nicht B sind, so ist es (nach
§. 111.) noch mehr falsch, daß kein A B ist.
Ist es wahr, daß alle Menschen sterblich sind, so
ist es falsch, daß einige Menschen nicht sterblich
sind, folglich noch mehr falsch, daß kein Mensch
sterblich ist.

Umgekehrt hingegen ist e wahr, so ist nach
§. 114. i falsch, und ist i falsch, so ist nach §. 111.
auch a falsch. Wenn es wahr ist, daß kein A
B ist, so ist es falsch, daß einige A B sind, und
folglich noch mehr falsch, daß alle A B sind.
Wenn es wahr ist, daß kein Mensch ewig ist, so

ist

ist es falsch, daß einige Menschen ewig sind; folglich auch falsch, daß alle Menschen ewig sind.

Ob man also gleich von der Wahrheit des einen Urtheils auf die Falschheit des konträren schließen kann, so kann man doch nicht umgekehrt von der Falschheit des einen auf die Wahrheit des andern schließen. Ist a falsch, so ist freilich nach §. 114. o wahr, aber daraus folgt noch nicht, daß e wahr ist; oder ferner, wenn e falsch ist, so ist i wahr, aber daraus folgt noch nicht, daß a wahr ist. Wenn es falsch ist, daß alle A B sind, so ist es freilich wahr, daß einige A nicht B sind, aber daraus folgt noch nicht, daß kein A B ist. Oder, wenn es falsch ist, daß kein A B ist, so ist es freilich wahr, daß einige A B sind; aber daraus folgt noch nicht, daß alle A B sind. Wenn es falsch ist, daß alle Menschen krank sind, so ist es freilich wahr, daß einige Menschen nicht krank sind; aber daraus folgt noch nicht, daß kein Mensch krank ist. Oder umgekehrt, wenn es falsch ist, daß kein Mensch aufgeklärt ist, so ist es freilich wahr, daß einige Menschen aufge= klärt sind; aber daraus folgt noch gar nicht, daß alle Menschen aufgeklärt sind.

ad § 117.

Zwei besondere Urtheile, die einerlei Subjekt und Prädikat, aber verschiedene Qualität haben (das eine bejahend, das andere verneinend ist) i und o, heißen subkonträre Urtheile (judicia subcontrarie opposita), z. B. einige Menschen sind gelehrt und einige Menschen sind nicht ge= lehrt, einige A sind B und einige A sind nicht B. Sie heißen subkonträre Urtheile, weil sie unter konträren enthalten sind. So sind die subkon= trären Urtheile, einige Menschen sind gelehrt und einige Menschen sind nicht gelehrt, unter die kon= trären Urtheile, alle Menschen sind gelehrt und

kein

kein Mensch ist gelehrt, enthalten, so wie die subkonträren Urtheile, einige A sind B und einige A sind nicht B, unter die konträren Urtheile, alle A sind B und kein A ist B, stehen.

Da von einem Theil der Sphäre des Begrifs etwas gelten kann, was von einem andern Theil dieser Sphäre nicht gilt, so werden sich auch die subkonträren Urtheile nicht einander aufheben.

ad §. 118.

Die Regel für die Verstandesschlüsse der Qualität aus subkonträren Urtheilen heißt:

Man kann von der Falschheit eines partikulären Urtheils auf die Wahrheit des subkonträren schließen.

Wenn i falsch ist, so ist o wahr, und wenn o falsch ist, so ist i wahr. Wenn es falsch ist, daß einige A B sind, so ist es wahr, daß einige A nicht B sind. Und ist es falsch, daß einige A nicht B sind, so ist es wahr, daß einige A B sind. Wenn es falsch ist, daß einige Menschen allmächtig sind, so ist es wahr, daß einige Menschen nicht allmächtig sind. Und wenn es falsch ist, daß einige Menschen nicht sterblich sind, so ist es wahr, daß einige Menschen sterblich sind.

Der Beweis für diesen Satz hat keine Schwierigkeit. Wenn i falsch ist, so ist nach §. 114. e wahr, und ist e wahr, so ist nach §. 108. auch o wahr. Ferner, wenn o falsch ist, so ist nach §. 114. a wahr, und ist a wahr, so ist nach §. 108. auch i wahr. Wenn es falsch ist, daß einige A B sind, so ist es wahr, daß kein A B ist, folglich auch wahr, daß einige A nicht B sind, oder wenn es falsch ist, daß einige A nicht B sind, so ist es wahr, daß alle A B sind, und also auch, daß einige A B sind. Wenn es falsch ist, daß einige Menschen allmächtig sind, so ist es wahr, daß kein Mensch allmächtig ist, folglich, daß einige
nige

nige Menschen nicht allmächtig sind. Ferner, wenn es falsch ist, daß einige Menschen nicht sterblich sind, so ist es wahr, daß alle Menschen sterblich sind, und folglich auch, daß einige Menschen sterblich sind.

Ob man nun gleich von der Falschheit eines partikulären Urtheils auf die Wahrheit des subkonträren schließen kann, so kann man doch nicht umgekehrt von der Wahrheit eines partikulären Urtheils auf die Falschheit des subkonträren schließen. Wenn i wahr ist, so folgt daraus nicht, daß o falsch ist, und umgekehrt, wenn o wahr ist, so folgt daraus nicht, daß i falsch ist. Wenn es wahr ist, daß einige A B sind, so folgt daraus noch nicht, daß einige A nicht B sind, und umgekehrt, wenn es wahr ist, daß einige A nicht B sind, so folgt daraus noch nicht, daß es falsch ist, daß einige A B sind. Wenn es wahr ist, daß einige Menschen gelehrt sind, so folgt daraus nicht, daß es falsch ist, daß einige Menschen nicht gelehrt sind, und ferner, wenn es wahr ist, daß einige Menschen keine Betrüger sind, so folgt daraus noch nicht, daß es falsch ist, daß einige Menschen Betrüger sind.

Man kann deshalb von der Wahrheit eines besondern Urtheils nicht auf die Falschheit des subkonträren schließen, weil von einem Theil der Sphäre etwas gelten kann, was von dem andern nicht gilt. Wenn i wahr ist, so ist freilich nach §. 114. e falsch, aber weil e falsch ist, so folgt noch nicht, daß o falsch ist, s. §. 112. Ferner wenn o wahr ist, so ist nach §. 114. a falsch, aber daraus folgt noch nicht, daß auch i falsch ist, s. §. 112. Wenn es wahr ist, daß einige A B sind, so ist es falsch, daß kein A B ist, aber daraus folgt noch nicht, daß einige A nicht B sind; oder wenn es wahr ist, daß einige A nicht B sind, so ist es falsch, daß alle A B sind, aber daraus folgt nicht,

H 5

nicht,

nicht, daß einige A B sind. Wenn es wahr ist, daß einige Menschen gelehrt sind, so folgt daraus, daß es falsch ist, daß kein Mensch gelehrt ist, aber daraus folgt nicht, daß es falsch ist, daß einige Menschen nicht gelehrt sind. Oder wenn es wahr ist, daß einige Menschen keine Betrüger sind, so folgt daraus zwar, daß es falsch ist, daß alle Menschen Betrüger sind, aber daraus folgt nicht, daß es falsch ist, daß einige Menschen Betrüger sind.

Der Lehre von den Verstandesschlüssen
Dritter Abschnitt.
Von der Relation der Verstandesschlüsse.

ad §. 119.

Wird in einem Verstandesschlusse in dem Schlußsatze die Vorstellung Subjekt, die in dem Vordersatze Prädikat war, und diejenige Vorstellung Prädikat, die im Vordersatze Subjekt war, so ist der Verstandesschluß ein Verstandesschluß der Relation nach. Z. B. Einige A sind B, also sind auch einige B A. Einige Menschen sind sterblich, also sind auch einige Sterbliche Menschen. Man nennt dies durch die Umkehrung (per conversionem) schließen; der Verstandesschluß selbst heißt consequentia immediata per conversionem.

ad §. 120.

Die Umkehrung eines Urtheils kann von doppelter Art sein, entweder behält der Schlußsatz die Quantität des Obersatzes, oder er erhält eine andere Quantität. Im ersten Fall heißt die Umkehrung rein, im andern verändert (conversio simplex und per accidens). Einige A sind B und einige

einige B sind A; einige Menschen sind gelehrt, einige Gelehrte sind Menschen, ist reine Umkehrung conversio simplex. Alle A sind B, folglich sind auch einige B A; und Alle Menschen sind sterblich, folglich sind auch einige Sterbliche Menschen, ist veränderte Umkehrung, conversio per accidens.

ad §. 121.

Man nennt ein Urtheil identisch, wenn Subjekt und Prädikat Wechselbegriffe sind. Z. B. Alle A sind A, alle Dreiecke sind dreiseitige Figuren, wo Subjekt und Prädikat gleichbedeutend, Wechselbegriffe sind, denn unter dem Begriffe Dreiecke sind eben die Vorstellungen enthalten, die unter dem Begriffe dreiseitige Figur stehen. — Ein identisches Urtheil also wird durch die Umkehrung gar nicht verändert, es ist einerlei, ob ich sage: Alle Dreiecke sind dreiseitige Figuren, oder, Alle dreiseitige Figuren sind Dreiecke. Folglich wird sich jedes identische Urtheil simpliciter umkehren lassen: und für die identischen Urtheile steht folgende Regel fest:

Man kann von der Wahrheit oder Falschheit eines identischen Urtheils auf die Wahrheit oder Falschheit des simpliciter umgekehrten schließen.

Wenn es wahr ist, daß alle Dreiecke dreiseitige Figuren sind, so ist es auch wahr, daß alle dreiseitige Figuren Dreiecke sind. Ferner, wenn es falsch ist, daß Kein Viereck eine vierseitige Figur ist, so ist es auch falsch, daß keine vierseitige Figur ein Viereck ist.

ad §. 122.

Die allgemein bejahenden nicht identischen Urtheile lassen sich nicht simpliciter umkehren.

In allen bejahenden nicht identischen Urtheilen

len wird das Subjekt als unter dem Prädikat enthalten vorgestellt, das Prädikat in einem allgemein bejahenden Urtheile enthält also die ganze Sphäre des Begrifs des Subjekts unter sich. Da das allgemein bejahende Urtheil nun nicht identisch sein soll, d. h. da Subjekt und Prädikat desselben nicht einerlei Sphäre haben, Wechselbegriffe sein sollen, so muß das Prädikat eine weitere Sphäre haben als das Subjekt, weil sonst, wenn seine Sphäre enger wäre, welches der einzige noch übrige Fall ist, das Subjekt nicht unter dem Prädikat enthalten sein könnte. — In dem allgemein bejahenden Urtheile: Alle Menschen sind sterblich, steht als bejahenden Urtheil Menschen unter sterblich, als allgemeinen Urtheil die ganze Sphäre des Begrifs Mensch unter dem Begrif sterblich, und da das Urtheil nicht identisch ist, Menschen und sterblich nicht Wechselbegriffe sind, so können nur noch zwei Fälle statt finden, entweder die Sphäre des Begrifs sterblich ist enger oder weiter als die des Begrifs Mensch; enger aber kann sie nicht sein, weil sonst nicht die ganze Sphäre des Begrifs Mensch unter ihr stehen würde, folglich muß sie weiter sein.

Da nun aber in einem allgemein bejahenden Urtheil die Sphäre des Subjekts enger ist, als die Sphäre des Prädikats, so wird nur ein Theil der Sphäre des Prädikats der Sphäre des Subjekts gleich sein, und also das Subjekt nicht von der ganzen Sphäre des Prädikats ausgesagt werden können; d. h. das allgemein bejahende Urtheil wird sich nicht simpliciter umkehren lassen.

Das Urtheil, Alle A sind B, läßt sich nicht simpliciter umkehren, d. h. man kann nicht sagen: Alle B sind A. Da A und B nicht gleichbedeutend sind, so ist B weiter als A, d. h. unter B stehen noch

noch mehrere Dinge als A, folglich ſind einige B nicht A, d. h. es iſt falſch, alle B ſind A.

Man kann auf das Urtheil: Alle Menſchen ſind ſterblich, die reine Umkehrung (converſio ſimplex) nicht anwenden, d. h. das Urtheil: Alle Sterbliche ſind Menſchen, iſt falſch. Denn das Prädikat ſterblich iſt weiter als das Subjekt Menſch, d. h. unter ſterblich ſtehen auſſer den Menſchen noch andere Dinge, z. B. die unvernünftigen Thiere; folglich ſind einige Sterbliche nicht Menſchen, d. h. das Urtheil: alle Sterbliche ſind Menſchen iſt falſch.

ad §. 123.

Alle beſonders bejahenden Urtheile laſſen ſich ſimpliciter umkehren.

Aus dem Urtheile: Einige A ſind B, folgt ganz richtig, daß einige B auch A ſind; oder aus dem Urtheile: Einige Menſchen ſind krank, folgt richtig, daß einige Kranke Menſchen ſind.

Beweis. In allen beſonders bejahenden Urtheilen wird ausgeſagt, daß ein Theil der Sphäre des Subjekts unter dem Prädikat ſteht. Geſetzt alſo auch, die Sphäre des Prädikats ſei weiter als die des Subjekts, ſo wird doch immer ein Theil der Sphäre des Prädikats einen Theil der Sphäre des Subjekts ausmachen. Folglich wird ein beſonders bejahendes Urtheil ſich ſimpliciter umkehren laſſen.

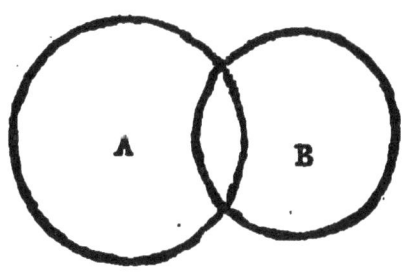

Vielleicht macht folgendes die Sache noch deutlicher. Der Kreis A stelle die Sphäre des Begrifs A vor, und der Kreis B die Sphäre des Begrifs B vor, so ist ein Theil des Kreises A ein Theil des Kreises B, aber eben deshalb ist auch ein Theil des Kreises B ein Theil des Kreises A; d. h. wenn einige A B sind, so sind auch einige B A. — Einige Menschen sind krank; d. h. ein Theil der Sphäre des Begrifs Mensch steht in der Sphäre des Begrifs krank, und macht wenigstens einen Theil der Sphäre des Begrifs krank aus, aber eben deshalb ist auch wenigstens ein Theil der Sphäre des Begrifs krank ein Theil der Sphäre des Begrifs Mensch, d. h. einige Kranke sind Menschen.

ad §. 124.

Alle allgemeinverneinenden Urtheile lassen sich simpliciter umkehren.

Kein A ist B, so ist auch kein B A; kein Mensch ist allwissend; so ist auch kein Ding was allwissend ist, ein Mensch.

Beweis. In einem allgemeinverneinenden Urtheil wird ausgesagt, daß kein Theil der Sphäre des Subjekts in der Sphäre des Prädikats stehe, so wird auch kein Theil der Sphäre des Prädikats in der Sphäre des Subjekts stehen können. Denn gesetzt, dies sei nicht, so wird wenigstens ein Theil der Sphäre des Prädikats einen Theil der Sphäre des Subjekts ausmachen, und daraus folgt nach §. 123., daß ein Theil der Sphäre des Subjekts einen Theil der Sphäre des Prädikats ausmache, welches dem gegebenen Urtheil widerspricht. — Ist kein A B, so ist auch kein B A; denn gesetzt es sei falsch, daß kein B A ist, so müssen nach §. 114. einige B A sein, sind einige B A, so sind nach §. 123. auch einige A B, welches dem gegebenen Urtheil,

kein

fein A iſt B, widerſpricht. Aus dem Urtheile:
Kein Menſch iſt allwiſſend, folgt, daß fein All=
wiſſender ein Menſch iſt, denn geſetzt, es ſei das
Urtheil, fein Allwiſſender iſt ein Menſch, falſch,
ſo müſſen nach §. 114. einige Allwiſſende Men=
ſchen ſein, und alſo nach §. 123. einige Menſchen
auch Allwiſſende, welches dem gegebenen Urtheile
widerſpricht.

Man ſtelle ſich das Subjekt des allgemeinver=
neinenden Urtheils durch den Kreis A, und das
Prädikat durch den Kreis B vor,

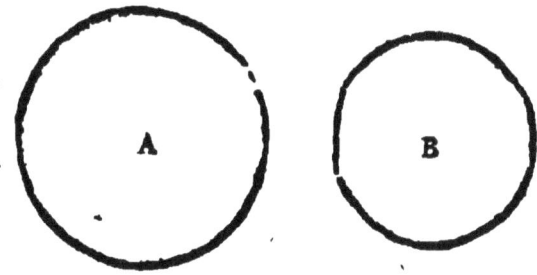

ſo wird, da fein Theil des Kreiſes A ein Theil
des Kreiſes B iſt, auch fein Theil des Kreiſes B
ein Theil des Kreiſes A ſein können.

ad §. 125.

Die beſonders verneinenden Urtheile laſſen
ſich nicht ſimpliciter umkehren.

Aus dem Urtheile: Einige A ſind nicht B,
folgt nicht, daß einige B auch nicht A ſind, und
aus dem Urtheil: Einige Thiere ſind nicht Vögel,
folgt nicht, daß einige Vögel nicht Thiere ſind.

Beweis. In einem beſonders verneinenden
Urtheile wird ausgeſagt, daß ein Theil der Sphäre
des Subjekts nicht in der Sphäre des Prädikats
ſtehe, weil aber das blos daher kommen kann,
weil die Sphäre des Prädikats enger iſt, als die
Sphäre des Subjekts, ſo kann die Sphäre des
Prä=

Prädikats ganz in die Sphäre des Subjekts enthalten sein, folglich folgt aus einem besonders verneinenden Urtheil nicht sein simpliciter umgekehrtes.

Wenn einige A nicht B sind, so kann es daher kommen, weil A noch mehr Dinge unter sich enthält, als B, aber B kann ganz unter A stehen. Wenn ich sage: einige Thiere sind nicht Vögel, so stehen hier mehr Dinge noch als Vögel unter dem Begrif Thier, z. B. die vierfüßigen Thiere; da aber der Begrif Vogel ganz unter dem Begrif Thier steht, so kann ich sagen, alle Vögel sind Thiere, folglich ist es falsch, daß einige Vögel nicht Thiere sind; und man kann also ein partikulär verneinendes Urtheil nicht simpliciter umkehren.

ad §. 126.

Unter veränderter Umkehrung (conversio per accidens) versteht man die Veränderung des Urtheils, wodurch das Subjekt zum Prädikat, und das Prädikat zum Subjekt wird, so daß das Urtheil eine andere Qualität erhält, s. §. 120.

Nur die allgemein bejahenden Urtheile lassen sich per accidens umkehren.

Der Beweis für diesen Satz wird, wie jeder leicht einsicht, in zwei Theile zerfallen: erstlich muß bewiesen werden, daß die allgemein bejahenden Urtheile sich per accidens umkehren lassen, und zweitens, daß bei den allgemein verneinenden, besonders bejahenden und besonders verneinenden Urtheilen keine veränderte Umkehrung statt hat.

Erstlich: Alle allgemein bejahenden Urtheile lassen sich per accidens umkehren; man kann schließen: alle Menschen sind sterblich, also sind auch einige Sterbliche Menschen; alle A sind B, also sind auch einige B A; denn wenn das allge-

mein

mein bejahende Urtheil nicht identisch ist (und von diesen nichtidentischen ist hier nur die Rede, da die identischen Urtheile sich, wie oben gezeigt ist, simpliciter umkehren lassen), so steht die ganze Sphäre des Subjekts unter dem Prädikat, und macht also einen Theil der Sphäre des Prädikats aus; folglich kann man von einem Theil der Sphäre des Prädikats das Subjekt aussagen, d. h. die allgemein bejahenden nicht identischen Urtheile) lassen sich per accidens umkehren. Wenn ich sage, alle A sind B, so macht A einen Theil der Sphäre von B aus, folglich ist ein Theil der Sphäre von B A, d. h. einige B sind A. Durch das Urtheil: alle Menschen sind sterblich, wird ausgesagt: daß die ganze Sphäre des Begrifs Mensch unter dem Begrif sterblich stehe, und Mensch einen Theil der Sphäre des Begrifs sterblich ausmache, d. h. ein Theil der Sphäre des Begrifs sterblich, sind Menschen, d. h. einige Sterbliche sind Menschen.

Zweitens: Bei den allgemein verneinenden, besonders bejahenden und besonders verneinenden Urtheilen, findet keine veränderte Umkehrung statt. Denn nach §. 124. lassen sich die allgemein verneinenden Urtheile simpliciter umkehren, folglich mehr als per accidens. Ferner findet auch bei den besonders bejahenden Urtheilen keine veränderte Umkehrung statt. Aus dem Urtheil: Einige A sind B, folgt nicht, daß Alle B A sind; aus dem Urtheil: Einige Vögel sind fleischfressende Thiere, folgt nicht, daß Alle fleischfressende Thiere Vögel sind. Denn sollten sich die besonders bejahenden Urtheile verändert umkehren lassen, so müßte man von der ganzen Sphäre des Prädikats des gegebenen Urtheils das Prädikat aussagen, dies setzet aber voraus, daß die Sphäre des Prädikats enger ist als die Sphäre des Subjekts, und nur unter dieser Voraussetzung allein

J   ließe

ließe sich behaupten, daß bei allen partikulár be=
jahenden Urtheilen eine Veränderung statt finden
könne. Nun läßt sich aber diese Voraußsetzung
aus dem Wesen eines partikulár bejahenden Ur=
theils nicht herleiten, und ist also kein wesent=
liches Erforderniß derselben, folglich ist nicht
nöthig, daß jedes besonders bejahende Urtheil
sich verändert umkehren läßt. Das Urtheil: Ei=
nige A sind B, läßt sich simpliciter umkehren, so
entsteht: Einige B sind A, aber daraus folgt
nicht, daß alle B A sind. Aus dem Urtheil:
Einige Vögel sind fleischfressende Thiere, folgt
durch die reine Umkehrung: Einige fleischfressende
Thiere sind Vögel, aber daraus nicht, daß alle
fleischfressende Thiere Vögel sind, s. §. 109. End=
lich lassen sich auch die besonders verneinenden
Urtheile nicht verändert umkehren. Aus dem
Urtheile: Einige A sind nicht B, folgt nicht, daß
kein B A ist. Aus dem Urtheile: Einige Vögel
sind nicht fleischfressende Thiere, folgt nicht, daß
kein fleischfressendes Thier ein Vogel ist. In
einem besonders verneinenden Urtheil wird aus=
gesagt, daß ein Theil der Sphäre des Subjekts
nicht unter dem Prädikat stehe; daraus folgt aber
noch nicht, daß die Sphäre des Prädikats ganz von
der Sphäre des Subjekts ausgeschlossen ist, denn
wenn auch ein Theil der Sphäre des Subjekts
nicht unter das Prädikat gehört, so kann doch
ein anderer Theil der Sphäre darunter gehören,
und dann wird auch ein Theil der Sphäre des
Prädikats einen Theil der Sphäre des Subjekts
ausmachen. Das Urtheil: Einige A sind nicht B,
schließt das Urtheil: Einige A sind B, nicht aus,
folglich auch nach §. 125. nicht das Urtheil: Einige
B sind A, folglich kann man aus dem Urtheile:
Einige A sind nicht B, nicht folgern, daß kein
B A ist. Oder um dies noch an einem besondern
Falle zu zeigen, das Urtheil: Einige Vögel sind
                                             nicht

nicht fleischfreſſende Thiere, ſchließt das Urtheil:
Einige Vögel ſind fleischfreſſende Thiere, nicht
aus. Aus dieſem letzteren Urtheile aber folgt
nach §. 125., daß auch einige fleischfreſſende
Thiere Vögel ſind, folglich läßt ſich das beſonders
verneinende Urtheil: Einige Vögel ſind fleiſch-
freſſende Thiere, nicht verändert umkehren.

Aus dem Umſtande nun, daß nur bei allgemein bejahenden Urtheilen eine veränderte Umkehrung ſtatt hat, ergiebt ſich die Regel leicht,
daß bei der veränderten Umkehrung der Schluß
immer ein partikuläres Urtheil ſein müſſe; daher
auch der Ausdruck converſio per accidens.

Der Lehre von den Verſtandesschlüſſen

Vierter Abſchnitt.

Von der Modalität der Verſtandesschlüſſe.

ad §. 127. und 128.

Man verſetzt (kontraponirt) ein Urtheil, wenn
man Subjekt zum Prädikat und Prädikat zum
Subjekt macht, vom neuen Subjekt das gleiche
Gegentheil nimmt, und dabei die Qualität ändert. Aus dem Urtheil: alle Menſchen ſind ſterblich, bringt man, wenn man Subjekt zum Prädikat und Prädikat zum Subjekt macht, heraus,
alle Sterbliche ſind Menſchen: nimmt man vom
Subjekt das gleiche Gegentheil: alle Nicht-
Sterbliche ſind Menſchen, und ändert nun die
Qualität: kein Nicht-Sterblicher iſt ein Mensch.
Ein Verſtandesschluß, der durch die Verſetzung
(per contrapoſitionem) hervorgebracht wird,
heißt ein Verſtandesschluß der Modalität nach.
Er gehört nämlich deshalb zur Modalität, weil
durch ihn die Modalität des gegebenen Urtheils

ge-

geändert, denn wenn das gegebene Urtheil vorher assertorisch war, so wird es nunmehr, da das Gegentheil von ihm verneint wird, apodiktisch. Das Urtheil: Alle Menschen sind sterblich, ist blos assertorisch, wird aber dadurch, daß ich durch die Versetzung herausbringe, kein Nicht=Sterblicher ist ein Mensch, apodiktisch.

ad §. 129.

Alle identischen Urtheile lassen sich kontraponiren.

Aus dem Urtheile; alle dreiseitige Figuren sind Dreiecke, folgt: kein Nicht=Dreieck ist eine dreiseitige Figur. Denn da in einem identischen Urtheil Subjekt und Prädikat Wechselbegriffe sind, so wird man, wenn man das Gegentheil des einen setzt, das andere nicht setzen können, d. h. das andere von diesem Gegentheil verneinen müssen. In dem gegebenen Urtheil: Alle dreiseitige Figuren sind Dreiecke, sind dreiseitige Figuren und Dreiecke Wechselbegriffe, setze ich also das Gegentheil vom Dreieck (Nicht=Dreieck), so werde ich von ihm das Prädikat dreiseitige Figur verneinen müssen.

ad §. 130.

Alle allgemein bejahenden Urtheile lassen sich kontraponiren.

Aus dem Urtheil: Alle A sind B, fließt, daß kein non B A ist. Aus dem Urtheile: Alle Menschen sind sterblich, fließt, daß kein Nicht=Sterblicher ein Mensch ist.

Beweis. In einem allgemein bejahenden Urtheile steht die ganze Sphäre des Subjekts unter dem Prädikat, folglich nach dem Satze des Widerspruchs steht kein Theil dieser Sphäre unter dem Gegentheil des Prädikats, und also auch umgekehrt nach §. 124. steht das Gegentheil des

Prä=

Prädikats nicht unter dem Subjekt; man muß also von der ganzen Sphäre des Gegentheils des Prädikats das Subjekt verneinen, d. h. das allgemein bejahende Urtheil läßt sich kontraponiren. Aus dem Urtheile: Alle A sind B, folgt nach dem Satze des Widerspruchs, daß kein A non B ist; das Urtheil aber: Kein A ist non B, läßt sich nach §. 124. simpliciter umkehren, d. h. kein non B ist A.

Aus dem Urtheile: Alle Menschen sind sterblich, folgt, daß kein Mensch nicht = sterblich ist, und aus diesem, daß kein Nicht = Sterblicher ein Mensch ist.

ad §. 131.

Die allgemein verneinenden Urtheile lassen sich nicht simpliciter, wohl aber per accidens kontraponiren.

Aus dem Urtheil: Kein A ist B, folgt nicht, daß alle non B A sind, wohl aber, daß einige non B A sind. Aus dem Urtheil: Kein Tugendhafter ist ein Betrüger, folgt nicht, daß alle, die nicht betrügen, tugendhaft sind; wohl aber, daß einige, die nicht betrügen, tugendhaft sind.

Beweis. In einem jeden allgemein verneinenden Urtheil wird ausgesagt, daß die ganze Sphäre des Subjekts vom Prädikat ausgeschlossen wird, folglich nach dem Satze des ausschließenden dritten, die ganze Sphäre des Subjekts unter dem Gegentheil des Prädikats stehen; aber dieses allgemein bejahende Urtheil läßt sich nach §. 122. nicht umkehren, welches doch geschehen müßte, wenn das gegebene allgemeinverneinende Urtheil sich sollte kontraponiren lassen.

Aus dem Urtheile: Kein A ist B, folgt nach dem Satze des ausschließenden dritten §. 101., daß alle A non B sind; da aber dieser Satz, der allgemein bejahend ist (weil man auf den Inhalt des

des Prädikats in der Logik nicht sieht, sondern blos die Form betrachtet), sich nach §. 122. nicht simpliciter umkehren läßt, so folgt das Urtheil, alle non B sind A, nicht nothwendig, d. h. das Urtheil läßt sich nicht simpliciter kontraponiren. Aus dem Urtheil: Kein Tugendhafter ist ein Betrüger, folgt, daß alle Tugendhaften Nicht = Betrüger sind, aber da dieses Urtheil sich nicht simpliciter umkehren läßt, so folgt nicht, daß alle, die nicht betrügen, tugendhaft sind.

Ob nun gleich die allgemein verneinenden Urtheile sich mit Beibehaltung der Quantität (simpliciter) nicht kontraponiren lassen, so wird doch eine contrapositio per accidens bei ihnen statt finden können. Denn nach dem vorhin gegebenen Beweise folgt, daß jedes allgemein verneinende Urtheil nach dem Satze des ausschließenden dritten sich in ein allgemein bejahendes verwandeln lasse, wenn man das Gegentheil des Prädikats an die Stelle des gegebenen Prädikats setzt, und dies allgemein bejahende Urtheil läßt sich per accidens umkehren.

Aus dem Urtheil: Kein A ist B, folgt, alle A sind non B, und aus diesem, einige non B sind A Aus dem Urtheil: Kein Tugendhafter ist ein Betrüger, folgt: Alle Tugendhaften sind Nicht= Betrüger, und aus diesem: Einige Nicht = Betrüger sind tugendhaft.

ad §. 132.

Die besonders bejahenden Urtheile lassen sich nicht kontraponiren

Aus dem Urtheile: Einige A sind B, folgt nicht, daß einige non B nicht A sind.

Beweis. In einem besonders bejahenden Urtheile wird ausgesagt, daß ein Theil der Sphäre des Subjekts unter das Prädikat gehöre, folglich wird, nach dem Satze des Widerspruchs, dieser Theil

Theil der Sphäre des Subjekts von dem Gegen=
theil des Prädikats ausgeschlossen; ließe sich dies
sogentstandene partikulär verneinende Urtheil sim=
pliciter umkehren, so würde dies ein Urtheil ge=
ben, was von dem gegebenen besonders bejahen=
den Urtheil das kontraponirte wäre, da aber ein
partikulär verneinendes Urtheil sich nach §. 125.
nicht simpliciter umkehren läßt, so wird auch das
besonders bejahende Urtheil sich nicht kontrapo=
niren lassen.

Aus dem Urtheil: Einige A sind B, fließt nach
dem Satze des Widerspruchs: Einige A sind nicht
non B, ließe sich dies Urtheil simpliciter umkeh=
ren, so erhielten wir: Einige non B sind nicht A,
welches das kontraponirte Urtheil von dem gege=
benen Urtheil: Einige A sind B, wäre. Das be=
sonders verneinende Urtheil: Einige A sind nicht
non B, läßt sich aber nicht simpliciter umkehren;
folglich kann das Urtheil: Einige A sind B nicht
kontraponirt werden.

ad §. 133.

Alle besonders verneinenden Urtheile lassen
sich kontraponiren.

Aus dem Urtheile: Einige A sind nicht B,
folgt, daß einige non B A sind; und aus dem
Urtheil: Einige Thiere sind nicht Vögel, folgt,
daß einige Nicht=Vögel Thiere sind.

Beweis. Jedes besonders verneinende Ur=
theil läßt sich nach dem Satze des ausschließenden
dritten in ein besonders bejahendes Urtheil ver=
wandeln, wenn man nur das Gegentheil des
Prädikats vom Subjekt aussagt; jedes besonders
bejahende Urtheil läßt sich aber simpliciter um=
kehren; folglich wird jedes besonders verneinende
Urtheil kontraponirt werden können.

Aus dem Urtheil: Einige A sind nicht B, folgt,

daß

daß einige A non B sind, und aus diesem, daß einige non B A sind.

Aus dem Urtheil: Einige Thiere sind nicht Vögel, folgt, daß einige Thiere Nicht = Vögel sind, und aus diesem, daß einige Nicht = Vögel Thiere sind.

ad §. 134.

Dieser §. enthält noch eine allgemeine Anmerkung zu den Verstandesschlüssen der Relation und der Modalität nach. — Die Logiker nennen den Aktus des Verstandes, wodurch auf die Art ein Verstandesschluß zu Stande gebracht wird, daß in dem Schlußsatz Subjekt und Prädikat ihre Stelle verändern, metathesis. Diese metathesis ist also doppelt, conversio und contrapositio, und jede derselben zerfällt wieder in zwei Theile, sie ist entweder simplex oder per accidens. — Wir haben bei der Abhandlung der Kontraposition diese Eintheilung nicht so deutlich dargelegt, wie bei der Konversion, allein der Leser wird sie leicht aus dem Gesagten herausbringen können. Da die allgemein bejahenden Urtheile sich simpliciter kontraponiren lassen, so findet bei ihnen schon mehr als contrapositio per accidens statt. Die allgemein verneinenden Urtheile lassen sich nur per accidens kontraponiren; s. §. 131. Die besonders bejahenden Urtheile lassen sich gar nicht kontraponiren, wie sich aus dem, was §. 132. gesagt, leicht ergiebt; die besonders verneinenden lassen sich simpliciter kontraponiren, per accidens (wenn dies heißen soll, mit veränderter Quantität, so daß sie allgemein werden soll) nicht, wie aus §. 133. verglichen mit §. 126. leicht gefolgert werden kann.

Der Lehre von den Schlüssen
Zweite Abtheilung.
Von den Schlüssen der Urtheilskraft.

ad §. 135.

Urtheilskraft überhaupt ist das Vermögen, das Besondere als enthalten unter dem Allgemeinen zu denken. Ist das Allgemeine (die Regel, das Prinzip, das Gesetz) gegeben, so ist die Urtheils= kraft, welche das Besondere darunter subsumirt, bestimmend. Ist aber nur das Besondere zu ge= ben, wozu sie das Allgemeine finden soll, so ist die Urtheilskraft reflektirend. Wenn die Ur= theilskraft unter dem Begrif Mensch als dem allgemeinen, die Vorstellungen, Cajus, Titus, Livius u. s. w. (das Besondere) subsumirt, und diesen dadurch die Merkmale, die im Begrif Mensch enthalten sind, beigelegt werden, so ist die Urtheilskraft bestimmend. Wenn die Urtheils= kraft unter dem Gesetze der Sittlichkeit: Man soll die Wahrheit sagen, subsumirt, daß man auch keinen falschen Eid schwören müsse, so ist sie ebenfalls bestimmend. Bringt hingegen die Ur= theilskraft aus den einzelnen Urtheilen: Daß, so oft man Quecksilber mit Schwefel vereinigt, Zinnober hervorgebracht wird, den allgemeinen Satz heraus: Quecksilber mit Schwefel vereinigt giebt Zinnober, so ist sie reflektirend.

ad §. 136.

Da wir hier von den Schlüssen der Urtheils= kraft reden, d. h. von dem Aktus der Urtheils= kraft, wodurch sie aus gegebenen Sätzen neue hervorbringt; so folgt daraus, daß wir es mit der reflektirenden nicht mit der bestimmenden Ur=

J 5   theils=

theilskraft zu thun haben, denn der letztern ist das Allgemeine und Besondere gegeben, und sie stellt blos die Subsumtion an.

ad §. 137.

Die bestimmende Urtheilskraft kann sich nicht thätig beweisen, wenn ihr keine allgemeine Regel gegeben ist, und sie wird alsdann, um diese allgemeine Regel zu erhalten, reflektirend. Die Schlüsse der reflektirenden Urtheilskraft sind nun von doppelter Art, sie geschehen entweder durch die Induktion oder nach der Analogie. Man schließt nach der Induktion, wenn man das, was von dem Theile einer Gattung gilt, auf die ganze Gattung ausdehnt; der Analogie nach hingegen, wenn man daraus, daß Dinge in mehreren Stücken übereinkommen, schließt, daß sie in allen übereinkommen werden. — Wenn wir aus den besondern Urtheilen, daß die Thiere, die uns bis jetzt vorgekommen sind, die Menschen ausgenommen, keine Vernunft haben, das allgemeine Urtheil bilden, daß alle Thiere, die Menschen ausgenommen, keine Vernunft haben, so haben wir einen Schluß der Urtheilskraft, und zwar der Induktion nach, zu Stande gebracht. — Schließen wir hingegen aus dem Uebereinkommen der Kometen und der Planeten in vielen Merkmalen, z. B. daß sie eine Rotation und Revolution haben u. s. w., daß auch die Kometen dunkle Körper sind, so haben wir der Analogie nach geschlossen. Wenn der Arzt durch Erfahrung weiß, daß die Fieberrinde bis jetzt zur Hebung des Fiebers wirksam gewesen ist, so wird er daraus durch Induktion die allgemeine Regel bilden: Die Fieberrinde hebt das Fieber. Er schließt hingegen analogisch, wenn er bei mehreren schon vorhandenen Symptomen eines Fiebers annimmt,
daß

daß die übrigen noch nicht vorhandenen auch eintreten werden.

Unsere Abhandlung der Schlüsse der Urtheilskraft wird also in zwei Theile zerfallen, in die Schlüsse der Urtheilskraft durch die Induktion und in die nach der Analogie.

I. Von den Schlüssen der Urtheilskraft durch die Induktion.

ad §. 138.

Wir werden auch hier, wie bei den vorigen Abschnitten, den strengen systematischen Gang nehmen, und die Schlüsse der Urtheilskraft, sowohl durch die Induktion, als nach der Analogie, der Quantität, der Qualität, der Relation und der Modalität nach, betrachten.

Von der Quantität der Schlüsse der Urtheilskraft durch die Induktion.

Man steigt, wenn man der Induktion nach schließt, von einzelnen und besondern zu dem allgemeinen auf, von den einzelnen Dingen und Arten zum Geschlecht. Der Quantität nach kann also die Induktion von doppelter Art sein, sie ist nämlich entweder vollständig (inductio completa) oder unvollständig (inductio incompleta). Eine Induktion wird vollständig genannt, wenn alle Theile der Gattung, von der man ein allgemeines Urtheil fällen will, aufgezählt sind; unvollständig, wenn man nur von einem Theile der Sphäre der Gattung Urtheile fällen kann, und diese nachher auf die ganze Gattung ausdehnt. — Wenn z. B. der Mathematiker den Satz: Der Winkel am Mittelpunkte ist jedesmal so groß als der Winkel am Umkreise, der mit ihm auf gleichen Bogen ruht, dadurch beweist,

daß

daß er für alle drei bei diesem Satze möglichen
Fälle zeigt, daß der behauptete Satz richtig ist,
so hat er den Beweis durch eine vollständige Induktion geführt, denn mehr als diese drei Fälle
sind nicht möglich, und von jedem derselben hat
er insbesondere gezeigt, daß der behauptete Satz
von ihm gelte. —

Wenn jemand den Satz: Daß in einem demo-
kratischen Staate jeder Theil desselben glücklicher
sei, als in einem monarchisch = despotischen, und
er beweist, daß im erstern sowohl der gehorchende,
als der gesetzgebende und exekutive Theil des
Staats glücklicher sei, so ist seine Induktion vollständig gewesen. —

Wenn jemand hingegen aus den einzelnen Urtheilen, Phylax bellt und Vulkan bellt, und alle
Hunde, die ich gesehen habe, bellen, das allgemeine Urtheil bildet, alle Hunde bellen, so ist
seine Induktion unvollständig. — Es fällt in
die Augen, daß alle einzelnen Erfahrungsurtheile nie eine vollständige Induktion geben können, da die Menge der Erfahrungsurtheile unendlich ist. —

Vollständige Induktionen liefern absolute
Allgemeinheit (universalitas absoluta), unvollständige nur komparative, zu einem gewissen
Zweck hinreichende (universalitas relativa, com-
parativa, secundum quid). Der Arzt, der seine
allgemeinen Urtheile durch unvollständige Induktionen hervorbringt, hat blos den Zweck, sie als
Regeln zum Handeln zu brauchen, und er ist gern
erbötig, sobald Erfahrungen ihn Ausnahmen
lehren, die angenommene Allgemeinheit der Regel fahren zu lassen. — Der Naturhistoriker hatte
sonst die allgemeine Regel, daß alle Hunde bellen,
von der er wohl einsah, daß sie auf keiner voll-
ständigen Induktion beruhte, allein er änderte diese
Regel

Regel ab, so bald er hörte, daß es in Afrika
Hunde gäbe, die nicht bellten.

ad §. 139.

Von der Qualität der Schlüsse der Urtheils‐kraft durch die Induktion.

Alle einzelnen Urtheile, die man als Grund‐
lage braucht, um aus ihnen durch die Induktion
ein allgemeines Urtheil herauszubringen, müssen
einerlei Qualität haben, entweder alle bejahend
oder alle verneinend sein. Denn dem allgemeinen
Urtheile liegt die Vorstellung zum Grunde, daß
von einem jeden Theile der Sphäre, von der
allgemein etwas ausgesagt wird, eben das Prä‐
dikat ausgesagt (bejaht oder verneint) werde,
folglich werden alle Theile der Sphäre darin
übereinstimmen müssen, und eine einzelne Aus‐
nahme wirft sogleich das ganze allgemeine Ur‐
theil über den Haufen. Ich berufe mich auf das
in der Erläuterung von §. 138. gegebene Beispiel
von den Hunden in Afrika, die nicht bellen,
wodurch sogleich das allgemeine Urtheil: Alle
Hunde bellen, aufgehoben wird. —
Auch läßt sich leicht einsehen, daß das durch
Induktion hervorgebrachte allgemeine Urtheil eben
dieselbe Qualität haben muß, als die besondern
Urtheile, aus denen es abgeleitet ist; sind diese
bejahend, so wird auch das allgemeine Urtheil be‐
jahend sein, so wie das letztere verneinend ist,
wenn jene verneinend sind. — Denn daß in den
einzelnen Urtheilen einem Subjekt ein Prädikat
beigelegt oder abgesprochen wird, daraus ergiebt
sich eben, daß der ganzen Sphäre eines Begrifs,
wovon die Subjekte der einzelnen oder besondern
Urtheile Theile ausmachen, eben dies Prädikat
beigelegt oder abgesprochen wird.

ad

ad §. 140.

Von der Relation der Schlüsse der Urtheils- kraft durch die Induktion.

Nur wenn man voraussetzen kann, daß das Merkmal, was man einem Subjekte beilegt, ein wesentliches, kein zufälliges Merkmal ist, kann man aus mehreren einzelnen und besondern Ur- theilen dieser Art, ein allgemeines Urtheil durch die Induktion hervorbringen. Denn wenn das Merkmal zufällig ist, so läßt sich nicht schließen, daß es allen Theilen einer Sphäre zukommen werde. — Die Vermuthung nun, daß ein Merk- mal wesentlich und nicht zufällig ist, wächst mit der Mehrheit der Fälle. — Wenn jemand aus dem Umstande, daß ein Spieler an einem Abend bei- nahe alle Spiele verliert, schließen wollte, daß er immer verliert, und dies als eine allgemeine Regel feststellen wollte, so würde er Unrecht thun. Wenn jemand aus dem Umstande, daß einigemal die Könige von Preußen abwechselnd die Namen Friedrich und Friedrich Wilhelm führten, die all- gemeine Regel machen wollte, die Könige von Preußen werden immer abwechselnd diese Namen führen, so würde er ein zufälliges Merkmal statt eines wesentlichen brauchen, und sein Schluß wäre der Relation nach falsch.

ad §. 141.

Von der Modalität der Schlüsse der Urtheils- kraft durch die Induktion.

Nur die vollständige Induktion giebt asser- torische, allgemeine Urtheile und vollkommene Gewißheit, die unvollständige hingegen blos Wahrscheinlichkeit. Es ist gewiß, daß alle Win- kel am Mittelpunkt doppelt so groß sind, als die Winkel am Umkreise, die mit ihnen auf gleichen

Bo=

Bogen ruhen; denn die Induktion iſt vollſtändig.
Sind nun die beſondern Urtheile, auf denen das
allgemeine Urtheil beruht, nicht blos aſſertoriſch
(welches ſie, da ſie nach §. 140. weſentliche
Stücke vom Subjekt ausſagen, ſein müſſen),
ſondern apodiktiſch, wie dies in dem gegebenen
Beiſpiel der Fall iſt, ſo wird bei vollſtändiger
Induktion auch das allgemeine Urtheil apodiktiſch ſein.

Iſt die Induktion hingegen nicht vollſtändig,
ſo wird das allgemeine Urtheil zwar aſſertoriſch
ausgedrückt, iſt aber doch doch nur problematiſch,
hat nicht Gewißheit, ſondern nur Wahrſcheinlichkeit. Es iſt das Urtheil, daß Queckſilber, mit
Schwefel vermiſcht, immer Zinnober gebe, nicht
ganz gewiß, ſondern problematiſch, es hat nur
Wahrſcheinlichkeit. Da wir aber noch keine Ausnahme von dieſer Regel kennen, ob wir gleich die
Möglichkeit derſelben zugeſtehen müſſen, ſo drücken wir das allgemeine Urtheil: Queckſilber, mit
Schwefel vermiſcht, giebt Zinnober, aſſertoriſch
aus, und legen ihm die Gewißheit bei, die Gegenſtände der Erfahrung haben können.

Wahrſcheinlichkeit iſt das Fürwahrhalten aus
unzureichenden Gründen. Es ſind bei der Wahrſcheinlichkeit immer mehr Gründe für das Sein
als für das Nichtſein. Bei den Schlüſſen durch
die Induktion, von denen wir reden, ſind, da
die beſondern Urtheile, die den allgemeinen zum
Grunde dienen, alle einerlei Qualität haben
müſſen (ſ. §. 138.), gar keine Gründe für das
Gegentheil, obgleich bei einer unvollſtändigen
Induktion die Gründe für das allgemeine Urtheil
nicht zureichend ſind. — Hier wächſt alſo die
Wahrſcheinlichkeit mit der Menge der gegebenen
beſondern Urtheile.

II. Von

II. Von den Schlüssen der Urtheilskraft nach der Analogie.

ad §. 142.

Von der Quantität der Schlüsse der Urtheilskraft nach der Analogie.

Der Leser wird sich aus der Erläuterung von §. 137. erinnern, daß wenn man daraus, daß zwei oder mehrere Dinge in mehreren Merkmalen übereinkommen, folgert, daß sie auch in andern übereinkommen werden, so schließt die Urtheilskraft der Analogie nach. Wenn man weiß, die Erde und der Mond kommen darin überein, daß sie Planeten sind, und daß bei ihnen Rotation und Revolution statt findet, daß sie Berge und Thäler haben, daß eine Atmosphäre sie umgiebt, und man schließt daraus, daß, weil auf der Erde lebende Geschöpfe sich finden, werden auf dem Monde auch dergleichen anzutreffen sein, so hat man analogisch geschlossen. Es leuchtet nun ein, daß in je mehreren Stücken die zu vergleichenden Gegenstände übereinkommen, desto sichrer wird der Schluß der Analogie nach sein. — Sage ich, Mond und Erde haben gemein, daß sie Planeten sind, so ist es gewagt, daraus zu schließen, daß, weil die letzteren lebende Geschöpfe zu Bewohnern hat, bei dem ersteren dies auch statt finden müsse. Sicherer wird der Schluß, wenn ich hinzusetze, beide haben eine Rotation und Revolution, noch sicherer, wenn ich weiß, daß sie Berge und Thäler und Meere haben; die Sicherheit wächst, wenn ich hinzusetze, daß beide mit einer Atmosphäre umgeben sind u. s. w.

ad §. 143.

Von der Qualität der Schlüsse der Urtheilskraft der Analogie nach.

Bei den Schlüssen durch die Induktion merkten

ten wir an, daß die besondern Urtheile alle einerlei Qualität haben mußten, und daß auch das
allgemeine Urtheil, was aus ihnen entsprang,
mit den besondern gleiche Qualität haben mußte; — bei den Schlüssen durch die Analogie ist
dies nicht der Fall: die besondern Urtheile können
bejahend und verneinend sein, und eben dies
gilt von dem allgemeinen Urtheile, was aus ihnen hergeleitet wird; nur ist zu merken, daß bei
den besondern Urtheilen, die zum Schlusse des
allgemeinen Urtheils erfordert werden, Uebereinstimmung sein muß, d. h. wenn von dem einen der zu vergleichenden Dinge etwas bejaht
wird, dies von dem andern nicht verneint werden muß, weil dieses Abweichen den Grad der
Gewißheit nicht vermehren, sondern vermindern
würde. — Allein da verneinende Urtheile nicht
aussagen, was der Gegenstand ist, sondern nur,
was er nicht ist, so werden die Schlüsse der Analogie, wobei lauter verneinende Urtheile zum
Grunde liegen, weniger Stärke haben, als diejenigen, wo dies nicht statt findet.

ad §. 144.

Von der Relation der Schlüsse der Urtheils-kraft der Analogie nach.

Diejenigen Merkmale, in denen zwei Gegenstände übereinkommen, und von denen man schließen will, daß sie auch in andern übereinkommen
werden, müssen nicht zufällig, sondern wesentlich
sein. Aus dem Umstande, daß zwei Leute gleiche
Kleidung und gleiches Alter haben, folgt nicht,
daß beide Gelehrte sind, sobald der eine dies ist.
Aber ferner müssen auch diejenigen Stücke, deren
Uebereinstimmung man analogisch festsetzt, wesentlich sein. Gesetzt, man wollte aus der Ueber-
einkunft der Erde und des Mondes in der Rota-

K　　　　　　tion

tion und Revolution, in dem, daß sie beide Atmosphären, Berge und Thäler und Wasser haben, schließen, weil auf der Erde jetzt ein Mensch ist, der Wilhelm heißt, müsse auch im Monde ein Mensch angetroffen werden, der eben diesen Namen führt, so würde man aus wesentlichen Stücken auf etwas zufälliges geschlossen haben, und der Schluß aus der Analogie wäre nicht richtig.

ad §. 145.

Von der Modalität der Schlüsse der Urtheilskraft nach der Analogie.

Auch hier gilt, was §. 141. von den Schlüssen der Urtheilskraft durch Induktion gesagt ist; die Analogie giebt nie assertorische, sondern nur problematische Urtheile, hat also nur Möglichkeit und Wahrscheinlichkeit. Die letztere nimmt mit der Menge der gegebenen Merkmale, und mit den gegebenen bejahenden Urtheilen zu, sie kann nur in volle Gewißheit übergehen, wenn von den zu vergleichenden Dingen das Uebereinkommen aller wesentlichen Stücke ausgesagt wird. — Man wird daher auch bei den Schlüssen der Analogie nach sich bescheiden müssen, das Urtheil umzuändern, wenn das Gegentheil, dessen Möglichkeit man immer zugestehen muß, auf eine andere Art gegeben würde. Daher giebt die Analogie jederzeit, so wie die unvollständige Induktion, nur vorläufige Urtheile (judicia proevia), Urtheile, die man vor genugsamer (möglicher oder nicht möglicher) Untersuchung fällt, und wo man sich vorbehält, sie nach Befinden abzuändern. — Diese vorläufigen Urtheile sind in dem Umgange mit Menschen, und in vielen Erfahrungswissenschaften (z. B. der Experimentalphysik) von großer Erheblichkeit.

Der

Der Lehre von den Schlüssen
Dritte Abtheilung.
Von den Vernunftschlüssen.
ad §. 146.

Wir theilten nach §. 101. die Schlüsse in Schlüsse des Verstandes, der Urtheilskraft und der Vernunft. Die ersten beiden Arten der Schlüsse haben wir im vorhergehenden abgehandelt, und wir gehen also nunmehro zu den Vernunftschlüssen fort.

Ein Vernunftschluß (ratiocinium) ist die Erkenntniß der Wahrheit eines Urtheils durch die Subsumtion seiner Bedingung unter eine allgemeine Regel. Subsumiren heißt zu erkennen geben, daß etwas unter die Bedingung einer allgemeinen Regel gehört.

In dem Vernunftschlusse:

Alle Menschen sind sterblich

Cajus ist ein Mensch

Also ist Cajus sterblich

wird die Wahrheit des Urtheils, Cajus ist sterblich, dadurch erkannt, daß die Bedingung desselben, er ist ein Mensch, unter die allgemeine Regel: Alle Menschen sind sterblich, subsumirt worden ist. Dadurch, daß ich aussage: Cajus ist ein Mensch, subsumire ich, denn ich gebe zu erkennen, daß Cajus unter die Bedingung der allgemeinen Regel: Cajus ist sterblich, gehört.

Aus dem Gesagten fließt, daß ein jeder Vernunftschluß ein mittelbarer Schluß sein muß.

Die reine allgemeine Logik, welche von dem Inhalte des Denkens überhaupt ganz abstrahirt, und nur lediglich die Form desselben betrachtet, wird also auch bei Abhandlung der Schlüsse ganz von ihrem Inhalte (d. h. von dem Inhalte, der zu ihnen gehörigen Urtheile abstrahiren), und blos die Form derselben, d. h. ihre Verbindung zu einem Vernunftschlusse betrachten.

ad §. 147.

Zu einem jeden Vernunftschlusse gehört also nach der §. 146. gegebenen Erklärung desselben 1) ein allgemeines Urtheil, aus dem man durch die Subsumtion der Bedingung die Wahrheit eines andern erkennen will, der Obersatz (propositio major); in dem §. 146. gegebenen Beispiele, das Urtheil: alle Menschen sind sterblich, 2) das Urtheil, wodurch man unter die Bedingung der allgemeinen Regel subsumirt, Untersatz (propositio minor), in dem vorigen Beispiel: Cajus ist ein Mensch, und endlich 3) das abgeleitete Urtheil, das Urtheil, dessen Wahrheit man aus der allgemeinen Regel erkennet, der Schlußsatz (conclusio), in dem gegebenen Beispiel: Cajus ist sterblich.

Da man von den Gründen zu den Folgen natürlicherweise herabsteigt, die Gründe also eher als die Folge denken muß, so muß in einem Vernunftschluß am natürlichsten der Obersatz zuerst genannt werden. Auf ihn folgt sodann das Urtheil, was unter die Bedingung der allgemeinen Regel subsumirt, der Untersatz, und endlich der Schlußsatz; von dieser Stellung kommen auch die deutschen Benennungen Obersatz und Untersatz her.

Obersatz und Untersatz erhalten den gemeinschaftlichen Namen der Prämissen oder der Vordersätze. In dem gegebenen Schlusse also sind die Urtheile: Alle Menschen sind sterblich, und Cajus ist ein Mensch, Vordersätze, Prämissen.

ad

ad §. 148.

Unter Verstand in engerer Bedeutung versteht man das Vermögen, das Besondere im Allgemeinen darzustellen; er wird also zum Bilden der Begriffe und der Urtheile, die im Schlusse vorkommen, erfordert. Die Urtheilskraft ist das Vermögen, das Besondere als unter dem allgemeinen enthalten, zu denken, sie wird also im Vernunftschlusse sowohl das Subjekt eines jeden dazu gehörigen Urtheils unter das Prädikat subsumiren, als auch den Untersatz als unter dem Obersatz enthalten vorstellen. Die Vernunft endlich, als das Vermögen, das Besondere im Allgemeinen zu erkennen und daraus abzuleiten, wird erfordert, um aus der allgemeinen Regel die Wahrheit des Schlußsatzes herzuleiten; folglich sind bei einem Vernunftschluß alle drei Stücke des obern Erkenntnißvermögens wirksam.

ad §. 149.

Man theilt die Vernunftschlüsse in einfache und zusammengesetzte. Ein Vernunftschluß ist einfach, wenn nur eine Subsumtion in ihm vorkommt. Von der Art waren alle im vorhergehenden als Beispiele angeführte Vernunftschlüsse. Zusammengesetzt heißt ein Schluß, wenn er in mehrere einfache Schlüsse zerlegt werden kann; z. B.

Der Zorn ist ein Affekt,
Jeder Affekt stört die Aufmerksamkeit
Alles was die Aufmerksamkeit stört ist dem ru-
     higen Denken entgegen

Folglich hindert der Zorn am ruhigen Denken.

Dieser Schluß läßt sich in folgende zwei einfache auflösen:

    Der

Der Zorn ist ein Affekt
Jeder Affekt stört die Aufmerksamkeit

Folglich stört der Zorn die Aufmerksamkeit.

Alles was die Aufmerksamkeit stört hindert am
ruhigen Denken
Der Zorn stört die Aufmerksamkeit

Folglich hindert der Zorn am ruhigen Denken.

Die einfachen Vernunftschlüsse theilt man nun
in reine und vermischte (ratiocinia pura und hybrida). Ein Vernunftschluß heißt rein, wenn
in ihm beide Prämissen, und zwar in der §. 149.
angegebenen Ordnung sich finden; vermischt,
wenn eins von beiden Kennzeichen, oder alle
beide sich nicht bei ihm finden. Beispiele von
reinen Vernunftschlüssen sind im vorhergehenden
zur Gnüge gegeben worden. Als Beispiele zu
vermischten mögen dienen:

Cajus ist sterblich, weil er ein Mensch ist,
hier fehlt der Obersatz, alle Menschen sind sterblich.

Alle Menschen sind sterblich,
folglich ist Cajus sterblich,
hier fehlt der Untersatz, Cajus ist ein Mensch.

Eine Versetzung der Prämissen ist in dem
Schlusse:

Cajus ist ein Mensch, da aber alle Menschen
sterblich sind, so wird auch er sterblich sein.

Der Lehre von den Vernunftschlüssen

Erster Abschnitt.

Von den reinen Vernunftschlüssen.

ad §. 150.

Die reinen Vernunftschlüsse müssen nun wieder
nach der Beschaffenheit der Schlußart, die bei
ihnen

ihnen ſtatt findet, betrachtet werden. Nun hat die Art der Verbindung des Subjekts und Prädikats in dem Oberſatze Einfluß auf die Schlußart, weil von ihr durch die Subſumtion des Unterſatzes die ganze Verbindung des Schluſſes abhängt; es wird daher die Eintheilung der Schlüſſe in kategoriſche, hypothetiſche und disjunktive hier von Bedeutung ſein. Ein Schluß heißt kategoriſch, wenn ſein Oberſatz ein kategoriſches, hypothetiſch, wenn ſein Oberſatz ein hypothetiſches, disjunktiv, wenn ſein Oberſatz ein disjunktives Urtheil iſt. — Wir wollen mit Betrachtung der erſtern den Anfang machen.

I. Von den reinen kategoriſchen Vernunftſchlüſſen.

ad §. 151.

Wir wollen nun, um ſyſtematiſch zu verfahren, unterſuchen, was für Beſtimmungen des Oberſatzes, des Unterſatzes und des Schlußſatzes, in Rückſicht auf Quantität, Qualität, Relation und Modalität, aus der Definition eines reinen kategoriſchen Vernunftſchluſſes fließen.

§. 151. beſchäftigt ſich mit dem Oberſatze in dieſer Rückſicht.

Der Oberſatz muß

1) Der Quantität nach allgemein ſein, denn er enthält nach der Definition die allgemeine Regel, aus der etwas erkannt werden ſoll.

Aus den Urtheilen: Einige Menſchen ſind Gelehrte, Cajus iſt ein Menſch, folgt nicht, daß er ein Gelehrter iſt.

2) Der Qualität nach iſt der Oberſatz unbeſtimmt, er kann bejahend und verneinend ſein. Bejahend iſt er in dem Schluſſe:

K 4　　　　　　Alle

Alle Menschen sind sterblich
Cajus ist ein Mensch
_____
also ist Cajus sterblich.

Verneinend:
Kein Mensch ist allmächtig,
Cajus ist ein Mensch
_____
Also ist Cajus nicht allmächtig.

3) Der Relation nach muß der Obersatz nach der Definition eines kategorischen Vernunftschlusses kategorisch sein.

4) Der Modalität nach kann der Obersatz problematisch, assertorisch und apodiktisch sein.

Alle Menschen können tugendhaft werden,
Cajus ist ein Mensch,
_____
also kann Cajus tugendhaft werden.

Alle Menschen sind sterblich,
Cajus ist ein Mensch,
_____
also ist Cajus sterblich.

Alle Dreiecke müssen drei Seiten haben,
alle gleichschenklichte Dreiecke sind Dreiecke,
_____
also müssen alle gleichschenklichte Dreiecke drei
Seiten haben.

ad §. 152.

Der Untersatz ist:

1) Der Quantität nach unbestimmt, er kann ein allgemeines, besonderes und einzelnes Urtheil sein.

Kein endliches Wesen ist allmächtig,
alle Menschen sind endliche Wesen,
_____
also ist Kein Mensch allmächtig.

Alle

Alle Menſchen ſind vernünftige Weſen,
einige Thiere ſind Menſchen,

alſo ſind einige Thiere vernünftige Weſen.

Alle Menſchen ſind ſterblich,
Cajus iſt ein Menſch,

alſo iſt Cajus ſterblich.

2) Der Qualität nach muß er bejahend ſein, denn er ſoll eben ausſagen, daß eine beſtimmte Vorſtellung unter die Bedingung der allgemeinen Regel ſteht.

3) Der Relation nach werden die hypothetiſchen und disjunktiven Urtheile ausgeſchloſſen, weil ſie nicht beſtimmt unter die Bedingung ſubſumiren.

4) Der Modalität nach. Da der Unterſatz ſchlechterdings ſubſumiren muß, ſo werden die problematiſchen Urtheile ausgeſchloſſen, und blos die aſſertoriſchen und apodiktiſchen zugelaſſen.

ad §. 153.

Der Schlußſatz hängt von den Prämiſſen ab. Seine Quantität erhält er vom Unterſatz, der mit ihm einerlei Subjekt haben muß, weil nach der §. 147. gegebenen Erklärung der Unterſatz jedesmal anzeigt, daß das Subjekt des Schlußſatzes unter die Bedingung der allgemeinen Regel des Oberſatzes gehört. Da nun die Quantität eines Urtheils vom Subjekte abhängt, ſo wird der Schlußſatz und Unterſatz gleiche Quantität haben müſſen. Z. B. in dem Schluſſe:

Alle Menſchen ſind vernünftige Weſen,
Einige Thiere ſind Menſchen

alſo ſind einige Thiere vernünftige Weſen.

wird in dem Schlußſatze, dem Subjekt, einige Thiere, das Prädikat beigelegt, daß ſie vernünf-

tige

tige Wesen sind, weil sie unter die Bedingung
Mensch gehören, die in der allgemeinen Regel
(im Obersaze) dazu gehörte, um das Prädikat
des vernünftigen Wesens zu erhalten. Folglich
wird der Untersaz, der das Subjekt des Schlußsazes unter die Bedingung des Obersazes subsumirt, das Subjekt des Schlußsazes (in dem
gegebenen Fall einige Thiere) zum Subjekt, und
das Subjekt des Obersazes (Menschen) zum
Prädikat haben, und da die Quantität eines Urtheils vom Subjekte abhängt, so wird die Quantität des Schlußsazes mit der des Untersazes
übereinstimmen, in dem gegebenen Fall besondere
Urtheile sein.

In Rücksicht der Qualität kommt der Schlußsaz mit dem Obersaz überein; denn im Schlußsaz wird von einem Subjekte ausgesagt, daß
ihm eben das Prädikat zukomme oder abgesprochen werde, was im Obersaze einer Sphäre von
Dingen, worunter nach dem Untersaze das Subjekt des Schlußsazes gehört, beigelegt oder abgesprochen wird. Ist der Obersaz bejahend, so
ist der Schlußsaz ebenfalls bejahend; so wie er
verneinend ist, wenn der Obersaz verneinend ist.

Alle Menschen sind sterblich,
Cajus ist ein Mensch,

also ist Cajus sterblich.

Kein Mensch ist unfehlbar,
der Pabst ist ein Mensch,

also ist der Pabst nicht unfehlbar.

Der Relation nach ist der Schlußsaz kategorisch, so wie der Obersaz es ist. Denn der
Schlußsaz giebt nach dem Obersaz die Relation
der Vorstellungen an.

In Rücksicht auf die Modalität richtet sich
der Schlußsaz genau nach dem Obersaze, ist dieser
pro-

problematiſch, ſo iſt es der Schlußſatz ebenfalls, iſt er aſſertoriſch, ſo iſt es der Schlußſatz auch, iſt er apodiktiſch, ſo findet dies auch beim Schluß-ſatze ſtatt. Die Wahrheit dieſes Satzes ergiebt ſich leicht, wenn man bedenkt, daß die Art der Verknüpfung des Subjekts und Prädikats im Schlußſatze durch den Oberſatz gegeben wird. Zur Erläuterung kann man die §. 149. bei No. 4. ge-gebenen Beiſpiele brauchen.

Man hüte ſich aber hier für einen Irrthum, der aus einer andern auch vollkommen richtigen Bemerkung über die Vernunftſchlüſſe entſtehen kann. Die in einem Vernunftſchluſſe verbun-denen Urtheile ſtehen in einem nothwendigen Zuſammenhang, denn ſie ſtehen im Verhältniß des Grundes zur Folge; aber daraus folgt nicht, daß der Schlußſatz ein nothwendiges Urtheil iſt, der Schluß (die Konſequenz) iſt nothwendig, der Schlußſatz (die Konkluſion) braucht es nicht zu ſein.

Alle Menſchen können weiſe werden,
Cajus iſt ein Menſch,
_____
alſo kann Cajus weiſe werden.

Hier iſt offenbar das Urtheil, Cajus kann weiſe werden, problematiſch, ſo wie der Oberſatz, aus dem es floß, problematiſch iſt; aber ſobald man den Oberſatz ſetzt, muß man auch den Schluß-ſatz ſetzen, d. h. die Konſequenz iſt nothwendig, ſobald man zugeſteht, es iſt wahr, daß alle Men-ſchen weiſe werden können, ſo muß auch Cajus weiſe werden können, es muß zugeſtanden wer-den, daß Cajus weiſe werden kann. —

Dieſe Bemerkung ſoll blos einen vermeintli-chen Widerſpruch heben, der ſich vielleicht man-chem Leſer aufdringen möchte.

Erläu-

Erläuterung der zu diesem §. gehörigen Anmerkung.

Die Vernunftschlüsse erhalten nach den in ihnen vorkommenden Schlußsätzen besondere Namen. Ist der Schlußsatz ein allgemeines Urtheil, so heißt der Schluß allgemein, ist er ein besonderes Urtheil, so heißt der Schluß besonders. Von der ersten Art ist:

Alle Menschen sind sterblich,
alle Gelehrte sind Menschen,
___
alle Gelehrte sind sterblich.

Von der zweiten Art:

Alle Menschen sind vernünftige Wesen,
Einige Thiere sind Menschen,
___
Einige Thiere sind vernünftige Wesen.

Ist der Schlußsatz bejahend, so heißt der Schluß auch bejahend, ist er verneinend, so heißt der Schluß auch verneinend.

Alle Menschen sind sterblich,
Cajus ist ein Mensch,
___
also ist Cajus sterblich.

Kein Mensch ist ewig,
Cajus ist ein Mensch,
___
also ist Cajus nicht ewig.

ad §. 154.

Subjekt und Prädikat eines Urtheils werden termini genannt. Nun ergiebt sich aus der Definition eines reinen kategorischen Vernunftschlusses, daß in ihm drei termini vorkommen müssen. Der Obersatz enthält, so wie jedes Urtheil zwei; der Untersatz auch zwei, aber einer von ihnen muß schon im Obersatz enthalten sein, weil sonst der

Unter=

Unterſatz nicht ſubſumiren würde. Der Schlußſatz enthält zwar auch zwei terminos, aber den
einen hat er mit dem Unterſatze, den andern mit
dem Oberſatze gemein, denn der eine iſt das
Subjekt des Unterſatzes, der andere das Prädikat
des Oberſatzes. In dem Schluſſe:

> Alle Menſchen ſind ſterblich,
> Cajus iſt ein Menſch,
> ――――――――――――――――
> alſo iſt Cajus ſterblich.

ſind in dem Oberſatze: Alle Menſchen ſind ſterblich, die zwei termini, alle Menſchen und ſterblich. In dem Unterſatze: Cajus iſt ſterblich, ſind
die beiden termini Cajus und ſterblich, allein den
terminus ſterblich hat er mit dem Oberſatze gemein, denn er iſt die Bedingung, unter welche
der Unterſatz ſubſumirt. — Die beiden termini,
Cajus und ſterblich, die in dem Schlußſatze
ſich finden, ſind keine neuen, denn das Subjekt
Cajus kam ſchon im Unterſatze vor, der es unter die Bedingung des Oberſatzes ſubſumirte;
das Prädikat ſterblich aber iſt auch das Prädikat
des Oberſatzes, denn vom Cajus wird ausgeſagt,
was im Oberſatze von der Sphäre von Dingen
(Menſchen), zu welcher er nach Ausſage des Unterſatzes gehört, ausgeſagt worden iſt (das ſterblich ſein).

§. 155. iſt an ſich verſtändlich. Ich will blos
Beiſpiele von Schlüſſen mit vier Gliedern, nach
der im §. angegebenen Ordnung, hinzufügen.

> Alle Menſchen ſind ſterblich,
> ein Vogel iſt ein lebendiges Weſen,
> ――――――――――――――――――――
> alſo iſt ein Vogel ſterblich.

> Alle Menſchen ſind ſterblich,
> Cajus iſt ein Menſch,
> ――――――――――――――――
> alſo iſt die Seele des Cajus ſterblich.

Alle

Alle Menschen sind sterblich,
  Cajus ist ein Mensch,
_____
  also ist Cajus sterblich.

ad §. 156.

Der Obersatz eines jeden reinen kategorischen Vernunftschlusses ist seiner Qualität nach entweder bejahend oder verneinend. Im ersten Fall sagt er aus, daß das Subjekt unter das Prädikat gehöre, d. h. wie in der Lehre von der Relation der Begriffe gezeigt worden ist, daß das Prädikat ein Merkmal des Subjekts sei. Der Untersatz muß, wie §. 152. gezeigt worden, in allen reinen kategorischen Vernunftschlüssen ein kategorisches bejahendes Urtheil sein, folglich wird auch in ihm das Subjekt als unter dem Prädikat enthalten, d. h. das Prädikat als Merkmal des Subjekts dargestellt. Nun subsumirt aber der Untersatz das Subjekt des Schlußsatzes unter das Subjekt des Obersatzes; folglich ist das Subjekt des Obersatzes ein Merkmal des Subjekts des Schlußsatzes, und da das Prädikat des Obersatzes das Merkmal des Subjekts desselben ist, so ist es auch das Merkmal des Subjekts des Schlußsatzes. Das Subjekt des Obersatzes, welches zugleich das Prädikat des Untersatzes ist, ist also das Zwischenmerkmal und der Grund, warum in dem Schlußsatze eines bejahenden kategorischen Vernunftschlusses das Prädikat vom Subjekt ausgesagt wurde.

In dem Schlusse:

  Alle Menschen sind sterblich
    Cajus ist ein Mensch
_____
  also ist Cajus sterblich.

sagt der Obersatz: Alle Menschen sind sterblich, aus, daß Sterblich ein Merkmal vom Menschen sei;

sei; der Untersatz, Mensch sei ein Merkmal von Cajus. Folglich wird dem Cajus das Merkmal Mensch beigelegt, in dem Merkmal Mensch aber findet sich das Merkmal sterblich, folglich wird dem Cajus das Merkmal sterblich beigelegt. Folglich ist Mensch das Zwischenmerkmal.

Ist der Obersatz eines reinen kategorischen Vernunftschlusses ein verneinendes kategorisches Urtheil, so sagt er aus, das Prädikat sei kein Merkmal vom Subjekt. Der Untersatz legt aber dies Subjekt dem Subjekte des Schlußsatzes als Prädikat bei, folglich wird das Prädikat des Obersatzes auch vom Subjekte des Schlußsatzes ausgeschlossen.

Kein Mensch ist ewig,
alle Gelehrte sind Menschen,
kein Gelehrter ist ewig.

In dem Urtheil: Kein Mensch ist ewig, wird verneint, daß ewig ein Merkmal von Mensch sei; Mensch aber wird (durch den Untersatz) als Merkmal von Gelehrter ausgesagt; also wird man, weil dem Zwischenmerkmal Mensch das Merkmal ewig abgesprochen wird, das Zwischenmerkmal Mensch aber ein Merkmal von Gelehrter ist, auch der Vorstellung Gelehrter das Merkmal ewig absprechen müssen.

ad §. 157.

Die in diesem §. vorgetragenen Erläuterungen der Benennungen terminus major, medius und minor, bedürfen keine weitere Auseinandersetzung, ich werde also blos einige Beispiele hinzufügen.

In dem Schlusse:
Alle Menschen sind sterblich,
Cajus ist ein Mensch,
also ist Cajus sterblich.

ist

ist Cajus als das Subjekt des Schlußsatzes der terminus minor, weil von ihm ausgesagt werden soll, ob er unter das Prädikat sterblich gehört oder nicht (hier ist der erstere Fall). Sterblich als Prädikat des Schlußsatzes der terminus major, und Mensch der terminus medius. Denn Mensch ist weiter als Cajus, da er ein Merkmal von Cajus ist, ist aber enger als sterblich, weil sterblich ein Merkmal von ihm ist.

In dem Schlusse:
> Kein Mensch ist ewig,
>   alle Gelehrte sind Menschen,
> _____
>   Also ist kein Gelehrter ewig,

ist Gelehrter terminus minor, Mensch terminus medius, und ewig terminus major.

Bei verneinenden kategorischen Vernunftschlüssen läßt sich nicht immer bestimmen, ob der terminus medius enger ist, als der terminus major, aber in so fern man blos auf die Möglichkeit einer Verbindung des Subjekts und Prädikats des Schlußsatzes sieht, die freilich nur bei bejahenden statt findet, so giebt man dem Zwischenmerkmal den Namen terminus medius.

ad §. 158.

Aus der Erklärung eines reinen kategorischen Vernunftschlusses ergiebt sich, daß der Obersatz die allgemeine Regel enthält, nach welcher durch die Subsumtion des Untersatzes dem Subjekte des Schlußsatzes ein Prädikat beigelegt oder abgesprochen werden soll, folglich wird das Prädikat des Schlußsatzes das Prädikat des Obersatzes sein müssen, d. h. nach §. 157. terminus major wird das Prädikat des Obersatzes sein müssen. Ferner muß das Subjekt des Obersatzes die Bedingung sein, unter welcher im Schlußsatz dem Subjekt das Prädikat beigelegt wird,

wird, d. h. nach §. 157. der terminus medius, muß das Subjekt des Oberſatzes ſein. —

Der Unterſatz ſubſumirt das Subjekt des Schlußſatzes unter die Bedingung der allgemeinen Regel, folglich iſt die Bedingung das Prädikat des Unterſatzes, d. h. nach §. 157. im Unterſatz iſt das Subjekt des Schlußſatzes (terminus minor) auch Subjekt, und der terminus medius Prädikat.

Man hat nun zur Bezeichnung des terminus minor (Subjekt des Schlußſatzes) ein S, für den terminus medius ein M, und für den terminus major (Prädikat des Schlußſatzes) ein P gewählt, ſo iſt alſo folgende Stellung

$$\begin{array}{cc} M & P \\ S & M \\ \hline S & P \end{array}$$

diejenige, welche unmittelbar aus der Erklärung eines reinen kategoriſchen Vernunftſchluſſes fließt, und folglich die natürliche und geſetzmäßige.

In dem Vernunftſchluſſe:

   Kein Menſch iſt ewig,
     Cajus iſt ein Menſch,
      alſo iſt Cajus nicht ewig,

iſt Cajus terminus minor, Menſch terminus medius, und ewig terminus major. Im Oberſatz iſt alſo auch Menſch Subjekt, und ewig Prädikat, im Unterſatze Cajus Subjekt, und Menſch Prädikat. —

Man findet freilich auch Schlüſſe, die die hier angegebene Form nicht haben, allein bei denſelben iſt immer ein Verſtandesſchluß verſteckt, und man kann, wie ſich dieß in der Folge ergeben wird, vermittelſt eines Verſtandesſchluſſes einen Vernunftſchluß, der die im §. angegebene geſetzmäßige Stellung nicht hat, in einen geſetzmäßig geſtellten verwandeln.

ad

ad §. 159.

Man kann die reinen kategorischen Vernunft-schlüsse in bejahende und verneinende eintheilen. In den bejahenden wird einem Subjekte ein Merkmal beigelegt, weil es einem Zwischenmerk-mal zukommt, das dem Subjekt beigelegt wird. Man legt in dem Schlusse:

Alle Menschen sind sterblich,

Cajus ist ein Mensch,

also ist Cajus sterblich,

dem Cajus das Prädikat sterblich bei, weil ihm (nach dem Untersatze) das Zwischenmerkmal Mensch zukommt, in dem (nach dem Obersatze) sterblich als Merkmal enthalten ist. Alle bejahenden reinen kategorischen Vernunft-schlüsse beruhen auf folgendem Grundsatz: Was dem Merkmale eines Gegenstandes zukommt, kommt dem Gegenstande selbst zu. (Nota notae est nota rei ipsius). Das Merkmal eines Gegenstandes ist als Theilvorstellung in ihm enthalten, und gehört also zur Vorstellung des Gegenstandes, folglich auch was in dem Merkmal enthalten ist. Das Merk-mal Mensch ist ein Theil der Vorstellung Cajus, folglich sind auch alle Theilvorstellungen (Merk-male) Theile der Vorstellung Mensch. Nach dem Satze der Identität.

In einem verneinenden reinen kategorischen Vernunftschluß wird dem Subjekt des Schlußsa-tzes ein Prädikat abgesprochen, weil ihm (nach dem Untersatze) ein Prädikat zukommt, dem (nach dem Obersatze) ein Prädikat widerstreitet. In dem Schlusse:

Kein Mensch ist ewig,

Cajus ist ein Mensch,

also ist Cajus nicht ewig.

wird

wird das Prädikat ewig dem Cajus abgeſprochen, weil in ihm das Merkmal Menſch enthalten iſt, dem das Prädikat ewig widerſpricht.

Alle verneinenden reinen kategoriſchen Vernunftſchlüſſe beruhen alſo auf folgende Regel:

> Was dem Merkmale eines Gegenſtandes widerſpricht, widerſpricht dem Gegenſtande ſelbſt.

Das Merkmal eines Gegenſtandes iſt ein Theil der Vorſtellung, was alſo ihm widerſpricht, widerſpricht der Vorſtellung ſelbſt. Nach dem Satze des Widerſpruchs. — Die Vorſtellung Menſch iſt eine Theilvorſtellung des Cajus, ihr widerſpricht die Vorſtellung ewig, alſo widerſpricht die Vorſtellung ewig auch der Vorſtellung Cajus.

ad §. 160.

Die §. 159. gegebenen Grundregeln für die reinen kategoriſchen bejahenden und verneinenden Vernunftſchlüſſe können auch noch auf eine andere Art ausgedrückt werden, wenn man den Schluß als den Aktus der Vernunft betrachtet, welcher durch die Subſumtion eines Subjekts unter die Bedingung einer allgemeinen Regel, dieſem Subjekt ein Prädikat beilegt oder abſpricht. In dem Vernunftſchluſſe:

> Alle Menſchen ſind ſterblich,
> Cajus iſt ein Menſch,
> ―――――――――
> alſo iſt Cajus ſterblich,

wird Cajus das Prädikat ſterblich beigelegt, weil er unter die Sphäre des Begrifs Menſch gehört, von der der Oberſatz ausſagt, daß alle unter ihm enthaltenen Vorſtellungen das Prädikat ſterblich haben.

Für die bejahenden reinen kategoriſchen Vernunftſchlüſſe giebt es alſo folgende Regel:

Was

Was von einem Begriffe allgemein bejahet wird, wird auch von allen dem bejahet, was unter ihm enthalten ist.

Für die verneinenden reinen kategorischen Vernunftschlüsse:

Was von einem Begriffe allgemein verneint wird, wird auch von allen dem verneint, was unter ihm enthalten ist.

Der erste dieser Grundsätze wird das dictum de omni, und der andere das dictum de nullo genannt. Man drückt das dictum de omni auch wohl so aus:

Was der Gattung oder der Art zukommt, kommt auch allen dem zu, was unter ihr enthalten ist.

und für das dictum de nullo braucht man auch wohl folgende Formel:

Was der Gattung oder der Art widerspricht, widerspricht auch allen dem, was unter ihr enthalten ist.

ad §. 161.

Die Beweise für diese Grundregeln lassen sich aus den §. 159. gegebenen Grundsätzen ableiten: Was dem Merkmal eines Gegenstandes zukommt, kommt dem Gegenstande selbst zu. Das Merkmal einer Sache ist jederzeit ein höherer Begrif unter dem der als niederer angetroffen wird, von denen er ein Merkmal ist. Wird also von dem Merkmal etwas allgemein bejahet oder verneint, so wird es auch von allen dem bejahet oder verneint, worinn er sich findet, d. h. von allem dem, was unter ihm enthalten ist.

In dem Schlusse:

Alle Menschen sind sterblich,
Cajus ist ein Mensch,

also ist Cajus sterblich,

ist

ist Mensch ein Merkmal von Vorstellungen, also
stehen alle die Vorstellungen, in denen er als
Merkmal sich findet, unter ihm; wird daher von
ihm allgemein ausgesagt, daß ihm das Merkmal
sterblich beigelegt werde, so wird es auch allen
unter ihm enthaltenen, folglich auch Cajus, beigelegt. Eben so ist es mit den verneinenden reinen
kategorischen Vernunftschlüssen, nur daß man da
dem Merkmal ein Prädikat abspricht.

Der Obersatz eines bejahenden reinen kategorischen Vernunftschlusses stellt eine Sphäre von
Gegenständen (Sterbliche) dar, in der die Sphäre
von andern Gegenständen (Menschen) sich findet,
und in dieser letztern Sphäre (Menschen) findet
sich wieder eine Sphäre von Gegenständen (Cajus), die also auch in die erste und weitere Sphäre
gehört.

Der Untersatz eines verneinenden kategorischen
Vernunftschlusses, wie z. B.

    Kein Mensch ist ewig,
      Alle Gelehrte sind Menschen,
        Kein Gelehrter ist ewig,

sagt aus, daß eine Sphäre von Gegenständen
(Menschen) eine andere Sphäre (Gelehrte) in
sich faßt, der Obersatz aber schließt die erste Sphäre,
die die andere in sich enthält (Menschen), von
einer andern Sphäre (des Ewigen) aus, und also
auch die in ihr enthaltene Sphäre (Gelehrte).
Die zweiten gegebenen Formeln für das dictum
de omni und nullo sind vollkommen mit den ersten
übereinstimmend. Ein Begrif ist immer Gattung
oder Art, in so fern er nie ein einzelner sein kann,
wenn also etwas von einem Begriffe allgemein
bejahet oder verneint wird, so wird dies von einer ganzen Gattung oder Art bejahet oder verneint.

         L 3   ad

ad §. 162. und 163.

Die Regeln für die reinen kategorischen Vernunftschlüsse lassen sich systematisch auf folgende Art darstellen:

I. Regeln, die Quantität betreffend,
  a) Quantität des Umfangs.
    1) Der Obersatz muß stets eine allgemeine Regel sein, folglich folgt aus blos partikulären Sätzen nichts, s. §. 151.
    2) Die Konklusion erhält die Quantität des Untersatzes, s. §. 153.
  b) Quantität des Inhalts.
    3) In einem reinen kategorischen Vernunftschluß dürfen nicht mehr und nicht weniger als drei termini sein, s. §. 154. und 155.
II. Regeln, die Qualität betreffend.
    4) Aus blos negativen Sätzen folgt bei einem kategorischen Vernunftschlusse nichts, weil der Untersatz immer bejahend sein muß, s. §. 152.
    5) Der Schlußsatz erhält die Qualität des Obersatzes, s. §. 153.
    6) Aus bejahenden Sätzen folgt nichts negatives, weil der Schlußsatz die Qualität des Obersatzes erhält, s. §. 153.
III. Regeln, die Relation betreffend.
    7) Der terminus major ist Prädikat des Obersatzes, terminus medius Subjekt des Obersatzes und Prädikat des Untersatzes, terminus minor ist Subjekt des Untersatzes, s. §. 158.
IV. Regeln, die Modalität betreffend.
    8) Der Schlußsatz erhält bei den reinen kategorischen Vernunftschlüssen die Modalität des Obersatzes, s. §. 153.
    9) Die Konsequenz, d. h. die Verbindung der

der drei Sätze eines Schluſſes iſt nothwendig, ſ. §. 153.

II. Von den reinen hypothetiſchen Vernunftſchlüſſen.

ad §. 164.

Wir nennen einen Vernunftſchluß hypothetiſch oder bedingt, wenn der Oberſatz deſſelben
ein bedingtes Urtheil iſt, z. B.

    Wenn Cajus tugendhaft iſt, ſo lügt er nicht,
      nun iſt Cajus tugendhaft,

    alſo lügt Cajus nicht.

    Wenn es regnet, ſo wird es naß,
      es wird jetzt nicht naß,

    alſo regnet es nicht.

ad §. 165. und 166.

Die ganze Form eines Schluſſes hängt von
der Art der Verbindung ab, in welcher Subjekt
und Prädikat des Oberſatzes ſtehen (von der Relation des Oberſatzes), und dieſes Verhältniß
liegt dem ganzen Schluß zum Grunde. Nun
ſtehen in einem hypothetiſchen Urtheil Subjekt
und Prädikat in dem Verhältniß von Grund und
Folge. Grund iſt das, worauf, wenn es geſetzt
wird, etwas anders (die Folge) auch geſetzt werden muß. Der Vorderſatz eines hypothetiſchen
Urtheils iſt der Grund, die Bedingung; der
Nachſatz iſt die Folge, das Bedingte. Da nun
Grund und Folge in einem nothwendigen Verhältniß ſtehen, ſo daß das Setzen des Grundes,
das Setzen der Folge nothwendig macht, ſo ergiebt ſich daraus für die hypothetiſchen Schlüſſe
folgende Grundregel:

Wenn der **Vorderſatz** (der **Grund,** die Be-

L 4   din-

dingung) gesetzt wird, so muß auch der Nachsatz (die Folge, das Bedingte) gesetzt werden; ferner, wenn der Nachsatz (die Folge, das Bedingte) aufgehoben wird, so wird auch (der Grund, die Bedingung) aufgehoben.

In dem Schlusse:

Wenn Cajus tugendhaft ist, so lügt er nicht, nun ist Cajus tugendhaft,

_____

also lügt Cajus nicht,

ist das Tugendhaftsein des Cajus als der Grund angegeben, wodurch bestimmt werden soll, daß er nicht lügt. Im Untersatze wird nun der Grund gesetzt, Cajus ist tugendhaft, also muß auch die Folge gesetzt werden, er lügt nicht. Man hat also hier nach der ersten Regel geschlossen. — Das Setzen der Folge, durch das Setzen des Grundes, heißt der modus ponens.

In dem Schlusse:

Wenn Cajus tugendhaft ist, so lügt er nicht, nun lügt Cajus,

_____

also ist er nicht tugendhaft,

wird durch den Untersatz: Cajus lügt, die Folge des Obersatzes, Cajus lügt nicht, aufgehoben, und also wird auch der Grund aufgehoben, d. h. Cajus ist nicht tugendhaft. Man hat nach der zweiten Regel geschlossen. Diese Art durch Aufhebung der Folge auf Aufhebung des Grundes zu schließen, heißt modus tollens.

Die erste dieser Regeln bedarf keines weitläuftigern Beweises, denn die Wahrheit derselben ergiebt sich aus dem Begriffe des Grundes leicht. Der Beweis für die zweite Regel hat auch wenig Schwierigkeit. Gesetzt, man könnte, wenn man die Folge aufhöbe, den Grund setzen, so würde durch das Setzen des Grundes die Folge wieder gesetzt werden, folglich der Grund die

Folge

Folge ſetzen und auch nicht ſetzen, welches dem Satze des Widerſpruchs zuwider iſt. — Hebt man die Folge, Cajus lügt nicht, auf, und ſagt, Cajus lügt, ſo kann man nicht ſetzen, Cajus iſt tugendhaft, denn ſonſt müßte man auch ſetzen, er lügt nicht, welches nicht angeht, weil man ſchon geſetzt hat, er lügt.

Wenn man bei einem hypothetiſchen Schluſſe auf alle mögliche Arten ſieht, ſo ſind deren eigentlich vier: 1) man kann den Vorderſatz ſetzen, 2) man kann den Vorderſatz aufheben, 3) man kann den Nachſatz ſetzen, 4) man kann den Nachſatz aufheben; allein wenn man dieſe vier möglichen Fälle unterſucht, ſo ſieht man, daß nur 1 und 4 Schlüſſe zulaſſen: nämlich daß durch das Setzen des Vorderſatzes der Nachſatz auch geſetzt werde (1), und durch das Aufheben des Nachſatzes der Vorderſatz auch aufgehoben werde (4), iſt eben gezeigt worden. Es bleibt alſo nur noch übrig, daß wir zeigen 2. und 3. laſſen keinen Schluß zu.

Man kann nicht vom Setzen des Nachſatzes auf das Setzen des Vorderſatzes ſchließen. Man kann nicht ſchließen:

> Wenn es regnet, ſo wird es naß,
>   nun wird es naß,
> _____
>   alſo regnet es.

Denn Vorderſatz und Nachſatz ſtehen zwar im Verhältniß der Abfolge, aber nicht der Gemeinſchaft, d. h. der Vorderſatz (als Grund) beſtimmt zwar den Nachſatz (als Folge), aber der Nachſatz beſtimmt nicht wiederum den Vorderſatz.

Wenn man ſetzt, daß es regnet, muß man freilich ſetzen, daß es naß wird, aber wenn man ſetzt, daß es naß wird, ſo braucht man nicht zu ſetzen, daß es regnet, denn das Naßwerden kann aus mehrern Gründen folgen.

L 5   Aus

Aus eben dem Grunde kann man nicht schließen: Wenn man den Vordersatz aufhebt, muß
man auch den Nachsatz aufheben. Wenn man im
vorher gegebenen Beispiel das Regnen aufhebt,
folgt nicht, daß man auch das Naßwerden aufheben müsse, denn die Folge (das Naßwerden)
kann aus einem andern Grunde fließen.

Erläuterung der zu diesem §. gehörigen Anmerkung.

Ist der Obersatz eines hypothetischen Schlusses
so beschaffen, daß sein Nachsatz ein disjunktives
Urtheil enthält, und hat man modo tollente geschlossen; so heißt ein solcher Schluß ein Dilemma, wenn das disjunktive Urtheil zweigliedrig
ist, ein Trilemma, wenn es dreigliedrig ist, ein
Tetralemma, wenn es viergliedrig ist u. s. w.
Folgender Schluß ist ein Dilemma:
Wenn Gott das Zukünftige nicht weiß, so kann er
  es entweder nicht wissen, oder will es nicht
  wissen,
nun aber kann Gott das Zukünftige wissen, und
  will es wissen,

also weiß Gott das Zukünftige.
Es unterscheiden sich diese Schlüsse der Form
nach gar nicht von den hypothetischen modo tollente. — Sie erhalten auch den Namen syllogismus cornutus, und von der bekannten Fabel
mit dem Weibe und dem Krokodill, den Namen
Krokodillenschluß.

ad §. 167. 168. und 169.

In diesen drei §§. werden, so wie bei den
kategorischen Vernunftschlüssen, Obersatz, Untersatz und Schlußsatz, der Quantität, Qualität,
Relation und Modalität nach, betrachtet. Der
größte Theil des darin Gesagten ist an sich leicht
ver-

verständlich, wir wollen also blos das erläutern, wovon es uns scheint, daß es dem Leser einige Schwierigkeiten machen könnte.

Der Obersatz kann sowohl zum Vordersatz als zum Nachsatz, besondere auch einzelne Urtheile haben, aber die Verbindung, die zwischen beiden statt findet, ist nothwendig und also auch allgemein.

Der Untersatz ist der Quantität nach unbestimmt, er setzt entweder den Vordersatz, oder hebt den Nachsatz des Obersatzes auf; im ersten Fall erhält er die Quantität des Vordersatzes, im zweiten des Nachsatzes.

Eben so hängt die Qualität des Untersatzes zum Theil von der Qualität des Vordersatzes und Nachsatzes des Obersatzes ab. Modo ponente setzt der Untersatz den Vordersatz, und erhält also die Qualität desselben, modo tollente hebt er den Nachsatz auf, und erhält also die entgegengesetzte Qualität des Nachsatzes, ist dieser bejahend, so wird er verneinend, ist dieser verneinend, so wird er bejahend.

Modo ponente wird im Schlußsatz der Nachsatz gesetzt, und er erhält also die Quantität des Nachsatzes; modo tollente wird der Vordersatz aufgehoben, und der Schlußsatz erhält also die Quantität des Vordersatzes.

Modo ponente setzt der Schlußsatz den Nachsatz, und erhält also seine Qualität; modo tollente hebt er den Vordersatz auf, und erhält also die entgegengesetzte Qualität.

Der Relation nach muß der Schlußsatz stets kategorisch sein, denn er setzt entweder den Vordersatz, oder hebt den Nachsatz auf, und Vordersatz und Nachsatz sind kategorische Urtheile.

Was endlich die Modalität des Schlußsatzes betrift, so wird dieser durch den Untersatz bestimmt, ist dieser problematisch, so wird der Schluß-

Schlußsatz auch problematisch, ist er assertorisch, so wird der Schlußsatz es auch, ist er apodiktisch, so wird der Schlußsatz es ebenfalls.

Wenn es regnet, wird es naß,
es kann heute regnen,
_____
also kann es auch heute naß werden.

Wenn Cajus tugendhaft ist, lügt er nicht,
Cajus ist tugendhaft,
_____
also lügt er nicht.

Wenn Cajus rechtschaffen ist, so hält er sein Wort,
Cajus muß rechtschaffen sein,
_____
also muß Cajus sein Wort halten.

ad §. 170.

Man kann nun jeden hypothetischen Vernunft-schluß in einen kategorischen verwandeln, wenn man mit dem Obersatze desselben eine Veränderung vornimmt. Leichter ist diese Veränderung, wenn der Vordersatz und der Nachsatz gleiches Subjekt haben, wie z. B. in dem Schlusse:

Wenn Cajus tugendhaft ist, so redet er die Wahrheit,
Cajus ist tugendhaft,
_____
also redet er die Wahrheit.

Schwerer, wenn in beiden verschiedene Subjekte sich finden, wie z. B. in dem Schlusse:

Wenn ein Gott existirt, so wird die Tugend belohnt,
es existirt ein Gott,
_____
also wird die Tugend belohnt.

Veränderung der hypothetischen Vernunft-schlüsse in kategorische.

I. Wenn Vordersatz und Nachsatz gleiches Subjekt haben.

1)

1) für den modus ponens.

Man mache das Prädikat des Vordersatzes zum Subjekt, und das Prädikat des Nach=satzes zum Prädikat einer allgemeinen Regel, lasse Untersatz und Schlußsatz unverändert.

Wenn Cajus tugendhaft ist, so redet er die Wahrheit,
Cajus ist tugendhaft,
_____
also redet Cajus die Wahrheit.

Tugendhaft sein, ist das Prädikat des Vor=dersatzes, die Wahrheit reden, das Prädikat des Nachsatzes, daraus entsteht also die allgemeine Regel: Alle Tugendhafte reden die Wahrheit, und der oben gegebene hypothetische Schluß wird in folgenden kategorischen verwandelt:

Alle Tugendhafte reden die Wahrheit,
Cajus ist tugendhaft,
_____
also redet er die Wahrheit.

Beweis für die Richtigkeit der gegebenen Regel. Beim modus ponens ist der Untersatz das Setzen des Vordersatzes, folglich das Prädikat des Vordersatzes das Prädikat des Untersatzes (im gegebenen Falle tugendhaft). In einem ka=tegorischen Vernunftschluß aber ist das Prädikat des Untersatzes der terminus medius, d. h. das Subjekt des Obersatzes; folglich muß man das Prädikat des Vordersatzes (tugendhaft) zum Subjekt des Obersatzes machen. Im Schlußsatz des hypothetischen Schlusses wird das Prädikat das Prädikat des Nachsatzes sein (die Wahrheit reden) im kategorischen Vernunftschlusse also terminus major, folglich das Prädikat des neuen Obersatzes. Das Subjekt des Vordersatzes im hypothetischen Schluß (Cajus) ist das Subjekt des Untersatzes, und das Sybjekt des Nachsatzes ist Subjekt des Schlußsatzes, da nun beide nach

der

der Voraussetzung gleich sind, so können sie im kategorischen Vernunftschluß unverändert bleiben; auch ist der Untersatz beim modo ponente asserto= risch und bejahend, welches auch zu einem kate= gorischen Vernunftschluß erforderlich ist. — Der kategorische Vernunftschluß wäre also der Form nach richtig, nur entsteht noch die Frage, kann man aus einem hypothetischen Urtheil, das im Vor= dersatz und im Nachsatz gleiches Subjekt hat, ein allgemeines kategorisches Urtheil, das zum Subjekt das Prädikat des Vordersatzes, und zum Prädikat das Prädikat des Nachsatzes hat, herleiten? Kann man, um ein Beispiel zu geben, aus dem hypothetischen Urtheil: Wenn Cajus tugendhaft ist, so redet er die Wahrheit, folgen= des allgemeine kategorische: Alle Tugendhaften reden die Wahrheit, herleiten? Nun kann man aber in einem hypothetischen Urtheil, dessen Vor= dersatz und Nachsatz gleiches Subjekt haben, den Vordersatz als den Untersatz und den Nachsatz als den Schlußsatz eines kategorischen Schlusses be= trachten; sodann ist das Prädikat des Untersatzes (des Vordersatzes) das Subjekt der allgemeinen Regel, und das Prädikat des Schlußsatzes (des Nachsatzes) das Prädikat derselben, und das hy= pothetische Urtheil wird nur wahr sein, wenn diese allgemeine Regel wahr ist: es setzt also die Wahr= heit des Schlußsatzes die Wahrheit der allgemei= nen Regel voraus. In dem hypothetischen Ur= theil: Wenn Cajus tugendhaft ist, so redet er die Wahrheit, kann man den Vordersatz, Cajus ist tugendhaft, als den Untersatz eines kategori= schen Schlusses betrachten, dessen Schlußsatz der Nachsatz ist: Cajus redet die Wahrheit. Denn wenn man alsdann den Untersatz setzt, so muß man auch den Schlußsatz setzen. Die allgemeine Regel aber, die dieser Untersatz und Schlußsatz voraussetzt, ist sodann: Alle Tugendhafte reden

die

die Wahrheit. Tugendhaft iſt als terminus medius Subjekt des Oberſatzes, und die Wahrheit
reden als terminus minor das Prädikat deſſelben.
Das hypothetiſche Urtheil beruht alſo auf die
Wahrheit der allgemeinen Regel.

2) Für den modus tollens.

Man mache das Gegentheil des Prädikats
des Nachſatzes zum Subjekt, und das Prädikat des Vorderſatzes zum Prädikat einer allgemeinen Regel, und laſſe Unterſatz und
Schlußſatz unverändert.

Nach dieſer Regel wird der hypothetiſche
Schluß:
  Wenn Cajus tugendhaft iſt, ſo redet er die
                  Wahrheit,
      Cajus redet nicht die Wahrheit,

  alſo iſt er nicht tugendhaft,

in folgenden kategoriſchen verwandelt:
  Keiner, der die Wahrheit nicht redet, iſt tu-
                  gendhaft,
      Cajus redet die Wahrheit nicht,

  alſo iſt er nicht tugendhaft.

Beweis für die Richtigkeit dieſer Regel.
Beim modus tollens wird der Nachſatz aufgehoben, und eben dadurch die Aufhebung des Vorderſatzes geſetzt. Da Vorderſatz und Nachſatz
gleiches Subjekt (Cajus) haben, ſo haben Unterſatz und Schlußſatz im kategoriſchen Vernunftſchluß auch gleiches Subjekt, wie dies erforderlich iſt. Der Unterſatz ſcheint freilich verneinend
zu ſein, aber man kann ihn leicht bejahend machen, wenn man das Gegentheil des Prädikats
des Nachſatzes (nicht die Wahrheit reden) vom
Subjekte deſſelben (Cajus) ausſagt.

Das Prädikat des Unterſatzes (nicht die
Wahrheit reden), hier alſo das Gegentheil des
                                    Prä-

Prädikats des Nachsatzes, ist terminus medius, folglich Subjekt des Obersatzes. Das Prädikat des Schlußsatzes, hier also das Prädikat des Vordersatzes (tugendhaft) ist terminus major, d. h. Subjekt des Obersatzes. Da nun der Schlußsatz verneinend ist, so muß auch der Obersatz allgemein verneinend sein. Der Schluß ist also der Form nach richtig, es frägt sich nun blos, ob man ein hypothetisches Urtheil, dessen Vordersatz und Nachsatz gleiches Subjekt haben, in ein allgemein verneinendes verwandeln kann, dessen Subjekt das Gegentheil des Prädikats des Nachsatzes und dessen Prädikat das Prädikat des Vordersatzes ist? Um die Sache durch ein Beispiel zu erläutern, ob man aus dem hypothetischen Urtheil: Wenn Cajus tugendhaft ist, so redet er die Wahrheit, folgendes verneinende: Keiner, der die Wahrheit nicht redet, ist tugendhaft, herleiten kann? — Da man, wenn man die Folge nicht setzt, auch den Grund nicht setzt, so wird man, wenn man den Nachsatz aufhebt, auch den Vordersatz verneinen müssen; und so entsteht also ein neues hypothetisches Urtheil, welches den vorigen Nachsatz aber verneinend zum Vordersatz, und den vorigen Vordersatz aber verneint zum Nachsatz hat. Aus dem hypothetischen Urtheil: Wenn Cajus tugendhaft ist, redet er die Wahrheit, fließt, wenn Cajus die Wahrheit nicht redet, so ist er nicht tugendhaft. Man kann aber den negativen Vordersatz in einen bejahenden verwandeln, wenn man das Gegentheil des Prädikats vom Subjekt aussagt. Hier, wenn Cajus einer von denen, die Wahrheit nicht redenden, ist, so ist er nicht tugendhaft; dies hypothetische Urtheil, dessen Vordersatz aber wie wir beim modo ponente gezeigt, sich als Untersatz und dessen Nachsatz sich als Schlußsatz eines kategorischen Schlusses betrachten läßt, setzt das allgemeine kate-

kategorische Urtheil voraus, deſſen Subjekt das Prädikat des neuen Vorderſaßes (das Gegentheil des Prädikats des alten Nachſaßes), und deſſen Prädikat das Prädikat des neuen Nachſaßes (des alten Vorderſaßes), iſt. — Das neue hypothetiſche Urtheil: Wenn Cajus einer von denen iſt, die die Wahrheit nicht reden, ſo iſt er nicht tugendhaft; beruht alſo auf folgendem kategoriſchen: Alle, die die Wahrheit nicht reden, ſind nicht tugendhaft, oder, Keiner, der die Wahrheit nicht redet, iſt tugendhaft.

II. Wenn Vorderſaß und Nachſaß verſchiedene Subjekte haben.

1) Für den modus ponens.

Es hat die Verwandlung eines hypothetiſchen Schluſſes von der Art, daß Vorderſaß und Nachſaß verſchiedene Subjekte haben, wie z. B.

Wenn Gott gerecht iſt, ſo wird der Tugendhafte glücklich,

Gott iſt gerecht,

―――――――――――――――――――――――

alſo wird der Tugendhafte glücklich,

in einen kategoriſchen, den Logikern viel Mühe gemacht, uud das vorzüglich deshalb, weil die allgemeine Regel für dieſe Verwandlung ſich ſchwer ausdrücken läßt, und der Beweis dafür ſehr weitläuftig und ſchwer zu überſehen iſt. Man ſieht leicht ein, daß da Unterſaß und Schlußſaß hier nicht gleiches Subjekt haben, wie dirs die Natur der kategoriſchen Vernunftſchlüſſe erfordert, ſo wird auch mit dieſen eine Veränderung vorgenommen werden müſſen, wenn man anders nur einen kategoriſchen Schluß haben will, und in dieſer doppelten Veränderung (des Oberſaßes und des Unterſaßes) liegt der Grund der ganzen Schwierigkeit. Wir glauben, daß es die Sache ſehr erleichtert, wenn man den gegebenen hypothetiſchen Schluß in zwei kategoriſche verwandelt.

M   Die

Die allgemeine Regel für diese Verwandlung ist folgende:

Man mache das Prädikat des Vordersaßes als den nächsten Grund des Nachsaßes zum Sub= jekt einer allgemeinen Regel, und sage in dieser allgemeinen Regel aus, daß er der Grund des ganzen Nachsaßes sei (dies kann man durch die Wörter macht, ist der Grund u. s. w.). Man lasse den Untersaß ganz unverändert, so erhält man zum Schlußsaß ein kategorisches Urtheil, welches aussagt, daß das Subjekt des Vorder= saßes den Grund des ganzen Nachsaßes sei. — Dies ist der erste kategorische Vernunftschluß. — Ferner betrachte man den erhaltenen Schlußsaß, als den Untersaß eines neuen kategorischen Ver= nunftschlusses, und den Schlußsaß des gegebe= nen hypothetischen Schlusses, als den Schlußsaß desselben, die nun beide gleiches Subjekt haben, und suche zu diesen einen Obersaß.

Erläuterung und Beweis dieser Regel. Der gegebene hypothetische Schluß sei:

Wenn Gott gerecht ist, so wird der Tugend= hafte glücklich,

Gott ist gerecht,

also wird der Tugendhafte glücklich.

Nun mache man aus dem Obersaße: Wenn Gott gerecht ist, so wird der Tugendhafte glück= lich, folgenden Saß: Jeder Gerechte macht den Tugendhaften glücklich, und lasse den Untersaß, Gott ist gerecht, unverändert, so entsteht fol= gender kategorischer Schluß;

Jeder Gerechte macht den Tugendhaften glücklich,

Gott ist gerecht,

also macht er den Tugendhaften glücklich.

Daß der Obersaß des kategorischen Schlusses seine

Rich=

Richtigkeit haben muß, erhellet daraus, daß er
die allgemeine Regel iſt, aus der man den hypo=
thetiſchen Satz herleiten kann. —

Braucht man nun den Schlußſatz: Gott macht
den Tugendhaften glücklich, als Unterſatz, und
den Schlußſatz des hypothetiſchen Urtheils als
Schlußſatz, und ſucht dazu den Oberſatz, ſo er=
hält man

Alles, was Gott glücklich macht, wird glücklich,
　der Tugendhafte iſt derjenige, den Gott glück=
　　　　　　　　　　　　　lich macht,

alſo wird der Tugendhafte glücklich. ⸱ ⸱

Da im letztern Schluſſe Unterſatz und Schlußſatz
gleiches Subjekt haben, ſo wird ſich dazu eine
allgemeine Regel finden laſſen

　2) Für den modus tollens.

Man verwandle zuerſt den hypothetiſchen
Schluß, der modo tollente gemacht iſt, dadurch,
in den modus ponens, daß man in dem Oberſatz
das Gegentheil des Nachſatzes zum Vorderſatz
und das Gegentheil des Vorderſatzes zum Nach=
ſatz macht, übrigens aber Unterſatz und Schluß=
ſatz unverändert läßt. Dieſe Veränderung des
Oberſatzes geht an, weil das Aufheben der Folge
das Aufheben des Grundes nothwendig macht,
folglich das Aufheben der Folge der Grund des
Aufhebens des Grundes iſt, d. h. man kann
das Gegentheil des Nachſatzes (das heißt den
Vorderſatz mit entgegengeſetzter Qualität) eines
hypothetiſchen Urtheils zum Vorderſatze, und das
Gegentheil des Vorderſatzes (den Vorderſatz mit
veränderter Qualität) zum Nachſatze machen. —

Hat man nun den Schluß per modum tollentem in einen per modum ponentem verwandelt,
ſo verfahre man, um einen kategoriſchen Schluß zu
erhalten, nach der bei U. S. 178. gegebenen Regel.

　　　　　　　　　Er-

Erläuterung dieser Regel. Der Beweis dieser Regel ist der Regel zugleich beigefügt, wir haben also blos noch ein Beispiel hinzuzuthun.

Der zu verändernde hypothetische Schluß per modum tollentem sei:

Wenn das Laster belohnt wird, so ist Gott ungerecht,

Gott ist nicht ungerecht,

also wird das Laster nicht belohnt.

Man mache aus ihm einen hypothetischen Schluß per modum ponentem, indem man auf die in der Regel angegebenen Art den Obersatz verändert:

Wenn Gott nicht ungerecht ist, so wird das Laster nicht belohnt,

Gott ist nicht ungerecht,

also wird das Laster nicht belohnt.

Der Obersatz aber: wenn Gott ungerecht ist, so wird das Laster belohnt, läßt sich in das Urtheil, wenn das Laster nicht belohnt wird, so ist Gott nicht ungerecht, verwandeln; denn Gott ist nicht ungerecht, ist der Grund, daß das Laster nicht belohnt wird, die Folge; hebe ich die Folge auf, so muß ich auch den Grund aufheben, d. h. wenn ich setze, das Laster wird nicht belohnt, so muß ich auch setzen, Gott ist nicht ungerecht. Dieser neue hypothetische Schluß per modum ponentem:

Wenn das Laster nicht belohnt wird, so ist Gott nicht ungerecht,

das Laster wird nicht belohnt,

also ist Gott nicht ungerecht.

läßt sich in folgende kategorische verwandeln:

Alle, die nicht ungerecht sind, belohnen das Laster nicht,

Gott ist nicht ungerecht,

Also belohnt Gott das Laster nicht.

Das

Das Laſter, das Gott nicht belohnt, wird nicht
belohnt,

Gott belohnt das Laſter nicht,

alſo wird das Laſter nicht belohnt.

Erläuterung der zu dieſem §. gehörigen Anmerkung.

Wenn man eine ſolche Verwandelung der hypothetiſchen Schlüſſe in kategoriſche vornehmen will, muß man, um ſich die Verwandlung zu erleichtern, denjenigen darin vorkommenden Urtheile, welche die logiſche Form nicht haben, die logiſche Form geben. Wenn man z. B. den hypothetiſchen Schluß:

Wenn es regnet, ſo wird es naß,
nun regnet es jetzt,

alſo wird es naß,

auflöſen will, muß man den Urtheilen, es regnet, es wird naß, erſt die logiſche Form geben; der Himmel iſt das, was Regen fallen läßt, die Erde iſt das, was naß wird.

§. 171. bedarf keiner Erläuterung.

III. Von den disjunktiven Vernunftſchlüſſen.

ad §. 172.

Ein Vernunftſchluß heißt disjunktiv, wenn der Oberſatz deſſelben ein disjunktives Urtheil iſt: z. B.

Cajus iſt entweder krank oder geſund,
nun iſt Cajus krank,

alſo iſt er nicht geſund.

ad §. 173.

Da die Prädikate, die der Obersatz angiebt, von der Art sind, daß sie zusammengenommen die Sphäre der Prädikate ausmachen, die einem Subjekt in gewisser Rücksicht zukommen können, und sie sich also wechselseitig einander ausschlie-ßen (s. die Lehre von der Relation der Urtheile) so werden sich für die disjunktiven Urtheile folgende Regeln ergeben:

1) Wenn der Untersatz von der Sphäre der im Obersatze genannten Prädikate dem Subjekte eins beilegt, so werden die andern davon ausgeschlossen.

2) Wenn der Untersatz eins von der Sphäre der im Obersatze genannten Prädikate vom Subjekte ausschließt, so wird eins der noch übrigen oder noch das übrige gesetzt.

Nach der ersten Regel hat man im folgenden Beispiel geschlossen:

Cajus ist entweder weiß, oder gelb, oder schwarz, oder kupferfarben,
nun ist Cajus kupferfarben,

also ist er weder weiß, noch gelb, noch schwarz.

Nach der zweiten Regel hingegen hat man in folgendem Schlusse geschlossen:

Cajus ist entweder gelehrt oder ungelehrt,
nun ist Cajus nicht ungelehrt,

also ist Cajus gelehrt.

Der Beweis für diese Regeln ist folgender: In der Lehre von den disjunktiven Urtheilen ist dargethan worden, daß die Trennungsstücke (membra disjuncta) eines solchen Urtheils sich nicht in ein Bewußtsein verbinden lassen, sondern einander entgegengesetzt sind, folglich wer-den, wenn man dem Subjekte eins dieser Prädikate

difate beilegt, die andern von ihm ausgeschloffen werden müssen. — Da weiß, gelb, schwarz und kupferfarben als Farben der Menschen entgegengesetzt sind, und man also nicht zwei von diesen Farben, als weiß und gelb, zugleich haben kann, so werden, wenn man setzt, Cajus ist weiß, alle andern, schwarz, gelb und kupferfarben, von ihm ausgeschlossen.

Da ferner, wie der Obersatz aussagt, eins der Trennungsstücke dem Subjekte als Prädikat beigelegt werden muß, so wird, wenn der Untersatz verneint, daß ihm eins oder mehrere derselben nicht beigelegt werden können, so wird ihm eins der übrigen beigelegt werden müssen. In dem Schlusse:

Cajus ist entweder weiß oder gelb, oder schwarz, oder kupferfarben,
nun ist aber Cajus weder weiß noch gelb,

also ist er entweder schwarz oder kupferfarben, werden die Trennungsstücke weiß und gelb von dem Subjekte Cajus als Prädikate ausgeschlossen, folglich wird er entweder schwarz oder kupferfarben sein müssen.

Man sieht leicht ein, daß die erste Regel Anwendung findet, wenn der Untersatz bejahend ist, die zweite hingegen, wenn der Untersatz verneint. Daher kann es auch nicht mehr als diese beiden Regeln geben.

Sehr oft ist der Untersatz ein zusammengesetztes Urtheil, wie z. B. in dem gegebenen Beispiel: Cajus ist weder weiß noch gelb, welches eigentlich aus den beiden Urtheilen besteht, Cajus ist nicht weiß, Cajus ist nicht gelb; und jedes derselben würde eins nach dem andern zum Untersatze gebraucht werden müssen, so daß der Obersatz immer weniger Trennungsstücke enthalten würde; allein dies würde, da die Sache leicht zu übersehen ist, unnütze Weitläuftigkeit erfordern.

Folgende Regel ergiebt sich aus der zweiten gegebenen sehr leicht.

Wenn man alle Trennungsstücke, eins ausgenommen, dem Subjekte im Schlußsatze abspricht, so muß das eine ihm beigelegt werden.

§. 174. bedarf keiner Erläuterung.

ad §. 175. und 176.

Wenn der Untersatz bejahend ist, d. h. eins von den Trennungsstücken setzt, so wird der Schluß nach der ersten Regel gemacht, und der Schlußsatz ist verneinend. Ist der Untersatz verneinend, so wird der Schluß, wenn nur noch ein Prädikat übrig bleibt, nach der dritten Regel gemacht, der Schlußsatz ist bejahend und assertorisch; bleiben aber noch mehrere Prädikate übrig, so wird der Schlußsatz disjunktiv.

ad §. 177.

So wie man nun die hypothetischen Schlüsse nach §. 170. in kategorische verwandeln kann, so kann man mit den disjunktiven auch eine solche Verwandlung vornehmen. — Diese Verwandlung eines disjunktiven Schlusses in einen kategorischen ist aber nicht unmittelbar, sondern vermittelst eines hypothetischen Schlusses. Für die Verwandlung des disjunktiven Schlusses in einen hypothetischen gilt folgende Regel:

Man mache den Untersatz des gegebenen disjunktiven Schlusses zum Vordersatz eines hypothetischen Urtheils, und den Schlußsatz zum Nachsatz desselben, und lasse den Untersatz und Schlußsatz unverändert. Der Obersatz ist richtig, weil Untersatz und Schlußsatz wirklich im Verhältniß von Grund und Folge stehen; z. B. der disjunktive Vernunftschluß:

Cajus

> Cajus ist entweder krank oder gesund,
> Cajus ist krank,
> _____
> also ist Cajus nicht gesund,

wird nach der gegebenen Regel in folgenden hypothetischen verwandelt:

> Wenn Cajus krank ist, so ist er nicht gesund,
> Cajus ist krank,
> _____
> also ist Cajus nicht gesund.

Der auf diese Art erhaltene Schluß läßt sich nach §. 170. in einen kategorischen verwandeln; in dem gegebenen Beispiel:

> Alles, was krank ist, ist nicht gesund,
> Cajus ist krank,
> _____
> also ist Cajus nicht gesund.

Es lassen sich also alle disjunktiven Schlüsse in kategorische verwandeln, und beruhen also wie diese und die hypothetischen auf das Prinzipium de omni et nullo.

§. 178. ist leicht verständlich.

* * *

Der Lehre von den Vernunftschlüssen

Zweiter Abschnitt.

Von den vermischten Vernunftschlüssen.

ad §. 179. 180. 181.

Die vermischten Vernunftschlüsse, die man den reinen entgegensetzt, sind von doppelter Art, entweder haben die in ihnen vorkommenden Prämissen nicht die gesetzmäßige Stellung, oder es findet sich in ihnen eine andere Abänderung der Form. Zuerst von denen, in denen die Prämissen

die

die gesetzmäßige Stellung nicht haben. Da alle Schlüsse sich auf kategorische zurückführen lassen, so wollen wir nur diese betrachten.

Nach §. 158. ist die gesetzmäßige Stellung

$$\frac{\begin{array}{cc} M & P \\ S & M \end{array}}{S \quad P}$$

—Nach der Lehre von den Kombinationen können noch folgende drei Fälle statt finden:

$$\frac{\begin{array}{cc} P & M \\ S & M \end{array}}{S \quad P} \qquad \frac{\begin{array}{cc} M & P \\ S & M \end{array}}{S \quad P} \qquad \frac{\begin{array}{cc} P & M \\ M & S \end{array}}{S \quad P^\bullet}$$

welches die vier Figuren genannt werden.

Beispiele dieser Figuren.

Erste Figur:

$$\frac{\text{Alle Menschen sind sterblich,}}{\text{Cajus ist ein Mensch,}}$$

also ist Cajus sterblich.

Zweite Figur:

$$\frac{\text{Kein Lügner verdient Glauben,}}{\text{jeder Tugendhafte verdient Glauben,}}$$

kein Tugendhafter ist ein Lügner.

Dritte Figur:

$$\frac{\text{Alle Menschen sind sterblich,}}{\text{Alle Menschen sind endliche Wesen,}}$$

einige endliche Wesen sind sterblich.

Vierte Figur:

$$\frac{\text{Kein Tugendhafter ist ein Wollüstling,}}{\text{alle Wollüstlinge sind Menschen,}}$$

einige Wollüstlinge sind nicht Menschen.

Da oben gezeigt worden ist, daß aus der De=finition eines kategorischen Vernunftschlusses sich ergiebt, daß die in der ersten Figur angegebenen Stellung

Stellung der terminorum gesetzmäßig ist, so erhellet daraus, daß die übrigen Figuren schon nicht mehr zu den reinen Schlüssen gehören, und sie werden sogar, da sie nur in sofern richtig sind, als sie sich auf die erste Figur zurückführen lassen, und diese Reduktion nur durch die Umkehrung einer oder beider Prämissen möglich ist, eine solche Umkehrung aber ein Verstandesschluß ist, folglich ein Schluß in den übrigen Figuren immer einen unmittelbaren Schluß voraussetzt, zu den zusammengesetzten Schlüssen gehören.

Es ist also die erste Figur die Form für alle übrigen Figuren, und sie dient zur Beurtheilung, ob ein in einer andern Figur gegebener Schluß möglich ist oder nicht.

ad §. 182.

Es ist bei Abhandlung der kategorischen Schlüsse gezeigt, daß in der gesetzmäßigen Stellung (in der ersten Figur) der Obersatz jederzeit allgemein sein muß, nur a oder e sein kann, folglich kann i oder o nie zum Obersatz dienen. Der Untersatz muß ferner stets bejahend, folglich nur a oder i sein, und e und o ist ausgeschlossen. Also sind in der ersten Figur nur folgende vier Fälle möglich:

Obersatz a, e, a, i,
Untersatz a, a, i, e.

Da der Schlußsatz die Qualität des Obersatzes und die Quantität des Untersatzes erhält, so kömmt im ersten Fall zum Schlußsatz a, im zweiten e, im dritten i, im vierten o.

Man hat nun diese vier möglichen Fälle der ersten Figur in Worte gebracht, wovon jedes einen möglichen Fall bezeichnet. Jedes dieser Worte hat drei Sylben, wovon die erste den Obersatz, die zweite den Untersatz, die dritte den Schlußsatz bezeichnet. Der in der Sylbe vorkommende Vokal zeigt die Quantität und Qualität

des

des Urtheils an. Man hat die eben angegebene
Folge der Fälle festgestellt, und um nun die Fälle
zu charakterisiren, hat man das Wort für den
ersten Fall mit B, für den zweiten mit C, für den
dritten mit D, für den vierten mit F anfangen.
A und E, weil sie schon eine bestimmte Bedeutung haben, konnten zu dieser Bezeichnung nicht
gebraucht werden. Die übrigen Buchstaben zur
Ausfüllung der Sylben sind gleichgültig, ausgenommen sind S, P, M und C, weil diese, wie
sich bei den folgenden Figuren ergeben wird, eine
besondere Bedeutung erhalten. Man hat nun
für die erste Figur folgende Worte gewählt:

BArbArA CElArEnt DArII FErIO.

Hierbei ist blos zu merken, daß man die Worte
immer so abtheilt, daß jede Sylbe mit einem Vokal anfängt: BArb-Ar-A, CEl-Ar-Ent, DAr-I-I,
FEr-I-O.

BArb-	Alle Menschen sind sterblich,
Ar-	alle Gelehrte sind Menschen,
A.	also sind alle Gelehrte sterblich.
CEl-	Kein Mensch ist ewig,
Ar-	alle Gelehrte sind Menschen,
Ent.	kein Gelehrter ist ewig.
DAr-	Alle Menschen sind sterblich,
I-	Cajus ist ein Mensch,
I.	Cajus ist sterblich.
FEr-	Kein Mensch ist ewig,
I-	Cajus ist ein Mensch,
O.	Cajus ist nicht ewig.

ad §. 183.

Für die übrigen Figuren hat man ebenfalls solche Worte, die zu gleicher Zeit anzeigen, auf
welche Weise ein in einer andern als der ersten
Figur

Figur gegebener Schluß sich auf diese zurück führen läßt, und zu welchem Fall der ersten Figur er
nach der Reduktion gehört. Für die Arten der
Veränderung hat man folgende Buchstaben gewählt: S bezeichnet die einfache Umkehrung (conversio simplex), P, die veränderte Umkehrung
(conversio per accidens), M, eine Versetzung
der Prämissen (metathesis), und endlich C zeigt
an, daß man anstatt derjenigen Prämisse, welche
die Sylbe, in der das C vorkommt, bezeichnet,
das Gegentheil (contradictorium) des Schlußsatzes nehmen, und daß statt des Schlußsatzes
das Gegentheil derjenigen Prämisse, welche die
Sylbe, in der C vorkommt, bezeichnet, gesetzt
werden muß.

Es versteht sich von sich selbst, daß vom C,
das zu Anfange des Worts sich findet, nicht die
Rede sein kann, weil dies, wie gleich gezeigt werden wird, eine andere Bedeutung hat. Man
hat diese Bezeichnungen in folgende Verse gebracht:

S uult simpliciter uerti: P uero per accidens,
M uult transponi; C per impossibile duci.

Die Anfangsbuchstaben der Worte zeigen an,
auf welchen Fall der ersten Figur der Schluß sich
zurückführen läßt, es wird dies nämlich durch
das Uebereinkommen der Buchstaben erkannt.
Fängt sich z. B. das Wort mit B an, so läßt sich
der Schluß auf BArbArA reduciren, mit C auf
CElArEnt u. s. w. — Die übrigen Buchstaben sind
blos zur Ergänzung und des Wohllauts wegen da.

ad §. 184.

Wenn man die Form der zweiten Figur

$$P \quad M$$
$$S \quad M$$
$$\overline{S \quad P}$$

in die der ersten

$$\begin{array}{cc} M & P \\ S & M \\ \hline S & P \end{array}$$

verwandeln will, so muß der Obersatz, der, um nach der ersten Figur schließen zu können, allgemein bleiben muß, sich simpliciter umkehren lassen. Eine reine Umkehrung mit Beibehaltung der Allgemeinheit aber findet nur bei allgemein verneinenden Urtheilen statt, folglich muß, wenn der in der zweiten Figur gegebene Schluß sich auf die einfachste Art soll verändern lassen, der Obersatz stets e sein, — der Untersatz ist nun entweder a oder i; im ersten Fall erhält man zum Schlußsatz (der stets die Quantität des Obersatzes und die Qualität des Untersatzes hat) e, im zweiten o. Man verwandelt in beiden Fällen den Schluß, in einen Schluß der ersten Figur, wenn man den Obersatz simpliciter umkehrt. Daher die Wörter: CEſ-Ar-E und FEſt-In-O.

Der erste erhält die Form CEl-Ar-Ent, der zweite FEr-I-O, wie dies die Anfangsbuchstaben C und F anzeigen.

CEſ-	Kein Lügner verdient Glauben,
Ar-	jeder Tugendhafte verdient Glauben,
E.	kein Tugendhafter ist ein Lügner.

CEl-	Keiner, der Glauben verdient, ist ein Lügner
Ar-	jeder Tugendhafte verdient Glauben,
Ent.	kein Tugendhafter ist ein Lügner.

FEſt-	Kein erschaffenes Wesen ist unsterblich,
In-	Gott ist unsterblich,
O.	Gott ist kein erschaffenes Wesen.

FEr-	Kein Unsterblicher ist ein erschaffenes Wesen,
I-	Gott ist unsterblich,
O.	Gott ist kein erschaffenes Wesen.

Nimmt

Nimmt man eine Versetzung (metathesis) der
Prämissen vor, so kann man die Form e a e, die
in CEf-Ar-E sich fand, in folgender verwandeln
a e e; die Form e i i in FEſtInO läßt sich durch
die Versetzung nicht verändern, weil der Obersatz
sonſt ein besonderes Urtheil sein würde, welches,
in der erſten Figur keinen Schluß giebt. Der
dritte Fall der zweiten Figur iſt alſo: a e e, für
den das Wort CAm-Eſtr-Es gehört. — Um ihn
zu verwandeln, verſetzt man zuerſt die Prämiſſen,
CAm, kehrt den Unterſatz (jetzigen Oberſatz) ſimpliciter um, Eſtr, und da auf dieſe Art Subjekt
und Prädikat des Schlußſatzes verändert ſind
(denn nach der erſten Figur wird das Subjekt des
Unterſatzes Subjekt des Schlußſatzes, und das
Prädikat des Oberſatzes Prädikat des Schlußſatzes, welches nun nach der Verſetzung der Prämiſſen grade umgekehrt wird), so nimmt man
auch mit diesem eine reine Umkehrung vor (Es),
welches angeht, da er allgemein verneinend iſt.
Der Schluß geht nach CElArEnt.

CAm- Alle Tugendhafte fliehen das ſinnliche Vergnügen,

Eſtr- Kein Wollüſtling flieht das ſinnliche Vergnügen,

Es. Kein Wollüſtling iſt tugendhaft.

CEl- Keiner, der das ſinnliche Vergnügen flieht,
iſt ein Wollüſtling,

Ar- Alle Tugendhafte fliehen das ſinnliche
Vergnügen,   &.

Ent. Kein Tugendhafter iſt ein Wollüſtling,
umgekehrt, Kein Wollüſtling iſt tugendhaft.

Endlich iſt der Schluß in BAr-Occ-O noch
übrig, hier iſt der Oberſatz allgemein bejahend.
Unterſatz und Schlußſatz beſonders verneinend,
z. B.

Alle

Alle Tugendhaften sind zufrieden,
 Einige Gelehrte sind nicht zufrieden,
_____

 Einige Gelehrte sind nicht tugendhaft.

Um einen Schluß in BAr-Occ-O in BArb-Ar-A zu verwandeln, lasse man den Obersatz unverändert, alle Tugendhaften sind zufrieden, nehme das Gegentheil des Schlußsatzes: Alle Gelehrte sind tugendhaft, so erhält man

Alle Tugendhafte sind zufrieden,
 Alle Gelehrte sind tugendhaft,
_____

, also sind Alle Gelehrte nicht zufrieden.

Dies widerstreitet aber dem gegebenen Untersatze des Schlusses in der zweiten Figur, folglich muß in dem Schlusse in der ersten Figur ein Fehler sein. Der Form nach ist er richtig, folglich muß sein Inhalt, d. h. eins von den Urtheilen, die ihm zu Prämissen dienen, falsch sein. Der Obersatz ist als richtig im ersten Schluß gegeben, folglich ist der Untersatz falsch. Ist der Untersatz, Alle Gelehrte sind tugendhaft, falsch, so ist sein contradictorie oppositum, Einige Gelehrte sind nicht tugendhaft, wahr, welches der verlangte Schlußsatz ist.

ad §. 185. und 186.

Es würde für uns und für den Leser gleich ermüdend sein, wenn wir die Formen der übrigen Figuren auch so weitläuftig durchgehen wollten. Es sind diese Figuren nichts als syllogistische Spitzfindigkeiten, und man kann einen jeden Vernunftschluß in der ersten Figur darstellen, welche Stellung die einzige gesetzmäßige und einfache ist. Wer das im vorhergehenden §. Gesagte verstanden hat, wird hinlänglich unterrichtet sein, um die Regel für die dritte und vierte Figur sich selbst zu entwickeln und zu beweisen. Wir begnügen

mögen uns alfo, die für die dritte und vierte
Figur gewählte Formeln herzuſetzen:

Für die dritte Figur:

DАг-Арt-I, DАt-Iſ-I, FEI-Apt-On, FEr-
N-Ont, DIſ-Am-Is, BOc-Ard-O.

Für die vierte Figur:
CAI-Ent-Es, FrEſ-Iſ-On, DIB-At-Is,
FEſ-Ap-O, BАr-Al-Ip.

ad §. 187.

Die andere Art der vermiſchten (nicht reinen)
Vernunftſchlüſſe ſind diejenigen, in welchem eine
der Prämiſſen fehlt: ein ſolcher Schluß heißt ein
verſteckter Schluß (ſyllogismus crypticus).

Alle Menſchen ſind ſterblich,

　alſo iſt Cajus ſterblich,

iſt ein verſteckter Schluß, in ihm fehlt der Unterſatz, Cajus iſt ein Menſch. — Dieſe verſteckten
Schlüſſe ſind von doppelter Art, entweder fehlt
nur eine der Prämiſſen (der Oberſatz oder der
Unterſatz) ganz, dann heißt der Schlußſatz ein
verſtümmelter, verkürzter, abgekürzter Schluß
(Enthymema von ενθυμιωμαι, ich behalte in Gedanken, weil man die eine Prämiſſe in Gedanken
behält), oder beide Prämiſſen mangeln, und der
Mittelbegrif iſt kurz angegeben, dann heißt der
Schluß ein zuſammengezogener (ſyllogismus
contractus.)

Beiſpiel eines Enthymemas, dem der Oberſatz
fehlt:

Die Gerechtigkeit iſt eine Tugend,

　alſo macht ſie glücklich.

Beiſpiel eines Enthymemas, dem der Unterſatz
fehlt:

Jede Tugend macht glücklich,

　alſo macht die Gerechtigkeit glücklich.

　　　　　　　N　　　　　　　Bei-

Beispiel eines zusammengezogenen Schlusses:
Die Seele ist untheilbar, denn sie nimmt
keinen Raum ein.

Die Reduktion dieser versteckten Schlüsse auf
Schlüsse in der gesetzlichen Form ist leicht. Man
suche den Mittelbegrif, mache ihn zum Subjekt
des Obersatzes, und das Prädikat des Schluß=
satzes zum Prädikat des Obersatzes, wenn der
Obersatz nicht vorhanden ist; und wenn der Un=
tersatz nicht vorhanden ist; so bilde man ihn da=
durch, daß man das Subjekt des Schlußsatzes
zum Subjekte desselben, und dem Mittelbegrif zu
seinem Prädikate macht.

So ist in dem Schlusse:
Die Gerechtigkeit ist eine Tugend,
_____
also macht die Gerechtigkeit glücklich.

Tugend der Mittelbegrif, also erhält man zum
Obersatz: Jede Tugend macht glücklich, der förm=
liche Schluß ist also:
Jede Tugend macht glücklich,
die Gerechtigkeit ist eine Tugend,
_____
also macht die Gerechtigkeit glücklich.

_____

Der Lehre von den Vernunftschlüssen
Dritter Abschnitt.
Von den zusammengesetzten Vernunftschlüssen.

ad §. 188.

Wenn man dem Obersatze oder dem Untersatze
eines Schlusses den Grund beifügt, warum man
ihn aussagt, so erhält der Schluß den Namen
eines Epicheremas. Es ist nämlich alsdann in
diesem Schlusse ein verkürzter Schluß enthalten.
Alles,

Alles, was irren kann, kann auch sündigen,
alle Menschen können irren, weil sie endliche
Wesen sind,

---

also können alle Menschen sündigen.

Hier ist dem Untersatz der Grund angehängt.
Aufgelößt hat der Schluß folgende Form:
Alle endliche Wesen können irren,
alle Menschen sind endliche Wesen,

---

alle Menschen können irren.

Alles, was irren kann, kann auch sündigen,
alle Menschen können irren,

---

alle Menschen können sündigen.

In folgendem Schlusse ist in dem Obersatze
ein verkürzter Schluß enthalten:
Alle Menschen sind sterblich, weil sie erschaffene Wesen sind,
alle Gelehrte sind Menschen,

Alle Gelehrte sind sterblich.

Der Obersatz läßt sich leicht in folgenden
Schluß verwandeln:
Alle erschaffene Wesen sind sterblich,
alle Menschen sind erschaffen,

Alle Menschen sind sterblich.

ad §. 189.

Wenn man mehrere abgekürzte Schlüsse so
zusammen verbindet, daß sie Einen Schlußsatz
hervorbringen, so heißt ein solcher Schluß ein
Kettenschluß, ein Sorites Ihren Namen Sorites haben sie von dem griechischen Worte σωρος.
welches einen Haufen bedeutet, daher sie auch
Cicero de divination lib. 2. c. 4. acervales nennt.
Z. B. in dem Schlusse:

N 2   Cajus

Cajus ist ein Mensch,
 alle Menschen sind endliche Wesen
 alle endliche Wesen haben Sinnlichkeit,
 alle Wesen, die Sinnlichkeit haben, streben
    nach Glückseligkeit,

 Cajus strebt nach Glückseligkeit.
sind die verkürzten Schlüsse, Cajus ist ein Mensch,
alle Menschen sind endliche Wesen u. s. w. zu dem
Schlußsätze: Cajus strebt nach Glückseligkeit,
verbunden. — Jeder darin vorkommende Satz
muß mit dem vorhergehenden einen gemeinschaftlichen terminum haben.

 Die Sorites sind nun von doppelter Art,
progressive und regressive. Ein Sorites heißt
progressiv, wenn man von dem nächsten Grunde
bis zu den entferntesten aufsteigt; steigt man hingegen von den entfernten Gründen zu den nächsten herab, so heißt der Sorites regressiv. Der
erste erhält den Namen des gemeinen, der andere den Namen des umgekehrten (sorites in-
versus), oder auch des Goclenianischen, von
seinem Erfinder Goclenius, der ihn in seiner
Einleitung zum Organon des Aristoteles vortrug.

 Der oben genannte Sorites, Cajus ist ein
Mensch, Alle Menschen sind endliche Wesen u. s.
w. ist ein gemeiner Kettenschluß, denn man steigt
von dem nächsten Grunde, daß Cajus ein Mensch
ist, bis zu dem, daß endliche Wesen nach Glückseligkeit streben, und durch diesen zur Folge, daß
also Cajus auch nach Glückseligkeit strebt, herab.
Eben dieser Schluß wird Goclenianisch, wenn
man ihn so vorträgt:

 Alle Wesen, die Sinnlichkeit haben, streben nach
    Glückseligkeit,
 alle endliche Wesen haben Sinnlichkeit,
 alle Menschen sind endliche Wesen,
  Cajus ist ein Mensch,

---

 also strebt Cajus nach Glückseligkeit.

ad §. 190.

Aus der Erklärung des gemeinen Sorites ergiebt sich, daß der nachfolgende Satz immer der
Grund des vorhergehenden ist. Da nun jeder
Schluß immer mit dem folgenden einen terminum
gemein haben muß, so ergiebt sich daraus, daß
in dem gemeinen Sorites jedesmal der vorhergehende als Untersatz des nachfolgenden zu betrachten ist, folglich wird der folgende immer das
Prädikat des vorhergehenden zum Subjekt haben, und der Schlußsatz wird zum Subjekt das
Subjekt des ersten und zum Prädikat das Prädikat des letztern haben. Er hat also die Quantität
der erstern und die Qualität der letztern Prämisse.
In dem gemeinen Kettenschluß:

Cajus ist ein Mensch,
Alle Menschen sind endliche Wesen,
Alle endliche Wesen haben Sinnlichkeit,
Alle Wesen, die Sinnlichkeit haben, streben
nach Glückseligkeit,
_____
Cajus strebt nach Glückseligkeit;

ist das Urtheil: Cajus ist ein Mensch, als Untersatz zu dem Urtheil: Alle Menschen sind endliche Wesen, zu betrachten, und folglich wird
nach der gesetzmäßigen Stellung das Subjekt des
Obersatzes (des nachfolgenden) Alle Menschen
sind sterblich, Prädikat des Untersatzes (des nachfolgenden) sein; und so wird dann im Schlußsatz
das Subjekt des ersten (Cajus) und das Prädikat
des letzten Satzes (nach Glückseligkeit streben)
verbunden werden. Man wird folglich so viel
Schlüsse als Sätze erhalten, einen ausgenommen,
weil immer jeder Satz als Obersatz, den ersten
ausgenommen, zu betrachten ist, und jede Konklusion den Untersatz macht. Aufgelöst würde der
gegebene Schluß so werden:

Alle

Alle Menschen sind endliche Wesen,
    Cajus ist ein Mensch,

also ist Cajus ein endliches Wesen.

Alle endliche Wesen haben Sinnlichkeit,
    Cajus ist ein endliches Wesen,

also hat Cajus Sinnlichkeit.

Alle Wesen, die Sinnlichkeit haben, streben
             nach Glückseligkeit,
    Cajus hat Sinnlichkeit,

also strebet Cajus nach Glückseligkeit.

Schlüsse, deren Grund durch den vorhergehenden bewiesen ist, heißen Episyllogismen, also wird ein gemeiner Kettenschluß durch Episyllogismen geführt.

Da jeder Satz, den ersten ausgenommen, im gemeinen Sorites als Obersatz gebraucht wird, so müssen alle, den ersten ausgenommen, der auch partikulär sein kann, allgemein sein; da ferner der erste Satz und jede Konklusion als Untersatz gebraucht wird, jeder Untersatz aber bejahend sein muß, die Qualität der Konklusion aber vom Obersatze abhängt, so müssen alle Sätze, den letzten, der auch verneinend sein kann, ausgenommen bejahend sein.

ad §. 191.

Bei einem Goclenianischen Sorites steigt man von den entfernten Gründen zu den nächsten herab, es muß die erste Prämisse als Obersatz betrachtet werden, unter die man die zweite als Untersatz subsumirt, sodann wird jede Konklusion als Obersatz und jede Prämisse als Untersatz betrachtet werden. Folglich wird der folgende Satz immer das Subjekt des vorhergehenden zum Prädikat haben, weil Schlußsatz und Obersatz gleiches
                            Prä-

Prädikat haben und der Untersatz subsumirt. Aber da der Obersatz immer allgemein sein muß, so wird nicht blos die erste Prämisse allgemein sein müssen, sondern da der Schlußsatz, der hier immer zum Obersatze dienen, und also allgemein sein muß, seine Quantität vom Untersatze erhält, so werden auch die übrigen Prämissen, die letzte ausgenommen, allgemein sein müssen. Ferner weil alle Prämissen, die erste ausgenommen, zu Untersätzen dienen, so werden alle, die erste ausgenommen, die auch verneinend sein kann, bejahend sein müssen. Der Schlußsatz hat das Subjekt der letztern Prämisse, und also auch die Qualität derselben, und das Subjekt der erstern, also auch ihre Qualität.

Der §. 189. gegebene Goclenianische Sorites:

Alle Wesen, die Sinnlichkeit haben, streben
nach Glückseligkeit,
Alle endliche Wesen haben Sinnlichkeit,
Alle Menschen sind endliche Wesen,
Cajus ist ein Mensch,

___

also strebt Cajus nach Glückseligkeit.

läßt sich in folgende einfache Schlüsse auflösen:

Alle Wesen, die Sinnlichkeit haben, streben
nach Glückseligkeit,
Alle endliche Wesen haben Sinnlichkeit,

___

also streben alle endliche Wesen nach Glückseligkeit.

Alle endliche Wesen streben nach Glückseligkeit,
alle Menschen sind endliche Wesen,

___

alle Menschen streben nach Glückseligkeit.

Alle Menschen streben nach Glückseligkeit,
Cajus ist ein Mensch,

___

Cajus strebt nach Glückseligkeit.

Schlüsse,

Schlüsse, in denen man von den Folgen zu den Gründen hinabsteigt, heißen Episyllogismen, ein Goclenianischer Sorites wird also durch Episyllogismen geführt*).

ad §. 192.

Sind die Prämissen eines Sorites kategorische Urtheile, wie dies bei denen im vorhergehenden gegebenen Beispielen der Fall war, so heißt der Sorites ein kategorischer. Sind hingegen die Prämissen hypothetische Urtheile, so heißt der Sorites ein hypothetischer. Z. B. ein Goclenianischer hypothetischer Sorites wäre:

Wenn Gott gerecht ist, so straft er das Böse,
Wenn Gott das Böse straft, so wird der Lasterhafte nicht glücklich,
Wenn der Lasterhafte nicht glücklich wird, so kann auch Cajus nicht glücklich werden,

also wenn Gott gerecht ist, kann Cajus nicht glücklich werden.

Ein gemeiner hypothetischer Sorites ist:
Wenn der Boshafte nicht glücklich wird, kann Cajus nicht glücklich werden,
Wenn Gott das Böse straft, so wird der Boshafte nicht glücklich,
Wenn Gott gerecht ist, so straft er das Böse,

also, wenn Gott gerecht ist, kann Cajus nicht glücklich werden.

Die Auflösung dieser hypothetischen Sorites ist äusserst leicht, und bedarf keiner weitläuftigen Auseinandersetzung.

*) Es ist leicht einzusehen, daß man jeden progressiven Sorites wenn man die Ordnung der Prämissen umkehrt, in einen regressiven verwandeln, und ihn also auch durch Episyllogismen führen kann; eben dies gilt auch von den regressiven Kettenschlüssen, die man also auch durch Prosyllogismen führen kann.

Ab=

Abhandlung der reinen allgemeinen Logik

Zweiter Theil,
welcher
die Methodenlehre enthält.

ad §. 193.

Wir haben in der Einleitung zu der reinen allgemeinen Logik gezeigt, daß diese Wissenschaft in zwei Theile, in die Elementarlehre und Methodenlehre, zerfällt. Jene enthält die Regeln für den Verstandesgebrauch überhaupt, diese, in sofern der Verstand eine Wissenschaft zu Stande bringen will. Wir haben die Elementarlehre in dem ersten Theil dieser Schrift abgehandelt, und gehen also jetzt zur Methodenlehre fort. Daß die Elementarlehre der Methodenlehre vorangeschickt werden mußte, ergiebt sich daraus, daß der Verstand die Regeln, die überhaupt zur Erkenntniß nöthig sind, auch befolgen muß, in sofern er aus ihnen eine Wissenschaft zu Stande bringen will.

ad §. 194.

Die erste Frage, die sich hier uns sogleich aufdringt, ist, was versteht man unter Wissenschaft? Die kürzeste Antwort ist: Wissenschaft ist systematische Erkenntniß. System ist eine Sammlung von Erkenntnissen, die nach der Idee eines Ganzen geordnet sind, in denen also Einheit herrscht, wo man die Vollständigkeit oder Unvollständigkeit bestimmen kann. Dem System setzt man das Aggregat von Erkenntnissen, die Rhapsodie von Erkenntnissen entgegen, worunter

N 5   man

man eine Menge von Erkenntnissen versteht, die
zufällig zu einander hinzugekommen sind, worunter keine Verbindung in ein Ganzes, kein nothwendiger Zusammenhang herrscht, die einzelnen
Sätze nicht mit einander in Gemeinschaft stehen,
so daß sie sich nicht wechselseitig ihre Stelle bestimmen. So hat gewöhnlich der Feldmesser blos
einige abgerissene Sätze aus der Geometrie im
Kopfe, die untereinander in keiner Verbindung
stehen, und also ein bloßes Aggregat ausmachen,
da hingegen Euclides die Sätze der Geometrie
in einem nothwendigen Zusammenhange, systematisch vortrug. — So findet man in den Logiken für Kinder und Damen und Ungelehrte, und
wie diese gemeinnützig sein sollenden Schriften
noch genannt werden, ein Aggregat von logischen
Regeln, meist ohne alle Verbindung und Zusammenhang; wir haben im vorhergehenden Theil
den Versuch gemacht, die logischen Regeln durch
die Vorstellung eines Ganzen zu verbinden, und
sie untereinander im Zusammenhange zu setzen.
Es muß sich, wenn unser Versuch nicht mißglückt
ist, von jeder Regel angeben lassen, warum sie
diese und keine andere Stelle einnimmt, man
wird keine derselben weglassen können, ohne daß
das Ganze an Vollständigkeit leidet, aber auch
nichts wesentliches hinzusetzen können.

Erkenntnisse, die ein System ausmachen,
heißen systematisch, die nur ein Aggregat ausmachen, rhapsodistisch.

Im Anfange waren gewiß alle Erkenntnisse
rhapsodistisch, und es war bei einer jeden geraume
Zeit nöthig, bis sie zu dem Range einer wis-
senschaftlichen erhoben wurde. Wir haben noch
bis jetzt solche rhapsodistischen Erkenntnisse, wovon einige, wie z. B. die Physiognomik nie zu
einem System erhoben werden wird.

ad

ad §. 195.

Man kann nun die Erkenntniſſe, die zu einer Wiſſenſchaft verbunden werden ſollen, erſtlich an und für ſich ſelbſt, und ſodann als Wiſſenſchaft betrachten. — Die erſte Frage, die ſich hier aufdringt, iſt, wenn ſind Erkenntniſſe vollkommen? Vollkommenheit überhaupt iſt Vollſtändigkeit eines Dinges in ſeiner Art. Eine Rede, eine Statue u. ſ. w. iſt vollkommen, wenn ſie vollſtändig in ihrer Art iſt. So wird alſo auch eine Erkenntniß vollkommen ſein, wenn ſie vollſtändig in ihrer Art iſt. — Bei den Erkenntniſſen hat man nun auf zwei Stücke zu ſehen, einmal darauf, daß ſie unſere Vorſtellungen ſind, zweitens, daß ſie Vorſtellungen von Gegenſtänden ſind. Im erſten Fall betrachtet man das formale, das logiſche in der Erkenntniß, im zweiten, das materiale. Es wird alſo auch eine doppelte Vollkommenheit der Erkenntniß geben, eine formale (logiſche) und eine materiale. Nicht die letztere, ſondern nur die erſte kann der Gegenſtand der Methodenlehre der reinen allgemeinen Logik, die von allem Inhalt der Erkenntniß abſtrahiren muß, ſein, und wir werden alſo auch nur die logiſche Vollkommenheit der Erkenntniſſe betrachten. — Die Vollkommenheit der Erkenntniß kann nun der Quantität, der Qualität, der Relation und der Modalität nach betrachtet werden.

Anmerkung.

Folgende Stufenleiter der Grade der Erkenntniß verdanke ich der Güte meines großen Lehrers. Ich füge ſie darum bei, ob ſie gleich im ſtrengſten Sinn nicht hieher gehört, weil ich glaube, daß ſie die Aufmerkſamkeit meiner Leſer verdienet.

1) Vorſtellen (repreſentare) kann nicht weiter erklärt werden.

2) Wahr-

2) Wahrnehmen (percipere), sich etwas mit Bewußtsein vorstellen. — Nicht jede Vorstellung (representatio) ist schon eine Wahrnehmung (perceptio), daß sie zur letztern werde, dazu gehört, daß sie mit Bewußtsein begleitet wird. Die dunklen Vorstellungen, deren wir uns nicht unmittelbar, sondern nur mittelbar durch ihre Wirkungen bewußt sein, gehören also nicht zu den Wahrnehmungen. Wenn man auf der Straße geht, so wirken eine Menge Gegenstände auf unser Gesichtsorgan, und bringen also auch eine Veränderung im Gemüth und so Vorstellungen hervor, aber wie vieler von dieser Vorstellungen sind wir uns gar nicht bewußt. Der Anfang des Wahrnehmens ist auffassen (apprehendere).

3) Kennen (noscere), einen Gegenstand so wahrnehmen, daß man ihn mit andern vergleichen, d. h. Identität und Verschiedenheit wahrnehmen kann.

4) Erkennen (cognoscere), eine Wahrnehmung durch einen Begrif auf ein Objekt beziehen. Das Kennen muß man auch den Thieren beilegen, der Hund hat eine solche Wahrnehmung von seinem Herrn, daß er ihn von allen andern Vorstellungen unterscheidet. Zum Erkennen gehört der Verstand. Der Hund kennt seinen Herrn, aber er erkennt ihn nicht.

5) Verstehen (intelligere), etwas hinreichend zu einem Begrif sich vorstellen.

6) Einsehen (perspicere), etwas aus Prinzipien (Gründen) erkennen,

7) Begreifen (comprehendere), etwas aus Prinzipien hinreichend einsehen; entweder hinreichend in gewisser Absicht oder in aller Absicht, dies letztere können wir Menschen nicht.

ad §. 196.

Man kann, wenn die Erkenntniß der Größe
(Quan-

(Quantität nach) vollkommen genannt werden soll, entweder auf die extensive oder intensive Größe sehen. Man betrachtet eine Erkenntniß der extensiven Größe nach), wenn man sie als ein Ganzes ansieht, das mehrere Gegenstände unter sich begreift. Die Erkenntniß ist der extensiven Größe nach vollkommen, wenn sie allgemein ist, sich auf alle Gegenstände der Art erstreckt. Es hat jemand eine vollkommene mathematische Erkenntniß der extensiven Größe nach, wenn er alle Sätze dieser Wissenschaft inne hat. Wir endliche Wesen, deren Verstand nicht allumfassend ist, und die wir unsere Erkenntnisse successiv (in der Zeit) erhalten, werden nie sagen können, daß alle unsere Erkenntnisse schon ganz allgemein sind, sondern wir werden in unsern Erkenntnissen immer weiter und weiter gehen können.

Einige Erkenntnisse sind freilich von der Art, daß sie sich vollkommen erschöpfen lassen, dahin gehört z. B. die reine allgemeine Logik, die Metaphysik der Natur, der Sitten (dies sind nämlich diejenigen Wissenschaften, deren Objekte a priori durch Begriffe gegeben sind), aber der größte Theil unserer Erkenntniß wird nie vollkommene Allgemeinheit erhalten können, entweder weil sie auf Erfahrung beruhen, die also bis ins Unendliche geht, z. B. Geschichte, Naturbeschreibung, Experimentalphysik u. s. w., oder weil sie reine Anschauungen betreffen, z. B. Geometrie, Arithmetik, Mechanik u. s. w.

Sieht man bei einer Erkenntniß darauf, in wiefern sie Grund zu andern Erkenntnissen enthält, so untersucht man ihre intensive Größe. Vollkommenheit der Erkenntniß, ihrer intensiven Größe nach, heißt Wichtigkeit. Eine Erkenntniß heißt wichtig, wenn aus ihr viele andere Erkenntnisse fließen. Da man nun dieses viel nur immer vergleichungsweise angeben kann, so wird man

auch

auch nur verhältnißmäßig bestimmen können, welche Erkenntniß wichtiger ist als die andere. So ist
die Erkenntniß der Philosophie und der Mathematik wichtiger als die der Türkischen Sprache, und
eine Geschichte der Menschen wichtiger als die
Geschichte der Wappen, und die Erkenntniß der
Verwandtschaft adlicher Familien.

ad §. 197.

Eine Erkenntniß ist der Quantität nach vollkommen, wenn sie deutlich ist. Zur Deutlichkeit
gehört das Unterscheiden der Merkmale im Bewußtsein. Zur Erkenntniß gehören nun zwei
Stücke, Anschauung und Begrif. Jene ist eine
unmittelbare, dieser eine mittelbare Vorstellung
vom Objekt. Jene liefert die Sinnlichkeit, diesen der Verstand. Das Unterscheiden der Merkmale in einer Anschauung als Anschauung, heißt
Lebhaftigkeit. Lebhaftigkeit ist also qualitative
Vollkommenheit der Anschauung; sie erhält auch
den Namen der ästhetischen Deutlichkeit, und ist
z. B. das Erforderniß eines guten Gedichts.
Logische Deutlichkeit ist qualitative Vollkommenheit der Erkenntniß durch Begriffe. Eine Forderung bei den Produkten des Verstandes, die
z. B. der Philosoph liefert. Nur die Deutlichkeit
durch Begriffe ist ein Gegenstand der Logik, und
wir werden also auch nur diese zu betrachten
haben.

Anmerkung.

Qualitative Vollkommenheit der Empfindung
heißt Stärke, und wird durch den Sinn gegeben.

ad §. 198.

Die logische Deutlichkeit, von der hier nur die
Rede sein kann, ist also mit der Deutlichkeit der
Begriffe einerlei; und wir bitten daher den Leser
das,

das, was §. 31. — §. 40. über diesen Gegenstand gesagt ist, hier nachzulesen. — Kann man in einer Erkenntniß Merkmale von Merkmalen angeben, ein Merkmal aus dem andern als seinem Grunde ableiten, so heißt die Erkenntniß gründlich und tief. Der gründlichen und tiefen Erkenntniß ist die seichte und oberflächliche Erkenntniß entgegengesetzt. Eine Erkenntniß heißt seicht und oberflächlich, wenn man blos einige Merkmale von dem erkannten Gegenstande angeben kann, wenn man nicht Merkmale von Merkmalen aufgesucht hat, die Gründe seiner Behauptungen nicht kennt. — Es giebt bei einer jeden Erkenntniß Gründe, über die man nicht weiter hinaus kann, Merkmale, von denen sich weiter keine Merkmale angeben lassen, findet dieses bei der Erkenntniß statt, dann ist die Erkenntniß vollkommen gründlich, und dies bei allen ihren Erkenntnissen zu erreichen, ist das Streben der Vernunft.

Von der logischen Deutlichkeit kann man sagen, sie sei gründlich, von der ästhetischen, sie sei einleuchtend. Wenn der Dichter eine Idee anschaulich (in einer Anschauung) darstellt, wie z. B. Haller die Ewigkeit, oder der Philosoph seine Behauptung durch Beispiele erläutert, so wird die Erkenntniß, die er hervorbringt, ästhetisch deutlich sein, und sie wird einleuchtend genannt werden.

ad §. 199.

Bei der Auflösung der Begriffe in ihre Merkmale stoßen wir auf die Lehre von den Definitionen, die in dem kurzen Abriß von §. 199. bis §. 204. abgehandelt ist.

Man beschreibt einen Gegenstand, wenn man so viel Merkmale von demselben angiebt, als hinreichen, ihn zu einer gewissen Absicht von andern

dern

dern zu unterscheiden. So beschreibt uns der
Botaniker die Pflanzen, der Mineralog die Fössi=
lien u. s. w. Weder der Botaniker noch der Mi=
neralog wird behaupten, daß sie alle Merk=
male der Gegenstände, die sie beschreiben, an=
gegeben haben, ja sie würden auch nicht einmal
alle angeben wollen, wenn sie es auch könnten;
sie wollen nur so viel Kennzeichen darlegen, daß
man den Gegenstand, den sie beschreiben, von
andern unterscheide. So beschreiben wir unsere
Freunde an andern, die sie nicht kennen; be=
schreiben unserm Bedienten das Haus, wo er
hingehen soll, wo wir in beiden Fällen sehr gut
wissen, daß wir nicht alle Merkmale erschöpft
haben, aber wir wollten sie auch nicht erschöpfen.
— Ferner kömmt es bei Beschreibung eines Ge=
genstandes gar nicht darauf an, ob die Merk=
male, die wir angeben, innere oder äußere sind
(dem Gegenstande an sich, oder nur im Verhält=
niß mit andern) zukommen; sobald sie nur dazu
dienen, den Gegenstand von andern zu unter=
scheiden. Wir sagen in der Beschreibung des
Goldes, daß es neunzehnmal schwerer sei als
Wasser, weil durch dieses Verhältniß das Gold
von andern Körpern unterschieden wird, ob wir
gleich das Wesen desselben dadurch nicht kennen
lernen.

ad §. 200.

Von der Beschreibung ist die Erörterung
(expositio) verschieden. Einen Begrif erörtern,
heißt die Merkmale desselben, wenn gleich nicht
ausführlich, darstellen. Bei der Beschreibung
können wir noch andere Merkmale angeben, aber
sie sind uns zu dem Behufe, wozu wir sie brau=
chen wollen, entbehrlich; bei der Erörterung ei=
nes Begrifs gebe ich zwar alle Merkmale an,
die ich kenne, allein ich behaupte nicht, daß in
dieser

dieser Angabe nicht mehrere Merkmale fehlen sollten, weil sie noch dunkle Vorstellungen in mir sind. So exponirt der Philosoph die Begriffe Substanz, Ursach, Recht, Billigkeit u. s. w. Er giebt die Merkmale dieser Begriffe an, von denen er freilich sicher ist, daß sie in dem Begriffe sich finden, ob er gleich nicht dafür steht, daß er in der Folge nicht noch mehrere werde hinzu setzen können. — Wenn der Begrif gegeben ist, so kann ich auseinander setzen, was für Merkmale sich in ihm finden, wenn ich aber den Begrif selbst erst bilde, so findet alsdann keine Exposition, sondern eine Deklaration statt; ich erkläre, was ich unter diesem Begrif verstanden wissen will. So deklarirt der Mathematiker, er wolle unter dem Ausdruck Rechteck ein Viereck, dessen gegenüber stehende Seiten parallel und gleich sind, und was rechte Winkel hat, verstanden wissen.

ad §. 201.

Die Definition unterscheidet sich von der Erörterung dadurch, daß sie die wesentlichen Merkmale des Begrifs vollständig und präcis darstellt. — Es gehören also zur Definition drei Stücke, Deutlichkeit, Ausführlichkeit und Präcision. Eine Definition ist deutlich, theils wenn die Merkmale, die sie angiebt, deutliche oder klare Vorstellungen sind, theils, wenn durch sie das zu definirende (Definitum) wirklich deutlich wird. Ausführlich oder vollständig ist sie, wenn sie alle wesentlichen Merkmale angiebt. Präcis, wenn sie nicht zu viel Merkmale angiebt, nicht Merkmale nennt, die schon in einander enthalten sind. — Die Definition des Kreises, er ist eine Figur, die von einer einzigen Linie so begrenzt wird, daß man von einem Punkte innerhalb nach derselben lauter gleiche grade Linien ziehen kann, hat die drei von einer vollkommenen

Definition geforderten Eigenschaften. Sie ist deutlich, denn die Ausdrücke Figur, Linie, grade Linie, Punkt, begrenzen, sind deutliche Begriffe, weil der Geometer sie definirt, ehe er zur Definition des Kreises kömmt. (Folgende Definition des Kreises, der Kreis ist eine Figur, in der der Winkel dessen Spitze im Umkreise liegt, und dessen Schenkel auf dem halben Umkreise ruhet, ein rechter Winkel ist, fehlt Deutlichkeit, denn man weiß noch nicht was das heißt Umkreis, ferner, die Schenkel des Winkels ruhen auf dem halben Umkreis u. s. w.). Sie ist ausführlich, denn sie enthält alle wesentlichen Merkmale. Nicht ausführlich würde sie z. B. sein, wenn man sagte, der Kreis ist eine krummlinigte Figur, denn die Ellypse ist auch eine krummlinigte Figur. Sie ist präcis, denn sie enthält kein Merkmal doppelt. Dies wäre z. B. der Fall, wenn man sagte, der Kreis ist eine krummlinigte Figur, die von einer einzigen krummen Linie so begränzt wird u. s. w.

Die Definition entspringt bei gegebenen Begriffen aus der Exposition, die willkührlichen aus der Deklaration.

Alle gegebenen Begriffe können wohl erörtert, aber nicht definirt werden, denn sie sind entweder durch Erfahrung (a posteriori) oder durchs Vorstellungsvermögen (a priori) gegeben; die erstern leiden, da die Erfahrung bis ins Unendliche fortgesetzt werden kann, nicht sichere Grenzen, wenigstens wird man immer die Möglichkeit neuer noch zu entdeckender Merkmale zugestehen müssen. Sagt man z. B. Gold ist ein gelbes Metall, so kommt nachher hinzu, was neunzehnmal schwerer wie Wasser ist, ferner was sich dehnen läßt, was nicht rostet u. s. w. und so kann man bis ins Unendliche fortgehen. Bei den durchs Erkenntnißvermögen selbst (a priori gegebenen Begriffen

scheint

scheint freilich eine Definition möglich zu sein, da der Begrif bestimmt ist, aber ich werde doch nie sicher sein, daß die von mir vorgenommene Analysis (Auflösung) des Begrifs ausführlich ist, ob sich nicht noch in demselben dunkle Vorstellungen finden, die wir in der Zergliederung übergangen sind, ob wir sie zwar in der Anwendung jederzeit brauchen. Daher sollte man von der Auflösung durch Erfahrung gegebener Begriffe lieber den Ausdruck Beschreibung, und von der Auflösung der a priori gegebenen, den Ausdruck Erörterung brauchen. Willkührlich gedachte Begriffe kann man freilich definiren, denn man kann genau bestimmen, was man dabei hat denken wollen, da man ihn vorsätzlich gemacht hat, aber ob diesem Begriffe ein Gegenstand korrespondiren werde, das ist eine Frage, die bei der Definition immer noch übrig bleibt, und die sich nur in der Mathematik beantworten läßt, weil diese den Gegenstand, den sie definirt, zugleich in der Anschauung darstellt. Ob wir nun gleich hier den Ausdruck Definition in seiner eigenthümlichen und folglich richtigen Bedeutung genommen haben, so wollen wir doch, weil man eine Erörterung, sobald man nur derselben die größtmöglichste Vollkommenheit gegeben hat, Definition nennt, die Benennung Definition eben so brauchen.

§. 202. bedarf keiner Erläuterung.

ad §. 203.

Man theilt die Definitionen in Verbaldefinitionen, Nominaldefinitionen und Realdefinitionen. Eine Definition heißt eine Verbaldefinition, wenn sie die bloße Auseinandersetzung des Worts enthält, z. B. Dreieck ist, was drei Ecken hat, Fürsorge ist die Sorge für jemandes

D 2　　　Beste.

Beste. Eine Nominaldefinition enthält bloß äußere Merkmale, die aus der Vergleichung des Begrifs mit andern sich ergeben, und daher bloß das Verhältniß dieses Begrifs zu andern. Eine Realdefinition enthält innere Merkmale. Eine Nominaldefinition wird also nur komparativ hinreichend sein, dahingegen eine Realdefinition es in aller Rücksicht ist. Könnten wir den Gegenstand in allen Verhältnissen darstellen, so würde die Nominaldefinition die Stelle der Realdefinition vollkommen vertreten. Beispiele einer Nominaldefinition sind: Rechtspflicht ist diejenige Pflicht, die erzwungen werden kann. Wasser ist ein durchsichtiges Flüßige, ohne Farbe und Geschmack. — Die Mathematik liefert Beispiele von Realdefinitionen — Was hier von den Definitionen gesagt ist, gilt auch von den Beschreibungen und Erörterungen.

ad §. 204.

Ein Cirkel ist eine krummlinigte Figur, ist eine zu weite Definition, denn sie begreift noch andere krummlinigte Figuren, die nicht Cirkel sind, z. B. Ellypsen unter sich. Ein Dreieck ist eine Figur, die drei gerade Linien begrenzen, ist eine zu enge Definition, weil es die krummlinigten und vermischtlinigten Dreiecke ausschließt.

Liebe zu Gott ist eine himmlische Verwandschaft und Hingebung seiner Selbst in der Gottheit, ist eine undeutliche Definition.

Liebe ist das Verhältniß eines Liebenden zu dem der geliebt wird, ist eine Definition, die einen Cirkel enthält; wenn man Liebend erklärt durch den, der Liebe empfindet, und geliebt durch das, wogegen Liebe empfunden wird.

Sonst nennt man gewöhnlich als eine Regel für die Definition, daß sie keine Negation enthalten darf, allein das gilt nur in sofern das

Defi=

Definitum kein negativer Begrif ist. Wie will
man Schatten anders als Mangel des Lichts, d.
h. negativ definiren?

§. 205. betrift die logische Wahrheit der Erkenntniß, die wir schon §. 92. bis §. 100. ausführlich abgehandelt haben.

ad §. 206.

Ausser der Vergleichung unserer Erkenntnisse
mit den formalen Gesetzen des Denkens, die wir
oben angegeben haben, kann man noch das Uebereinstimmen der Erkenntnisse unter sich als ein
Kennzeichen der Wahrheit betrachten. Unser
Verstand ist das Vermögen, alles Mannigfaltige
der Erkenntniß in eine Einheit des Bewußtseins
zu vereinigen. Alle Vorstellungen, von welcher
Art und Beschaffenheit sie auch immer sein mögen, müssen sich doch mit dem Bewußtsein: Ich
denke, begleiten lassen, denn eine Vorstellung,
bei der dies nicht statt fände, könnte unsere Vorstellung nicht sein. Alle unsere Vorstellungen
und Erkenntnisse, die wir haben, müssen also so
beschaffen sein, daß sie unter einander überein
stimmen, sich in ein Bewußtsein verbinden lassen.
Erkenntnisse also, die nicht untereinander übereinstimmen, können nicht wahr sein. — Jemehr
Folgen man daher aus einer Erkenntniß ziehen
kann, die alle unter sich zusammenhängen; mit
je mehreren Erkenntnissen ein Satz übereinstimmt,
desto sicherer sind wir für die formale Wahrheit
desselben.

Diese Regel ist der Grund, warum man durch
strenges Folgern oft hinter Irrthümer kömmt;
fließt aus einer Erkenntniß ein falscher Satz, der
mit andern Erkenntnissen nicht zusammenstimmt,
so ist die Erkenntniß, aus der er folgt, selbst
falsch. — Wer bei seinen Behauptungen immer

streng

streng konsequent ist, kann also weit eher sich von seinem Irrthum überzeugen, so wie hingegen die seichten Köpfe, die unaufhörlich über Konsequenzmachereien schreien, die Untersuchung immer nur bis auf einen gewissen Punkt fortführen, und den Faden alsdann abschneiden, weil sie Folgen fürchten, die schwer zu widerlegen sind.

· ad §. 207.

Der Unterschied zwischen formaler Wahrheit der Erkenntniß und zwischen Modalität der Erkenntniß, die aufs Fürwahrhalten sich bezieht, macht, wie ich gefunden habe, Anfängern Schwierigkeit. Formale Wahrheit ist, wie schon oft gesagt worden, das Uebereinstimmen der Erkenntnisse theils unter sich, theils mit den Gesetzen des Denkens. Beim Fürwahrhalten aber frage ich nicht, ob eine Erkenntniß mit den übrigen und mit den Gesetzen des Denkens übereinstimmt (auch nicht ob sie mit dem Gegenstande übereinstimmt, welches materiale Wahrheit ist), sondern wie groß für mich der Grad der Gewißheit dieser Uebereinstimmung ist. Eine Erkenntniß kann wahr (formal und material) sein, und ich kann doch keine völlige Gewißheit haben.

ad §. 208.

Ueberredung ist ein Fürwahrhalten, das lediglich auf subjektiven Gründen beruht. So überredet man den gemeinen Mann, Gespenster und Hexen zu glauben, wenn man sich dabei auf Autorität seiner Vorältern beruft; so überredet man andere, in geheime Gesellschaften zu treten, wenn man ihnen fälschlich Nutzen für das ganze Menschengeschlecht daraus verspricht. Der Ueberredung steht die Ueberzeugung entgegen.

Ueberzeugung ist ein Fürwahrhalten, wobei die subjektiven Gründe zugleich die objektiven Grün=

Gründe sind. — Ein Grund ist subjektiv, wenn
er auf der individuellen Beschaffenheit desjenigen
beruht, bei denen er sich findet, also nur für ihn
gilt. Objektiv hingegen, wenn er aus der Sache
selbst genommen ist, oder Allgemeingültigkeit hat.
Man kann einen König überreden, es sei nöthig
einen Krieg zu führen, und man kann ihn davon
überzeugen. — Oft überreden die Prediger die
Leute zur Tugend. Ueberzeugung hat also den
Rang vor Ueberredung. Gewißheit durch Ueber=
zeugung gewirkt, ist unveränderlich, Fürwahr=
halten durch Ueberredung hervorgebracht, kann
verändert werden. Der Mathematiker und der
Philosoph muß überzeugen, der Dichter über=
redet zuweilen.

Meinen ist ein Fürwahrhalten, wobei ich weiß,
daß meine Gründe weder subjektiv (für mich) noch
objektiv (für jedermann) gültig sind. Ich meine,
die in Europa jetzt herrschende Aufklärung wird
trotz aller angewandten Mühe, sie auszurotten,
sich nie völlig ausrotten lassen. Ich weiß wohl,
meine Gründe dafür sind nicht von der Art, daß
sie für mich und also auch nicht für jedermann
überzeugend sind, allein ich habe doch mehr
Gründe dafür als dawider, daher sage ich, ich
meine.

Glauben ist ein Fürwahrhalten aus Gründen,
die für mich zureichend sind, von denen ich aber
zugestehen muß, daß sie nicht für jedermann gel=
ten, Allgemeingültigkeit haben, sie sind subjektiv
aber nicht objektiv hinreichend. Ich glaube eine
Unsterblichkeit der Seele, d. h. die Gründe, die
ich für diese Behauptung habe, sind für mich hin=
reichend, sie beruhen auf eine Forderung meiner
Vernunft, die sie thun muß, wenn sie in theo=
retischer und praktischer Rücksicht sich nicht mit
sich selbst entzweien will. Dieser Glaube an Un=
sterblichkeit beruht auf meine Ueberzeugung von

der Moralität. Diese ist nur für mich hinreichender Grund zur Annahme dieser Behauptung, allein ich kann nicht fordern, daß jedermann sie, so wie ich, annehmen soll.

Wissen ist ein Fürwahrhalten aus subjektiv und objektiv zureichenden Gründen. Der Mathematiker führt für den Satz, daß in einem jeden Dreiecke alle drei Winkel zusammengenommen zween rechten Winkeln gleich sind, nicht blos Gründe an, die für ihn, sondern die für jedermann gelten.

ad §. 209.

Steigt man von dem niedern Grade der Gewißheit zu den höhern auf, so kommt zuerst das Meinen, dann das Glauben, und sodann das Wissen. Für die problematischen Urtheile gilt das Meinen, für die assertorischen das Glauben, für die apodiktischen das Wissen.

Das Meinen läßt sich von allen am wenigsten mittheilen, und also läßt sich über Meinungen am wenigsten streiten; denn Gründe, die für mich wichtig sind, können es für andere nicht sein: wenn ich einigen Gründen das Uebergewicht zugestehe, weil die Gegengründe sehr schwach sind, so folgt daraus nicht, daß andere ihnen auch das Uebergewicht zugestehen werden, weil es möglich ist, daß sie noch Gegengründe haben, die mir unbekannt sind.

Der Glaube läßt sich zwar mittheilen, in sofern man einerlei subjektive Beschaffenheit voraussetzt, allein er wird doch nicht bei allen gleiche Stärke haben.

Das Wissen muß sich allgemein mittheilen lassen. Der Geometer hat nicht zu fürchten, daß jemand seine Gründe für den Satz, daß in einem jeden Dreieck alle drei Winkel zusammengenommen zween rechten gleich sind, nicht gültig finden

ben werde, sobald er nur vorausseßen kann,
daß er sie verstanden hat; und die Ueberzeugung
(der Grad des Fürwahrhaltens), die er durch
seine Gründe hervorbringt, wird bei allen gleich
stark sein.

Dem Meinen darf kein Glauben und kein
Wissen entgegenstehen. Dies ergiebt sich aus der
Erklärung dieser drei Ausdrücke leicht. Ich kann
nicht sagen, ich meine meine Seele ist vergäng-
lich, wenn ich glaube, sie ist unsterblich; ich
kann nicht sagen, ich meine Friedrich der Große
ist nicht todt, wenn ich weiß, daß er gestorben ist.

Der Glaube wiegt die Meinung auf, aber es
darf ihm kein Wissen widersprechen. Gesetzt, es
könnte mir jemand aus objektiv hinreichenden
Gründen darthun, daß meine Seele mit dem
Tode des Körpers auch getödtet werde, so werde
ich die Unsterblichkeit der Seele nicht mehr glauben können.

ad §. 210.

Eine Meinung (Muthmaßung), die allein subjektive Gründe, gar keine objektiven Gründe hat,
ist eine Chimäre, Hirngespinst. Sie ist ein
bloßes Spiel der Einbildungskraft, das weder
Erfahrung noch Vernunft unterstützt. So ist die
Vorstellung eines solchen Despotismus, wo selbst
die Gedanken der Menschen gefesselt werden sollen, ein Hirngespinst. Was meiner Meinung
nach wahr ist, muß, wenn es nicht alle Gründe
für sich hat, wenigstens mehr Gründe für als
wider sich haben. Dasjenige, was mehr Gründe für als wider sich hat, ist wahrscheinlich.
Wahrscheinlichkeit ist also das Fürwahrhalten
aus Gründen, wobei man sich aber bewußt ist,
daß die Gründe unzureichend sind, sich von der
Sache gewiß zu machen. —

Man unterscheidet logische und reale Wahr-

D 5 schein-

scheinlichkeit. Wenn die Wahrscheinlichkeit mein Urtheil betrift, so ist sie logisch (probabilitas); betrift sie aber die Sache, so ist sie real (verisimilitudo). Bei der realen Wahrscheinlichkeit werden alle möglichen Fälle aufgezählt, und sodann untersucht, wie viel mögliche Fälle auf einen wirklichen kommen. So ist die Rede von realer Wahrscheinlichkeit, wenn man frägt, wie groß der Grad der Gewißheit ist, daß man unter 10 Würfen mit 6 Würfeln 36 werfen werde. Man vergleicht das Verhältniß der überhaupt möglichen Würfe, mit denen die geschehen sollen. Hier giebt es einen mathematischen Kalkul, weil man die Gründe als gleichartig ansieht. — Bei logischer Wahrscheinlichkeit giebt es keinen solchen Kalkul, denn die Gründe für und wider eine Meinung sind ungleichartig, und oft hält ein einziger Grund zehn andern das Gleichgewicht. Wenn man frägt, ob es wahrscheinlich ist, daß der Kaiser seinen Unterthanen mehrere Freiheiten zugestehen werde, so kommt es hier nicht auf das Verhältniß der überhaupt möglichen Fälle an, sondern man soll die Gründe dafür und dawider untereinander abwägen. Hierzu gehört nun Urtheilskraft, für die sich keine allgemeinen Regeln geben lassen.

ad §. 212.

Judicia praeuia (vorläufige Urtheile) sind problematische Urtheile, die ein Meinen ausdrücken, die man vor genauerer Untersuchung der Sache fällt, und wo man sich vorbehält, sie nach Beschaffenheit der Umstände abzuändern oder beizubehalten. Sie gehen also den assertorischen und apodiktischen Urtheilen vorher und können zu diesen erhoben werden. — Sie dienen sehr zur Erfindung neuer Wahrheiten. Zuerst fällt der Erfinder des Satzes, daß in einem gleich-

scheuk-

schenklichten Dreieck die Winkel über der Grundlinie gleich sind, dies Urtheil blos als vorläufig,
es schien ihm so; er maß vielleicht bei einigen
gleichschenklichten Dreiecken, die er verzeichnete,
die Winkel über der Grundlinie, und fand sie
gleich, und dies bewog ihn, zu untersuchen, ob
dieser Satz allgemeingültig sei.

Alle Erfindungen, auf die der Zufall nicht
leitete, sind durch vorläufige Urtheile hervorgebracht. Montgolfier fällte ein vorläufiges Urtheil, daß ein leichter Ueberzug, mit Rauch aus
nassem Stroh gefüllt, steigen würde, weil der
Rauch an sich in die Höhe steigt, und dies Urtheil bewog ihn zu Versuchen. Da der Versuch
dies Urtheil bestätigte, so wurde es von einem
problematischen Urtheil zu einem assertorischen
erhoben. Aber nicht blos bei Erfindungen, sondern auch bei den indirekten Beweisen haben die
vorläufigen Urtheile ihren Nutzen. Man nimmt
ein Urtheil vorläufig als wahr an, und zeigt sodann, weil sich Folgen daraus ergeben, die andern schon als wahr erkannten Sätzen widerstreiten, daß diese vorläufigen Urtheile falsch sind.

ad §. 253.

Unter Aufschiebung eines bestimmenden Urtheils (suspensio judicii) versteht man das Fällen
eines problematischen Urtheils, bei dem man sich
vorbehält, das wahre Urtheil noch zu finden.
Ist diese Aufschiebung von der Art, daß ich durch
Untersuchung das bestimmende Urtheil noch zu
finden hoffe, und dient dies vorläufig gefällte
Urtheil mir zu Aufsuchung des bestimmenden Urtheils, so ist die Aufschiebung kritisch. Z. B.
wenn der Staatsmann sagt, es scheint mir für
diesen Augenblick, als sei das physiokratische
System dem Wohl des Landes am angemessensten,
und dient ihm dies Urtheil zur Untersuchung der

Gründe

Gründe für diese Meinung, so war seine Auf=
schiebung des Urtheils kritisch. — Wenn die
Pyrrhonisten hingegen behaupten, daß wir immer
nur problematische nie affertorische und apodik=
tische Urtheile fällen könnten, so heben sie die
Möglichkeit des bestimmenden Urtheils ganz auf,
und ihre Aufschiebung ist skeptisch. Man sollte
eine skeptische Aufschiebung lieber eine völlige
Aufhebung des bestimmenden Urtheils (renun-
tiatio judicii) nennen. So geben wir das be=
stimmende Urtheil über die Natur unserer Seele
ganz auf.

ad §. 214.

Ich erwähne hier beiläufig der Vorurtheile,
worunter man falsche Urtheile versteht, die man
fälschlich für wahr hält, und bei andern Urthei=
len zum Grunde legt. Nicht das Fällen eines
jeden falschen Urtheils ist schon Irrthum, und
dient zum Vorurtheil, denn man kann auch zu
anderm Behufe falsche Urtheile fällen, wobei
man weiß, daß sie falsch sind. So fällt man bei
indirekten Beweisen falsche Urtheile, allein man
weiß sehr wohl, daß sie falsch sind, und bedient
sich derselben blos, um die Wahrheit zu finden.
Ferner muß ein falsches Urtheil, wenn es Vor=
urtheil werden soll, als Prinzip zu andern Ur=
theilen gebraucht werden. — So ist z. B. der Satz:
die Fürsten haben ihre Gewalt von Gott, blos
ein falscher Satz, er wird aber ein Vorurtheil,
wenn man daraus herleitet, daß man ihnen eben
so wie der Gottheit gehorchen müsse.

Die Vorurtheile aber gehören eigentlich zur
Logik des Scheins (Dialektik), wo gezeigt wer=
den muß, worauf sie beruhen und wie sie zu heben
sind. Ich bitte den Leser, das, was ich im
December 1790 der deutschen Monatsschrift über
die

die Vorurtheile gesagt habe, wo ich etwas weit-
läuftiger gewesen bin, nachzulesen.

ad §. 215.

Unter Hypothesen versteht man Erklärungen
von etwas Wirklichen, durch etwas anders, dessen Wirklichkeit entweder nicht erwiesen werden
kann, oder doch nicht erwiesen ist. — Wenn
Euler, um das Sehen zu erklären, annimmt,
daß im ganzen Weltraum eine feine flüßige elasti-
sche Materie ausgebreitet sei, die er Aether nennt,
so ist dies eine Hypothese, denn sie dient dazu,
um etwas Wirkliches (das Sehen) zu erklären,
ob die Wirklichkeit des Aethers gleich selbst nicht
erwiesen ist; wenn es gleich überhaupt möglich
wäre, daß sie erwiesen werden könnte, wenn wir
feinere Sinne hätten. Eben so ist die Annahme
der magnetischen Materie, um das Anziehen
des Eisens beim Magneten zu erklären, eine Hy=
pothese. Hypothesen sind also problematische
Urtheile.

Eine Hypothese gewinnt am Grade der Ge=
wißheit, wenn sich aus ihr viel erklären läßt
(Quantität), je leichter sich etwas aus ihr er=
klären läßt (Qualität), wenn man zu ihrer Un=
terstützung keine neue Hülfshypothesen braucht
(Relation), übrigens muß die Hypothese selbst
an sich möglich sein (Modalität). Die Lehre
von den Hypothesen gehört eigentlich in die an=
gewandte Logik, weil dabei auf die Einschrän=
kungen des menschlichen Denkens Rücksicht genommen wird.

§. 216. ist durch das Vorhergehende an sich
leicht verständlich, und bedarf keiner weitläufti=
gen Auseinandersetzung.

ad. §. 217.

Der Glaube unterscheidet sich dadurch von der Meinung (Muthmaßung), daß bei ihm die subjektiven Gründe, die das Fürwahrhalten bestimmen, zureichend sind, da sie hingegen bei der Muthmaßung selbst von demjenigen, der sie hat, für unzureichend erkannt werden; beide kommen aber darin überein, daß die vorhandenen objektiven Gründe nicht zureichend sind. Die subjektiven Gründe, die das Fürwahrhalten bestimmen, sind Absichten, Zwecke, Interesse u. s. w., und diese sind nun beim Glauben zur Bestimmung zum Fürwahrhalten hinreichend. Nun können hier zwei Fälle statt finden, entweder die Zwecke sind nothwendig oder zufällig, und jeder dieser Fälle hat wieder zwei Arten, entweder ist der Glaube das einzige Mittel diesen Zweck zu erreichen, oder er ist es nicht.

Wenn der eifrige Katholik deshalb die Fürbitte der Heiligen glaubt, um hier ein reicher Mann zu werden, so ist Zweck und Mittel zufällig. — Wenn die Vernunft das höchste Gut als das nothwendige Ziel ihres Strebens anerkennt, und sie gleichwohl die Möglichkeit der Realität dieses Zwecks nicht anders anerkennen kann, als durch Annahme einer Gottheit, so ist der Glaube an die Gottheit ein nothwendiges Mittel zu einem nothwendigen Zweck. Ein Glaube, bei dem das Interesse ein nothwendiges Interesse ist, und der als das einzige Mittel zu diesem Zweck zu betrachten ist, heißt ein nothwendiger Glaube, und da die Vernunft allein nothwendige Zwecke geben kann, so heißt dieser Glaube ein Vernunftglaube. So ist der Glaube an Gottheit und Unsterblichkeit ein Vernunftglaube, weil das Interesse dabei ein nothwendiger, durch die Vernunft selbst gegebener Zweck ist. — Der Glaube an

an die Gottheit und an die Unsterblichkeit ist eben
so gut Hypothese zur Auflösung eines Problems
wie jede andere Hypothese, z. B. zur Erklärung
einer Naturerscheinung, allein er unterscheidet
sich von andern Hypothesen dadurch, daß die
Auflösung des Problems von der Vernunft schlech=
terdings gefordert werden muß, daß sie die Auf=
lösung nicht wie Erklärung der Naturerscheinun=
gen von der Hand weisen kann, sondern sich
schlechterdings darauf einlassen muß; ferner fin=
det sich auch bei ihm das Unterscheidende, daß
man von ihm beweisen kann, daß er die einzige
für uns Menschen mögliche erklärende Hypothese
ist; wenn wir gleich zugestehen müssen, daß eine
andere Auflösung an und für sich selbst nicht un=
möglich sei, ein Umstand, wodurch der Glaube
an die Gottheit vom Wissen, Beweisen und Er=
kennen derselben unterschieden wird.

Sieht man beim Glauben auf den Inhalt des
Zwecks, so zerfällt er in den moralischen (wenn
der Zweck eine Erfüllung der Pflicht), in den
pragmatischen (wenn der Zweck die Erfüllung
einer Klugheitsregel), in den historischen (wenn
der Zweck das Erklären geschehener Dinge), und
endlich in den doktrinalen (wenn der Zweck Er=
kenntniß ist). Allein die weitere Auseinander=
setzung dieser verschiedenen Arten gehört nicht in
die reine allgemeine Logik, weil man dabei auf
den Inhalt der Erkenntniß Rücksicht nimmt.

ad §. 218.

Das Wissen der Dinge ist von doppelter Art,
entweder durch den Weg der Erfahrung, oder a
priori durch das Erkenntnißvermögen selbst; im
ersten Fall heißt es empirisch, im andern ratio=
nal. Alle Erfahrungen sind an und für sich as=
sertorisch, sobald man aber aus ihnen allgemeine
Regeln bilden will, so muß man nicht vergessen,

daß

daß diesen Regeln keine strenge Allgemeinheit und Nothwendigkeit zukommen kann. — Diese beiden Kennzeichen finden sich hingegen bei den Erkenntnissen a priori, und müssen sich bei diesen finden, weil sie in der unveränderlichen Natur des Erkenntnißvermögens selbst gegründet sind.

Das rationale Wissen (die rationale Erkenntniß) ist wieder von doppelter Art, entweder philosophisch oder mathematisch. Im ersten Fall beruht sie blos auf Begriffen, im letztern Fall werden diese Begriffe noch in der reinen Anschauung dargestellt (konstruirt). Beide Arten des rationalen Wissens haben apodiktische (unwiderspechliche) Gewißheit, allein die letztere unterscheidet sich von der erstern noch dadurch, daß sie Evidenz (Augenscheinlichkeit) hat.

ad §. 219.

Gründe, die dazu dienen, unsere Ueberzeugung wankend zu machen und unsern Beifall aufzuheben, heißen Zweifel. So sind die Gründe, die man aus der Natur der Aristokratie gegen die Güte derselben hernimmt, Zweifel gegen die Güte derselben. Diese Gründe sind nun wieder entweder aus der Natur des Subjekts hergenommen, und nur subjektiv gültig, oder sie fließen aus der Natur des Objekts und sind allgemeingültig. — Zweifel, die noch nicht deutlich eingesehen werden, die auf dunklen Vorstellungen beruhen, heißen Skrupel. Der gemeine hat selten deutliche Gründe gegen eine Behauptung, gewöhnlich nur Skrupel. Ich weiß nicht, sagt er, das scheint mir doch nicht so ganz richtig zu sein, da muß sich noch was dagegen sagen lassen, aber ich kann nur nicht angeben was. Skrupel müssen erst zu Zweifel erhoben werden, wenn sie gelöst werden sollen. Diese Deutlichmachung einer Vorstellung, in fofern sie Grund gegen eine

Be=

Behauptung abgiebt, diese Hebammenkunst der Gedanken ist für den Lehrer einer Wissenschaft eine äußerst wichtige Sache; er wird, wenn er diese Kunst nicht versteht, Schwierigkeiten und Skrupel nie völlig heben.

In sofern ein Zweifel gegen die Meinung eines andern vorgetragen wird, heißt ein Einwurf.

* Beifall ist dasjenige subjektive, was den Verstand zum Fürwahrhalten bestimmt.

ad §. 220.

Wenn nun aber auch unsere Erkenntnisse an sich vollkommen sind, so sind sie darum noch nicht wissenschaftlich, dies werden sie erst durch die Verbindung untereinander; durch Anordnung und Zusammenhang. — Man muß durch die Idee eines Ganzen die Anzahl der Theile bestimmen, und sie unter einander zur Einheit verbinden. Dies geschieht theils durch die Eintheilung der Begriffe, theils durch das Ableiten einer Erkenntniß aus der andern (Beweise).

ad §. 221.

Einen Begrif eintheilen, heißt, die unter ihm enthaltenen Vorstellungen vollständig angeben. Man theilt die Menschen in Gelehrte und Ungelehrte, d. h. man zeigt an, daß unter Menschen die Vorstellungen Gelehrte und Ungelehrte enthalten sind, und die Sphäre desselben erfüllen. Die Sphäre des Begrifs, die eingetheilt werden soll, heißt das Divisum, die Theile selbst die Eintheilungsglieder (membra diuisionis), das Merkmal, wornach die Eintheilung vorgenommen

P ist,

ist, und welches mir anzeigt, daß die Eintheilungsglieder disjunkt sind, heißt der Eintheilungsgrund (fundamentum diuisionis). In dem gegebenen Beispiel ist Mensch das Divisum, Gelehrt und Ungelehrt die Eintheilungsglieder, Gelehrsamkeit der Eintheilungsgrund. — Wenn man die Menschen eintheilt in weiße, schwarze, gelbe und kupferfarbne, so ist Mensch das Divisum, weiße, schwarze, gelbe und kupferfarbne die Eintheilungsglieder, die Farbe der Haut der Eintheilungsgrund.

ad §. 222.

Man kann die Vollkommenheit einer Eintheilung der Quantität, Qualität, Relation und Modalität nach betrachten.

1) Der Quantität nach. — Jedes Eintheilungsglied ist eine dem Diviso untergeordnete Vorstellung, folglich ist das Divisum in jedem Eintheilungsgliede immer ganz enthalten, und das Divisum hat also immer eine größere Sphäre als jedes Eintheilungsglied. Die Vorstellung Mensch hat eine größere Sphäre als Gelehrte und Ungelehrte. — Ferner ergiebt sich hieraus, daß jedes Divisum ein Begrif seyn muß, denn gesetzt auch, alle Eintheilungsglieder wären einzelne Vorstellungen (Anschauungen), so begreift doch das Divisum sie alle unter sich, und ist folglich Begrif.

2) Der Qualität nach. Die Glieder der Eintheilung müssen zu einem Ganzen zusammenstimmen, weil sonst die Eintheilung nicht vollständig wäre. Gelehrte und Ungelehrte müssen zusammen genommen die ganze Sphäre des Begrifs Mensch ausmachen.

3)

3) **Der Relation nach.** Die Glieder der Eintheilung müssen sich einander wechselseitig ausschließen, weil sie koordinirte Vorstellungen sind, daher müssen sie sich nicht in Ein Bewußtsein verbinden lassen, d. h. sie müssen widersprechende Merkmale enthalten. So lassen sich bei der Eintheilung der Menschen der Farbe nach in weiße, gelbe, schwarze und kupferrothe, weiß, gelb, schwarz und kupferroth nicht in eine Einheit des Bewußtseins vereinigen.

Hieraus ergiebt sich, daß keine subordinirte Glieder als koordinirte Glieder mit in die Eintheilung gebracht werden dürfen. Wenn man sagt, man theilt die natürlichen Körper in das Mineralreich, Pflanzenreich und Thierreich, so hat man subordinirte Glieder in die Eintheilung gebracht. Eigentlich müßte man sagen, man theilt die natürlichen Körper in unorganisirte (Mineralien) und organisirte. Die organisirten theilt man wieder in Pflanzen und Thiere.

4) **Der Modalität nach.** Sobald man ein Glied der Eintheilung setzt, so ist dadurch der Eintheilungsgrund, und dadurch sind alle übrige Glieder der Eintheilung bestimmt. Wenn man weiße Menschen als Eintheilungsglied des Begrifs Menschen nennt, so ergiebt sich daraus, daß die Farbe der Haut der Eintheilungsgrund ist, und dadurch werden die noch übrigen Eintheilungsglieder schwarz, gelb und kupferfarben auch bestimmt. Wenn also ein Glied der Eintheilung gesetzt wird, müssen die andern auch nothwendig gesetzt werden.

ad §. 223.

Es fällt in die Augen, daß alle Eintheilungen durch disjunktive Urtheile geschehen. Das Divisum ist das Subjekt des disjunktiven Urtheils, die Eintheilungsglieder machen das Prädikat. Z. B. die Menschen sind entweder Gelehrte oder Ungelehrte. — Da die Logik von allem Inhalt abstrahirt, so werden ihre Eintheilungen nur durch A und non A, d. h. dichotomisch (zweigliedrig) sein können; und die Eintheilungsglieder werden sich widersprechen. — Ist aber die Eintheilung nicht bloß logisch, sondern real, so kann sie mehr als zwei Glieder haben, Trichotomie, Tetrachotomie u. s. w. sein, und die Eintheilungsglieder werden sich widerstreiten.

ad §. 224.

Man kann nun, wenn man will, die durch eine Eintheilung erhaltenen Eintheilungsglieder von neuem eintheilen, und sodann erhält man Unterabtheilungen. Wenn man die natürlichen Körper in organisirte und unorganisirte eintheilt, und die organisirten wieder in Pflanzen und Thiere, so sind Pflanzen und Thiere Unterabtheilungen, weil sie erst unter organisirte Körper und vermittelst dieser unter natürliche Körper stehen.

Wenn man ein und dasselbe Divisum in verschiedener Rücksicht (nach verschiedenen Eintheilungsgründen) eintheilt, so erhält man Nebeneintheilungen. Gelehrte und Ungelehrte; Gesunde und Nichtgesunde sind Nebeneintheilungen der Vorstellung Mensch: bei der ersten ist Gelehrsamkeit, bei der zweiten Gesundheit der Eintheilungsgrund.

Wenn

Wenn man die Eintheilungen und Unterabtheilungen einer Vorstellung so darstellt, daß sie leicht übersehen werden können, so erhält man eine Tabelle.

Natur

unorganisirte (Mineralien)	organisirte
Erde und Steine, Salze, brennbare Körper, Metalle.	Pflanzen, Thiere.

ad §. 225.

Einen Satz beweisen, heißt ihn aus objektiven Gründen hinreichend darthun, also zweckt ein Beweis auf Ueberzeugung, auf Wissen ab. — Meinungen und Glauben können nicht bewiesen werden, weil sie auf subjektiven Gründen beruhen. Ein Grund ist das, woraus etwas erkannt wird. — Etwas aus Gründen herleiten, heißt schließen, da man nun bei einem Beweise den zu beweisenden Satz aus Gründen herleitet, so werden die Beweise aus Schlüssen hergeleitet werden müssen. Wenn man aus dem Satze: daß alle Maximen des Handelns, wenn sie moralisch sein sollen, sich zu einer allgemeinen Gesetzgebung schicken müssen, ableitet, daß die Maxime, es sei erlaubt, jemanden etwas zu entwenden, wenn er es nur nicht merkt, nicht moralisch sei, so hat man den letztern Satz bewiesen. — Man hat nämlich folgenden Schluß gemacht:

Jede Maxime, die moralisch sein soll, muß sich zur allgemeinen Gesetzgebung schicken, nun schickt sich die Maxime unbemerkt zu stehlen, nicht zur allgemeinen Gesetzgebung,

folglich ist sie nicht moralisch.

Jeder

Jeder dieser Prämissen erfordert vielleicht eines neuen Beweises, der wieder in ähnliche Schlüsse aufgelöst werden kann.

ad §. 226.

Ein Satz, der nicht aus andern Sätzen wieder abgeleitet werden darf (der keines Beweises bedarf), sondern dessen Wahrheit man einsieht, sobald man ihn versteht, heißt ein Grundsatz. Wir haben oben bei der Lehre von der formalen Wahrheit derselben gedacht, und drei Sätze genannt, die den Namen der Grundsätze verdienen.

ad §. 227.

Man theilt die Beweise in direkte oder ostensive und in indirekte oder apagogische. Ein Beweis ist direkt oder ostensiv, wenn er den Satz aus Gründen geradezu darthut. Sie beruhen auf den Satz des zureichenden Grundes. Wenn ich sage, Cajus ist sterblich, weil er ein Mensch ist, so habe ich einen direkten Beweis geführt. — Ein Beweis ist indirekt oder apagogisch, wenn man zeigt, das Gegentheil des behaupteten Satzes könne nicht sein. Ich würde einen indirekten Beweis für die Sterblichkeit des Cajus führen, wenn ich behauptete, es sei unmöglich, daß Cajus unsterblich sei. — Die indirekten Beweise beruhen auf das Prinzip des ausschließenden Dritten, und da alles das nothwendig ist, dessen Gegentheil unmöglich ist, so führen sie Nothwendigkeit bei sich. — Allein, ob sie gleich den Vortheil haben, daß die Nothwendigkeit des behaupteten Satzes bei ihnen in die Augen fällt, so stehen sie dagegen den direkten Beweisen in dem Stücke nach, daß sie keine Einsicht

ficht in die Natur des zu beweisenden Satzes liefern. Daher ſträuben ſich auch Anfänger, ob
ſie gleich oft ſelbſt nicht wiſſen warum, gegen die
indirekten Beweiſe in der Geometrie, weil ſie
nicht, wie die direkten, den zu beweiſenden Satz
aus der Natur des Gegenſtandes ſelbſt herleiten.

ad §. 228.

Die in dieſem §. gegebene Eintheilung der
Beweiſe, in Beweiſe a priori und a poſteriori,
iſt leicht verſtändlich. Die Experimentalphyſik z.
B. liefert Beweiſe a poſteriori, die reine allgemeine Logik und die Mathematik z. B. Beweiſe
a priori. Wenn man das Daſein der Gottheit aus
Erſcheinungen in der Natur, aus dem Gewitter,
oder aus dem Kunſtinſtinkt der Spinne u. ſ. w.
darthun will, ſo verſucht man einen Beweis a
poſteriori. Will man dieſen Satz aus der Idee
des allervollkommenſten Weſens ableiten, ſo
verſucht man einen Beweis a priori. — Die Beweiſe der Mathematik unterſcheiden ſich von den
philoſophiſchen Beweiſen dadurch, daß ſie ihre
Gründe in der reinen Anſchauung darlegen und
daher Evidenz bei ſich führen, weshalb ſie auch
den Namen der Demonſtrationen erhalten. Der
Mathematiker verzeichnet ſein Dreieck im Raume,
zieht Hülfslinien u. ſ. w., und bringt ſo ſeinen
Beweis anſchaulich und doch mit apodiktiſcher
Gewißheit vor, und dies kann der Philoſoph,
der ſeinen Begrif nicht konſtruiren kann, nicht.

§. 229. 230. und 231. bedürfen keiner Erläuterung.

ad

ad §. 232.

Man kann nun endlich bei der systematischen Erkenntniß (Wissenschaft) noch auf die Art des Vortrags sehen. In jeder Art der Darstellung, die nicht rhapsodistisch ist, muß Einheit herrschen, beruht diese Einheit der Darstellung auf deutlich gedachte Prinzipien, so heißt sie Methode (modus logicus), hat sie aber kein anderes Richtmaaß als das Gefühl der Einheit der Darstellung, so heißt sie Manier (modus aestheticus). Methode wird also durch die Vernunft, als das Vermögen der Prinzipien, bestimmt, Manier beruht auf Geschmack. — Der Philosoph hat in seinem Vortrage Methode, der Künstler, der Dichter zeigt Manier. Man muß von der Methode des Plato, Aristoteles, Kant u. s. w., und von der Manier des Shakespear, Göthe u. s. w. reden. — Da nur die Regeln der Vernunft, die sich auf Begriffe bringen lassen müssen, in die Methodenlehre der Logik gehören, so werden wir auch nur die Methode abzuhandeln haben, die Manier gehört in die Aesthetik.

ad §. 233.

Man theilt die Methode in die analytische und synthetische. Bei jener steigt man von den Folgen zu den Bedingungen, von den Resultaten zu den Gründen auf, daher erhält sie auch den Namen der regressiven Methode. Beispiele jener Methode liefert Kants Prolegomena, seine Grundlegung zur Metaphysik der Sitten. — Diese Methode ist gewöhnlich die leichtere, wenn gleich zuweilen die weitläuftigere, die Beweise in ihr werden durch Prosyllogismen geführt — Bei der synthetischen Methode steigt man von den Bedingungen zu den Folgen, von den Grün-

 den

den zu den Resultaten ab, daher heißt sie auch progressive Methode. Sie ist die gewöhnliche, und beruht auf Episyllogismen. Kants Critik der reinen und der praktischen Vernunft, sind Beispiele einer solchen Methode.

ad §. 234.

Diejenige Methode, die darauf abzweckt, durch direktsynthetische Sätze aus Begriffe Wahrheiten apodiktisch zu beweisen, heißt dogmatisch. Mathematisch wird sie genannt, wenn man durch direktsynthetische Sätze aus der Konstruktion der Begriffe Wahrheiten apodiktisch beweisen will. —

Man nimmt auch das Wort dogmatische Methode oft in einer weitern Bedeutung, und versteht darunter diejenige Art des Vortrags, wodurch etwas gelehrt (behauptet) wird.

Skeptisch wird die Methode genannt, wenn man Zweifel gegen vorgetragene Behauptungen vorlegt. Diese skeptische Methode wird kritisch, wenn man die Gründe für vorgetragene Behauptungen untersucht.

Man muß skeptische Methode und Skepticismus unterscheiden. Unter Skepticismus versteht man diejenige Art der Philosophie, die es zum Zweck hat, alle unsere Erkenntniß unsicher zu machen. — Eben so ist auch dogmatische Methode und Dogmatismus unterschieden. Der Dogmatismus trägt apodiktische Beweise vor, ohne vorher untersucht zu haben, ob sich überhaupt von den Gegenständen, von welchen er spricht, etwas sagen läßt.

Bei

Bei §. 235. vergleiche man die Erläuterung von §. 7.

§. 236. ist leicht verständlich.

Register.

In-

Register.

Register.